3. Auflage: 30. April 2021

Autorin und Herausgeberin: ELIA D. A. Sternberg
www.elia-sternberg.com
email: CD-Sternberg@gmx.de

ISBN: 9 78 940 361 86 16

ELIA Deva Ashuar Sternberg

DIE WUNDER DER LIEBE

Dem Himmel ganz nah

Lass Dich mitnehmen auf meinen magischen Weg in die Liebe. Er war steinig und schwer, bis sich alles veränderte.

oooooooooooooooooooooooooooooooooooooooooooooooooooooooooooooooooooooooooooooooooooooooooooooooooooooooooooo

Zur Wahrung der Persönlichkeitsrechte und aus Datenschutzgründen wurden alle Namen der beteiligten Personen im Buch geändert und Charaktere und Details leicht abgewandt dargestellt.

In dieser Autobiografie offenbare ich mich und schreibe über meine ganz persönliche Sicht und den Erfahrungen aus meinem Leben. Diese Sichtweise muss nicht für jeden zutreffen. Jeder darf seine ganz eigene Sicht auf das Leben haben. Alle Informationen oder Empfehlungen sind nach bestem Gewissen erfolgt. Dennoch übernehme ich keinerlei Haftung für Schäden irgendwelcher Art, die sich direkt oder indirekt aus dem Gebrauch meiner Autobiografie ergeben.

In diesem Buch spreche ich Dich, liebe Leserin und lieber Leser, in der „Du"- Form an. Für mich erscheint es passender. Ich bitte außerdem um Nachsicht, wenn im Textverlauf die geläufige männliche Ansprache gewählt wird. Es ist selbstverständlich immer auch die weibliche Seite miteinbezogen.

oooooooooooooooooooooooooooooooooooooooooooooooooooooooooooooooooooooooooooooooooooooooooooooooooooooooooooo

Inhalt

Für Dich.

Vorwort

„Das glaubt mir doch kein Mensch!" So dachte ich jedes Mal, wenn ich wieder angesprochen wurde, über meine Erlebnisse ein Buch zu schreiben. Es erschien mir einfach absurd und völlig unmöglich. „Niemals könnte ich das alles offenlegen!" Über viele Jahre hatte ich so gedacht. Doch die Zeichen, die ich immer wieder erhielt, siegten. Ich durfte endlich meiner Angst den Rücken kehren und begann mit dem Schreiben. Mutig wage ich es nun, Dir, liebe Leserin, lieber Leser, von meinen außergewöhnlichen Erfahrungen zu erzählen und lade Dich herzlich ein auf meinen Weg des Wandels in die LIEBE.

Mit 42. Jahren brach mein Leben von einem Moment auf den anderen plötzlich zusammen. Nichts war mehr wie je zuvor und mein Leben erschien mir nicht mehr lebenswert. Eine unfassbar große Wut und Ohnmacht hielt mich in einer Starre fest, bis ich endlich beschloss, etwas zu verändern. Ich machte mich auf einen magischen Weg und fasste den Entschluss, 800 km zu Fuß durch Spanien zu laufen. Mein Weg aus Wut und Ohnmacht heraus begann und alles veränderte sich auf wundersame Weise.

Heute diene ich der geistigen Welt als KANAL und darf himmlische Geschenke empfangen. Die LIEBE, die ich heute empfinde, ist kaum zu beschreiben. Mit jeder Zelle meines Seins fühle ich mich über alle irdischen Grenzen hinweg verbunden. Möge meine Offenheit Dein Herz erreichen und die Liebe fließen.

ELIA Deva Ashuar Sternberg

Einleitung

Bevor ich Dir von meinem Weg des Wandels erzähle, möchte ich zu Beginn des Buches ein kleines Erlebnis aus den Anfängen meiner Medialität mit Dir teilen. Es ist für mich eine wundervolle Geschichte, denn sie zeigt auf, welche WUNDER auf uns warten, wenn wir uns dafür öffnen können.

Es war ein ganz gewöhnlicher Morgen. Ich plante gerade meinen Tag und schaute kurz in mein Handy. In einer Onlinegruppe las ich eine Nachricht. Die Leiterin der Gruppe bat in einem Beitrag um Kraft und Hilfe. Sie hatte in ihrem Haus einen Heizungsausfall und schien mit den Nerven am Ende zu sein. Es war bereits November und draußen ziemlich kalt. Dörte klang verzweifelt in ihrer Nachricht, denn die Heizungsmonteure wussten nicht, wo die Ursache für den Defekt zu finden war. Sie konnten sich den Ausfall der Heizung nicht erklären. Dörte bat in ihrer Not um Trost und Beistand. „Das ist wirklich ärgerlich“, dachte ich und hatte keine Ambitionen, weiter zu reagieren. Mein Zeitplan sah etwas anders vor, doch plötzlich nahm ich in mir einen klaren Impuls wahr! „Oh!“ Ich war erstaunt. Sollte ich auf diese Nachricht reagieren? Für einen kurzen Moment war ich verunsichert, doch dann bekam ich tatsächlich einen weiteren eindeutigen Impuls. Ich sollte wirklich auf diese Nachricht reagieren! Völlig erstaunt darüber, änderte ich nun meine persönliche Planung.

Ich nahm diesen Hinweis der geistigen Welt an und setzte mich hin. Meine Intuition führte mich inzwischen seit einiger Zeit und ich hörte auf diese Art der Zeichen. Fast automatisch schrieb ich eine Antwort an die Gruppenleiterin Dörte. Ich bat sie, mir in einer persönlichen Nachricht ihre Adresse zu schicken. Ich wollte schauen, was ich zu ihrem Problem an Informationen von der geistigen Welt bekam. Ich kannte Dörte nicht persönlich, doch ich hatte mich in der Gruppe bereits als spirituelles Medium gezeigt und wollte meinen Impulsen nun folgen. Dörte meldete sich erstaunlich schnell und nur wenige Minuten später hatte ich die gewünschten Daten. Ich setzte mich damit in die Stille und formulierte mein Anliegen. Mein geistiges Team war sofort präsent spürbar und ich war erstaunt! Die Durchsagen flossen und ich schrieb alles auf. Einiges erschien mir unverständlich, doch ich notierte es ohne Wertung und erfuhr von der geistigen Welt folgendes:

„Das defekte Rohr befindet sich nicht im Bereich der Heizung. Es befindet sich in einer Wand. Diese Wand ist eine Außenwand, die gleichzeitig auf eine Innenwand trifft. Dort in der Mitte gibt es ein undichtes Rohr. Es wurde nicht ordnungsgemäß gearbeitet.“

„Hey, wie jetzt...“, dachte ich irritiert. Es war für mich äußerst unverständlich, doch es ging sofort weiter und ich schrieb weiter auf, was ich als Durchsage bekam.

„Es liegt ein bauseitiger Fehler vom früheren Eigentümer vor. Dieser frühere Eigentümer hat an der beschriebenen Stelle der Leitung nicht korrekt gearbeitet. Er hat den Schaden verursacht. Die Stelle befindet sich nicht im Keller und nicht im Obergeschoss. Sie ist in der Mitte der Wand!“

„He?“ Wieder überlegte ich und zweifelte kurz, doch es ging direkt sofort weiter.

„Ihr eigener Mann wird ihr nicht helfen können. Er ist handlungsunfähig.“

„Oh!“ Nun war ich etwas bestürzt. Wie sollte ich das denn Dörte erklären? Dass sie mit dem Heizungsproblem nun auch noch alleine dastehen würde und ihr Mann „handlungsunfähig“ wäre, fand ich sehr merkwürdig und ich beschloss, es ihr gegenüber nicht zu erwähnen. Als ich alles fertig notiert hatte, dankte ich voller Demut meinem geistigen Team und war begeistert. Es war erstaunlich! Ich hatte so viele Informationen erhalten! Jetzt war es mir wichtig, mir die Energien des Hauses im morphischen Feld anzusehen. Ich ging zu meinem Mann ins Arbeitszimmer und bat ihn um Unterstützung. Er sollte sich als Stellvertreter zur Verfügung stellen. Ich erzählte ihm nicht, worum es ging, denn ich wollte unbedingt meine eigenen Durchsagen überprüfen. Sie schienen mir etwas merkwürdig.

Mein Mann war erstaunt, doch er kannte inzwischen von mir diese Vorgehensweise, denn ich überprüfte inzwischen auf dieser Art gerne meine eigenen Durchsagen der geistigen Welt. Er hinterfragte nicht weiter und stellte sich als Stellvertreter im Energiefeld für meine Arbeit zur Verfügung. Nun stellte ich das Haus der Gruppenleiterin energetisch auf. Mein Mann, der überhaupt nicht wusste, worum es ging, berichtete mir ziemlich schnell von einer Innenwand, die auf eine Außenwand traf! Ich war baff! Es war dieselbe merkwürdige Beschreibung, die ich von der geistigen Welt bekommen hatte! Jetzt zeigte es sich tatsächlich im morphischen Feld des Hauses, was ich als Durchsage erhalten hatte!

„Der frühere Eigentümer war verstorben. Dieses Haus war zu Lebzeiten sein „Herzblut" und nun wollte er helfen. Er hatte sich „schuldig" getan, weil er vor langer Zeit an einer Leitung nicht korrekt gearbeitet hatte. Er war es, der an der Leitung mit seiner Arbeit „gepfuscht" hatte."

Ich hatte diese Durchsage erhalten und plötzlich war ich tief ergriffen, denn ich hatte tatsächlich den Kontakt zu diesem Verstorbenen! Tief berührt schrieb ich alle weiteren Informationen auf und dankte meinem Mann für die Hilfe. In Ruhe las ich durch, was ich aufgeschrieben hatte, doch plötzlich kamen mir Zweifel. „Was, wenn das alles ein totaler Blödsinn war?" Ich wusste nichts von dieser Gruppenleiterin! Es war nicht einmal klar, ob ihr das Haus gehörte oder ob es einen Keller gab! Ich hatte keinerlei Ahnung! Und dann auch noch die Geschichte mit ihrem Mann! Ich war für einen Moment sehr verunsichert.

Sollte ihr Mann sie wirklich alleine mit der kaputten Heizung in einem kalten Haus sitzenlassen? Ich ließ meine Zweifel dasein, doch ich entschied mich dennoch für meine Durchsagen und Informationen, die ich bekommen hatte. Mutig hinterließ ich Dörte alle Informationen als Sprachnachricht und war gespannt. Nur die Geschichte mit ihrem Mann hatte ich nicht erzählt. Ich musste mich nicht lange gedulden, schon wenige Minuten später bekam ich eine Antwort. Mein Puls beschleunigte sich sofort, und ich war nun tatsächlich richtig aufgeregt.

Dörte bedankte sich als Erstes für die umfangreichen Informationen von mir. „Ich bin völlig baff und musste Deine Sprachnachrichten mehrfach abhören", hörte ich sie sagen. „Wir haben dieses Haus tatsächlich von einem Vorbesitzer gekauft, dessen Herz sehr an diesem Haus hing. Selbst nach dem Verkauf kam der ehemalige Eigentümer hin und wieder bei uns vorbei. Inzwischen ist er jedoch bereits verstorben." „Wow!" Ich freute mich, denn diese Angaben stimmten mit meinen Durchsagen überein! Gespannt hörte ich weiter ihre Nachrichten ab. „Es gibt tatsächlich so eine Wand bei uns. Zu unserem Haus gehört ein Teilkeller. In diesem Teilkeller gibt es eine Außenwand, doch im oberen Bereich des Hauses ist sie eine Innenwand in unserer Küche!" Nun war ich wirklich baff und verstand meine Durchsage und die Aussage des morphischen Feldes. Dörte teilte mir mit, dass sie die Heizungsmonteure am Montag sofort beauftragt, die Ursache für den Defekt in diesem Wandbereich zu suchen. Ich war nun sehr gespannt, was die Firma herausfinden würde und durfte mich bis dahin gedulden.

Nachdem die Einbauküchenmöbel am Montag bei Dörte entfernt wurden, stemmte die Heizungsfirma die Wand in dem von mir beschriebenen Bereich in der Küche auf. Es war ein enormer Aufwand, denn der Bodenbereich war ebenfalls betroffen. Als die Wand geöffnet wurde, konnte die Heizungsfirma tatsächlich den Schaden finden! In der Wand gab es wie von mir beschrieben eine alte Zuleitung! Die Zuleitung war offensichtlich nicht von einer Fachfirma hergestellt worden. Es gab einen Bereich, an dem unsauber gearbeitet worden war und genau hier befand sich eine Leckstelle! Ich konnte es kaum fassen. Es traf genau so zu, wie ich es erhalten hatte! Und dann musste ich wirklich lachen! Dörte erzählte mir, dass sich ihr Mann nicht um die ganze Angelegenheit kümmern konnte! Sie stand mit den Handwerkern alleine da, denn ihr Mann musste plötzlich für eine Woche auf eine Dienstreise! Ich fasste es nicht! Ihr Mann war damit tatsächlich „handlungsunfähig“ und konnte ihr nicht helfen! Es hatte tatsächlich alles zugetroffen, was ich vorher bekommen hatte! Es war unglaublich für mich.

Die Handwerker hatten zu tun, die Funktionsfähigkeit der Heizung wiederherzustellen und Dörte war dankbar und froh, als alles wieder in Ordnung war. Ich war voller Demut und dankte meinem geistigen Team und vor allem dem früheren Eigentümer! Denn er hatte mich erreichen können und mir diese Informationen zur Verfügung gestellt! In meiner systemischen Arbeit hatte sich gezeigt, dass er sich auf Grund seiner unfachlichen Arbeiten zu Lebzeiten schuldig gefühlt hatte. Nun gab es einen Ausgleich über alle irdischen Grenzen hinweg! Ich fand es unglaublich!

„DIE WUNDER DER LIEBE – Dem Himmel ganz nah“ erzählt Dir von meinem ungewöhnlichen Weg. Ich startete diesen Weg als völlig ungläubige Frau, die über viele Jahre mit ihrem Leben gehadert hatte. Ich hatte den Sinn meines Lebens verloren und war überzeugt, dass er mir genommen worden war. Mit großen gesundheitlichen Problemen konfrontiert, war ich überfordert und depressiv. Ich wünschte mir mein altes Leben wieder zurück und war verzweifelt, denn es gelang mir nicht. Nie hatte ich an die Kraft von etwas Höherem geglaubt. Doch dann fasste ich einen Entschluss und es begann eine erstaunliche Reise. Ich durfte Erfahrungen machen, die mein Herz weit öffneten und mein Verstand wurde mehr und mehr zum Schweigen gebracht. Ich konnte es selber kaum fassen und brauchte meine Zeit, um zu verstehen und um zu lernen.

So wie ein Fluss immer in Bewegung ist, so ist auch unser Leben immer Veränderung. Nichts steht still. Heute verstehe ich endlich! Wir selbst entscheiden, wie wir unser Leben gestalten und ob wir am Rand des Flusses stehen bleiben oder den Sprung ins kühle Nass wagen! Der Mut eröffnet uns ein Meer an Möglichkeiten, denn unsere Schöpferkraft ist unglaublich machtvoll. Das zu erkennen, gelang mir auf meinem Weg.

Die Vorbereitung

Es war die pure Verzweiflung die mich trieb, denn ich hatte die Nase voll. Es war Silvester und das neue Jahr 2014 sollte bald beginnen. „Wie ohnmächtig stehe ich dem Ganzen gegenüber“, dachte ich und ertappte mich bei diesem Gedanken. Gelangweilt saßen mein Mann und ich vor dem Fernseher. Wir schauten zu, wie die Menschen am Brandenburger Tor in Berlin feierten. Sie genossen scheinbar ihr Leben und freuten sich auf das neue Jahr. Sie waren ausgelassen, so wie ich es auch einmal gewesen war. Ihre Ausgelassenheit zu sehen, kotzte mich tatsächlich an. Resigniert zog ich mich zurück und setzte mich ins Dunkle unseres Arbeitszimmers. Eine flüchtige Bekannte hatte mir einige Tage zuvor eine Mail geschickt und plötzlich fiel mir diese Mail wieder ein. Ich ärgerte mich noch immer über ihre Nachricht. Sie hatte mir geschrieben, dass sie vor einigen Wochen vom Jakobsweg aus Spanien zurück war und ich war entsetzt. ICH hatte ihr von meinen Überlegungen und dem Weg erzählt! ICH hatte die Idee! Wie konnte sie jetzt meinen Jakobsweg gehen? Und das einfach so? „Wahrscheinlich hat sie sich noch nicht einmal vorbereitet“, dachte ich wütend. Ich steigerte mich in diese Gedanken rein und regte mich innerlich auf. Ja, ich freute mich nicht einmal für sie! Sie war schließlich meinen Weg gegangen! Es fühlte sich plötzlich an, als wenn sie mir etwas weggenommen hatte! „Was für ein Quatsch!“ Plötzlich schüttelte ich über mich selbst den Kopf.

Meine unmöglichen Gedanken ärgerten mich noch mehr. „Wie kann ich nur so einen Blödsinn denken? Jetzt reicht es mir wirklich“, dachte ich empört über mich selbst. „Ich muss endlich etwas tun!“ Dieser Gedanke schwirrte in meinem Kopf und ich kam nicht mehr von los. Im Dunkeln unseres Arbeitszimmers sitzend, liefen mir die Tränen und ich fasste plötzlich einen Entschluss. „Ich werde jetzt diesen Jakobsweg gehen! Egal was kommt, vielleicht habe ich ja Glück und ich komme gar nicht mehr wieder!“ Diese depressiven Gedanken waren tatsächlich in mir. Es erschien mir wie eine Erlösung und es schwang ein Stück Hoffnung dabei! Entsetzt über mich selbst und meine unmöglichen Gedanken, kamen mir wieder die Tränen. Ich musste dringend raus aus meinem Leben! Ich musste unbedingt weg! Alles in mir schmerzte nur noch. Mein physischer Körper hatte mich mächtig ins Aus geschleudert und scheinbar hatte er meine Stimmung gleich mitgenommen. Es war wirklich zum Kotzen! Es gab Tage, an denen konnte ich kaum laufen. Ich verfiel in eine Starre und war bewegungsunfähig. An anderen Tagen war mein Körper schwer wie Blei und ich war bei jeder Bewegung unendlich erschöpft. Meine Muskulatur in den Oberschenkeln schien nicht mehr vorhanden und Schmerzen im Unterleib machten es nicht leichter. Die Ärzte gingen davon aus, dass es sich hierbei um Körperflashbacks handelte. Zu diesen Symptomen gesellten sich Schmerzen im Bereich der Bauchspeicheldrüse und der Leber. Meine Gallenblase war bereits entfernt worden und wie ich nun erfahren hatte, waren meine Blutwerte wirklich schlecht. Im Krankenhaus sagte man mir, dass Zysten an Bauchspeicheldrüse und Gebärmutter vorhanden waren. Es reichte mir wirklich!

Ich hatte die Nase gestrichen voll. In mir fühlte es sich an, als wenn ich einen großen brennenden verdrehten Knoten im Bauch hatte. Dieser Knoten schien immer größer zu werden und die Wut darüber, mein altes Leben verloren zu haben, machte mich noch unbeweglicher. Es schien wie ein Kreislauf zu sein und ich kam aus diesem Kreislauf einfach nicht mehr heraus. Im Alter von 42. Jahren war mein Leben von einem Moment auf den anderen zusammengebrochen und nichts war mehr wie je zuvor.

Rückblick

September 2006 – Es war Freitagnachmittag und ich war auf dem Weg nach Hause. Gut gelaunt fuhr ich von der Autobahn direkt auf die Bundesstraße. Ich kam gerade von der Arbeit und freute mich auf das Wochenende. Als erfolgreiche Immobilienkauffrau ging es mir beruflich und privat sehr gut. Einige Jahre zuvor hatte ich nach meinem Studium den Abschluss als Finanzberaterin gemacht und war sehr stolz darauf. Als ich damals die Prüfung vor der Handwerkskammer erfolgreich bestanden hatte, fühlte ich mich rund um zufrieden. Ja, in mir war das tiefe Gefühl, es geschafft zu haben! Ich konnte meine Kunden all umfassend beraten und war voller Kraft und Zuversicht, dies nun auch im Bereich der Finanzberatung für Immobilien tätigen zu können. Alles war perfekt!

In meiner Freizeit ging ich regelmäßig joggen und leitete nebenbei eine Laufgruppe im Fitnessstudio eines Freundes. Zweimal war ich bereits in Berlin den großen Marathon gelaufen und ich war stolz darauf. Meine zweite große Leidenschaft war das Spinning. Ich liebte diesen Sport und hatte Jahre zuvor einen Ausbildungskurs absolviert. Regelmäßig gab ich seit dieser Zeit neben meiner Arbeit Kurse in verschiedenen Fitness-studios. Ich genoss es, mich richtig auszupowern und gleichzeitig durfte ich dabei noch Teilnehmer motivieren und mitreißen. Der Sport war meine große Leidenschaft und das Fitnessstudio war mein zweites Zuhause geworden. Mein Leben fühlte sich gut an und meine Zeit war völlig ausgefüllt. Mein Sohn war inzwischen erwachsen und führte sein eigenes Leben. Er hatte eine Ausbildung als Immobilienkaufmann gewählt und erfolgreich abgeschlossen. Ich war sehr stolz auf ihn. Es war nicht immer leicht für mich, denn ich hatte ihn all die Jahre alleine groß-gezogen und erst als er erwachsen war, traf ich auf meinen Mann. Ich war mit meinem Leben rund um sehr zufrieden, bis sich plötzlich von einem Moment auf den anderen alles veränderte! Ich kam gerade von der Autobahn und fuhr auf der Bundesstrasse nach Hause. Ich wollte zügig ankommen, denn mein Mann und ich wollten noch zu Ikea. Neben mir auf der rechten Spur bemerkte ich einen kleinen Lieferwagen. Der Lieferwagen trug eine große Aufschrift auf seiner Ladefläche. Ich las die Aufschrift und plötzlich stockte ich. Ich kannte diesen Namen. Für einen kurzen Moment schwirrte mir der Kopf. Es war wie ein kleiner Stromschlag, der mich irgendwie erfasste, doch sofort war es wieder vorbei.

Ich überlegte erstaunt, was das gerade gewesen war und plötzlich ging es wieder los. Ich hatte auf einmal Mühe, die Straße zu finden, an der ich abbiegen musste! Ich stand plötzlich wie in einem Nebel! Doch so schnell wie der Nebel gekommen war, war er wieder weg und ich konnte rechts abbiegen und kam zu Hause an. Mein Mann stieg wie vereinbart ins Auto und wir machten uns wieder auf den Weg. Ich sagte ihm erst einmal nichts. Langsam fuhr ich wieder los, doch ich bemerkte sofort, dass es wieder anfing und war plötzlich erschrocken. Der Weg zu Ikea war mir seit vielen Jahren vertraut. Doch nur zwei Strassen weiter musste ich rechts ranfahren und mir eingestehen, dass ich gerade orientierungslos war! Ich fand den Weg nicht mehr! Ich wusste nicht mehr, wie ich nur drei Straßen weiter zu Ikea kam! Fassungslos saß ich im Auto und mir kamen die Tränen. Ich verstand nicht, was gerade passiert war.

An diesem Freitagnachmittag krachte mein Leben zusammen. Es begann ein Weg zurück in die Tiefen der Vergangenheit. Die Dunkelheit meiner Kindheit hatte mich mit einem Schlag eingeholt. Es brachen Erinnerungen hervor, die mit dem Namen auf dem Lieferwagen zusammenhingen und mehr als 30. Jahre verschüttet waren! Mein Körper reagierte plötzlich heftig! Anfangs verleugnete ich immer wieder und versuchte, mein Inneres zu überspielen. Ich beschloss, es einfach zu ignorieren, denn ich wollte unbedingt weiter funktionieren. Doch als der Druck des Funktionierens für mich nicht mehr auszuhalten war, packte ich eines Morgens meine Tasche und fuhr alleine ins Krankenhaus zur Rettungsstelle. Als ich dort ankam, brach alles aus mir heraus und meine mühsam erhaltene Fassade fiel in sich zusammen.

Ausgelöst durch den Namen am Lieferwagen und den Tod meiner Großmutter, die einige Tage zuvor im September 2006 verstorben war, brach laut Ärzten etwas Gewaltiges aus meiner Kindheit hervor und es wurde eine Posttraumatische Belastungsstörung diagnostiziert.

Vollgepumpt mit Medikamenten fuhr ich in eine psychosomatische Rehabilitationsklinik. Nur langsam kam das Verstehen und eine anfängliche erste Aufarbeitung begann. Als in mir wieder mehr Klarheit aufkam, bestand ich auf das Absetzen der Medikamente. Ich veränderte mich und zog mich sehr zurück. Nichts schien irgendwie mehr zusammenzupassen. Auch körperlich passte ich bald nicht mehr in meine Kleidung und als ich nach vier Monaten endlich wieder nach Hause kam, war mein Leben kaum auszuhalten. Alles war mir zu viel und ich empfand alles als extrem laut. Ich konnte mich kaum bewegen und war nicht mehr belastbar. Meine Empfindsamkeit passte nicht mehr mit meinem Umfeld zusammen. Die Sensitivität trat mehr und mehr hervor. Mein Kurzzeitgedächtnis war noch immer stark beeinträchtigt und mein Langzeitgedächtnis holte alles Alte hervor! Es war unfassbar! Mein Mann und mein Sohn halfen und unterstützten mich sehr. Doch irgendwann kamen auch sie mit meinen Veränderungen ebenso schwer zurecht, wie ich selbst. Mein Sohn hatte all die Jahre eine starke Mutter an seiner Seite und verständlicher Weise nun Mühe, mit meinen depressiven Phasen klarzukommen. Auch für den Rest der Familie war es nicht leicht, mit mir umzugehen.

Ich suchte nach Lösungen und als eines Tages eine Kollegin von einer Familienaufstellung erzählte, horchte ich auf. Sie war begeistert von dieser Aufstellungsarbeit. Ich hatte keine Ahnung worum es da ging, doch ich hörte ihr zu. Sie versuchte mich zu überreden, dort einmal teilzunehmen und ich überlegte. Schon immer hatte ich mich für Psychologie interessiert und therapeutische Beratung geschätzt, doch ich zögerte, denn es hörte sich etwas merkwürdig an.

Vielleicht hilft es ja doch, überlegte ich eines Tages und meldete mich für ein Seminar an. Das Seminar fand bei einer Heilpraktikerin statt und ich fuhr dort hin. Die Gruppe bestand aus 12 Personen und einer Aufstellungsleiterin. Die beiden Frauen begrüßten alle sehr herzlich und erklärten den Ablauf. Jeder Teilnehmer konnte kurz über sein Thema sprechen und danach Personen als Stellvertreter auswählen. Sie würden die Situation irgendwie darstellen und es sollten sich damit tatsächlich Probleme lösen lassen. „Oh Mann!" Ich war mehr als skeptisch. Doch nun war ich vor Ort und konnte es mir auch einmal anschauen, überlegte ich. Die Aufstellungen begannen und ich war erstaunt. Mein Interesse wurde sofort geweckt, als ich als Stellvertreter für eine Person stand. Es war erstaunlich, was ich alles wahrgenommen hatte! Irgendwann fasste ich den Mut und setzte mich nach einer größeren Pause zur Aufstellungsleiterin. Ich war sehr aufgeregt. Auf dem Stuhl sitzend wollte ich sprechen und kurz mein Thema erwähnen, doch mir kamen plötzlich die Tränen. Ich versuchte mich zu erklären, doch zu meinem Entsetzen, fing ich an rumzustottern. „Oh Mann!" Ich bekam keinen klaren Satz heraus! Was hatte ich mir nur dabei gedacht?

Ich war entsetzt. Doch die erfahrene Aufstellungsleiterin Irene Hammerschmidt wusste, was zu tun war. Sie beruhigte mich und bat mich, jemanden als Stellvertreter auszuwählen. Ich sollte diesen Stellvertreter einfach in die Mitte des Raumes stellen. Ich war erleichtert, nichts sagen zu müssen und suchte eine Frau aus. Ich legte ihr kurz meine Hände auf die Schultern, denn so war es von Irene gewünscht. Danach durfte ich jemanden für Eltern und Geschwister auswählen. Mit wackligen Knien suchte ich einfach irgendjemanden aus und war froh, als ich mich endlich wieder hinsetzen durfte. Die Stellvertreter der Familie standen in einem Kreis zusammen, doch alle fühlten sich nicht wohl. Zwischen Vater und Mutter gab es eine Eiseskälte. Die Geschwister fühlten sich ebenfalls nicht wohl. Erst als eine Person aus dem Familienkreis abseits gestellt wurde, änderte sich die ganze Familienenergie. Plötzlich war zwischen den Eltern die Verbindung da und sie lächelten sich an! Alle Geschwister waren sehr zufrieden, bis auf die ausgeschlossene Person! Sie verstand nicht, warum sie Abseits stehen musste, damit die anderen sich gut fühlten!

Ich konnte kaum fassen, was ich da sah und mir liefen die Tränen. Die Frau, die im Abseits stand, stand für mich! Sie berichtete, wie sie sich fühlte und was in ihr vorging und ich war leicht geschockt, denn genau so ging es mir! Das Gefühl der Ausgrenzung, das sich hier zeigte, war mir bekannt! Wie konnte diese Frau das alles wissen? Wie war es möglich, dass sich hier meine Familiensituation zeigte? Ich hatte nichts davon erzählt und kannte niemanden!

Die Aufstellungsleiterin Irene hatte seit Jahrzehnten Erfahrung und versuchte mir einiges zu erklären. Sie fragte mich nach verstorbenen Personen von Seiten meiner Eltern, doch ich schüttelte den Kopf. Ich verstand die Frage nicht. Was hatte ich damit zu tun? Doch sie fragte weiter nach Fehlgeburten und Abtreibungen und wieder blickte ich verwirrt. Was hatte das alles denn mit mir zu tun? Ich verstand es nicht und wir bekamen keine Auflösung. Als ich etwas später nach Hause fuhr, arbeitete es stark in mir und erst nach und nach fielen mir verstorbene Angehörige ein. Doch was hatte ich mit denen zu tun? Ich kannte sie alle nicht einmal!

Am nächsten Seminartag ging die Aufstellungsarbeit weiter und ich wollte in der großen Pause meine Fragen stellen. Doch wieder kam es anders als gedacht. Zu einem Thema einer Teilnehmerin kamen mir plötzlich sehr heftig die Tränen. Ich konnte mich nicht mehr beruhigen und musste den Raum verlassen. Es war mir sehr unangenehm, doch ich konnte es nicht ändern. Zitternd stand ich plötzlich draußen und war völlig aufgelöst. Irene machte eine Pause und sprach mich an. Sie nahm mich daraufhin noch einmal in die Aufstellung und bat mich, nur zwei Stellvertreter auszuwählen. Ich wählte eine Person für mich selbst aus und eine, für eine weitere Person. Plötzlich zeigte sich eine Situation, die ich als Kind traumatisch erlebt hatte! Ich konnte es nicht fassen und war völlig perplex. Niemand hatte davon gewusst! Ich hatte nichts erzählt! Wie war das alles möglich? Es war für mich nicht zu verstehen.

Irene erklärte mir Zusammenhänge und war sehr verständnisvoll. Sie verfügte über umfassende Erfahrungen in diesem Bereich. Die Erkenntnisse nach Bert Hellinger machten es möglich, doch ich verstand nur langsam und war noch immer sehr aufgewühlt.

Themen innerhalb der Familie wurden völlig unbewusst übernommen oder an die nachfolgenden Generationen weitergegeben. Oftmals wurden sie von Kindern und Enkeln ohne bewusste Kenntnis wie ein Gepäckstück getragen. Ähnlich wie wir unsere Gene weitergeben, können auch Themen, Gefühle, Gedanken und Muster übernommen und weitergegeben werden. Ich war völlig erstaunt, dass so etwas möglich war! Aufgewühlt folgte ich den Worten von Irene, doch es brauchte seine Zeit, bis ich mehr verstand. Die Aufstellungsarbeit wurde von der Heilpraktikerin Helga Morgenroth homöopathisch begleitet und sie gab mir ein pflanzliches Mittel, damit ich mich wieder etwas beruhigen konnte. Es war für mich sehr hilfreich und ich war ihr sehr dankbar dafür. Seit vielen Jahren ließ ich mich von einer Homöopathin behandeln und war mit dieser Art der Behandlung vertraut.

Dieses Seminarwochenende veränderte einiges in mir. Durch das Aufstellungsseminar verstand ich plötzlich völlig neue Zusammenhänge. Die beiden Frauen, Irene und Helga, standen mir seit diesem Wochenende über viele Jahre zur Seite. Ich besuchte regelmäßig Seminare bei Irene und konnte mir viele meiner Themen im Zusammenhang ansehen und verstehen lernen. Es half mir sehr. Helga wurde meine wundervolle Heilpraktikerin und behandelte regelmäßig meinen schmerzenden Körper.

Helgas Arbeit war fantastisch und ich war über die Schmerzlinderung unglaublich froh. Ich verstand nicht wirklich, was Helga energetisch in mir klärte, doch die Wirkung war sensationell. Sie arbeitete mit einem Magneten, mit Pendel, Farben, Steinen und Symbolen. Sie konnte mir tatsächlich sagen, dass ich letzte Woche Zahnschmerzen hatte und es stimmte! Ich vertraute ihr völlig. Ihre freundliche bescheidene Art tat mir sehr gut. Sie drängte mir nie etwas auf. Sie schaute einfach, was kam. Im Frühjahr 2013 verstarb Helga plötzlich und ich war geschockt. Durch ihren Verlust war mir bewusst geworden, wie unersetzbar sie für mich gewesen war. Ihr Tod nahm mich unglaublich mit und ich vermisste meine Unterstützung. In dem letzten Gespräch mit Helga hatte sie etwas Wichtiges angesprochen. Während der Behandlung berichtete ich ihr von meinen aktuellen schulmedizinischen Diagnosen und sie hatte versucht, mir etwas klar zu machen. „Deine Schmerzen und Zysten sind Vorboten und Deine schlechten Blutwerte ebenfalls! Es sind keine guten Vorboten! Du musst da endlich wieder rauskommen! Ich denke, Dir wird nur eins wirklich helfen! Lerne zu Vergeben!“

Ich konnte Helgas Worte damals verstehen und auch annehmen, doch ich fand den Schalter in mir nicht. Wo war er? Wie sollte ich je Vergeben können? Ich hatte überhaupt keine Ahnung, wie man das machte.

ooo

Nun war Silvester und das neue Jahr 2014 stand vor der Tür. Ich saß noch immer im Dunkeln unseres Arbeitszimmers. All diese Erinnerungen waren plötzlich präsent und Helgas letzten Worte waren mir wieder eingefallen. ICH sollte vergeben? Der Gedanke regte mich jetzt auf. Warum denn ich? Ich war doch das Opfer! Mir war doch Gewalt und Unrecht angetan worden! Und was für ein Unrecht! Wie könnte ich das je vergeben? Alles in mir weigerte sich und ich spürte die Wut darüber, dass ICH vergeben sollte! Es erschien mir unmöglich. Ich beschloss, mich jetzt auf diesen Jakobsweg zu konzentrieren und bemerkte, dass mein Entschluss plötzlich feststand! „Ich werde jetzt diesen Weg gehen, komme was wolle“, dachte ich und bekam mit dieser Entscheidung am Silvesterabend wieder mehr Energie. Der Funke war übergesprungen. Er riss mich aus meiner Hoffnungslosigkeit, ohne dass es mir zu diesem Zeitpunkt überhaupt klar gewesen war. Ich bekam wieder mehr Kraft und googelte zum ersten Mal den Jakobsweg. Im Internet fand ich ein Pilgerforum und war erstaunt über die vielen hilfreichen Informationen. Ganz langsam erwachte eine Freude in mir und ich beschloss, am Neujahrsmorgen spazieren zu gehen. Ich stapfte am Morgen durch den knirschenden frischen Schnee und plötzlich kam mir eine Idee. Mein Geburtstag stand bald bevor und anstatt Blumen oder Geschenke könnte ich mir Geld für die Reise wünschen! Ich könnte ein Sparschwein hinstellen! Meine Freude stieg sofort, denn ich fand, es war eine schöne Idee.

Mein Geburtstagswunsch erfüllte sich und ich bekam Unterstützung von meiner Familie und von Freunden. Es war aufregend. Freudig konnte ich mir etwas später mein erstes Geschenk ermöglichen und kaufte mir hochwertige Lederwanderschuhe. Die Auswahl der richtigen Schuhe erschien mir äußerst wichtig. Sie waren leicht und liefen sich butterweich. Bei den Jakobusfreunden in Paderborn beantragte ich einen Pilgerausweis mit einem Herbergsverzeichnis. Durch die Vorlage des Ausweises konnte jeder Pilger die preiswerten Herbergen nutzen. Ich war begeistert und so nach und nach schaffte ich es, zweimal in der Woche eine Stunde zu laufen. Es ging voran! Ich bestellte mir Hiker-Stöcker zur Unterstützung für den Weg und von meinem Schwager Simon hatte ich ein gebrauchtes Handy mit Internetzugang bekommen. Das Handy war eine große Hilfe für mich. Ich war begeistert und ihm sehr dankbar dafür, denn ich installierte eine Sport-App, welche mir nun die Kilometer anzeigte, die ich gelaufen war. Tatsächlich war ich inzwischen etwas stolz auf meine Entwicklung. Ich entschied mich, Mitte Mai meinen Jakobsweg zu starten und plante sieben Wochen für den Weg ein. Aus irgendeinem Grund hatte ich das Bedürfnis, im Süden Frankreichs zu starten und wollte unbedingt über die Pyrenäen laufen. Es war mir wichtig und ich freute mich darauf. Der Weg umfasste 818 km und ich rechnete mir dafür 50 Tage Zeit aus. Im Durchschnitt musste ich 16 km am Tag schaffen und es schien für mich machbar zu sein. Außerdem hatte ich noch einige Monate Zeit, um zu trainieren.

Anfang Februar fand ich plötzlich im Internet einen günstigen Flug nach Paris. Aufgeregt suchte ich nach einem Anschlussflug nach Biarritz und hatte wieder einen günstigen Volltreffer. Die Flüge passten und schienen wie für mich gemacht! Obwohl in mir eine große Angst zu spüren war, buchte ich mutig die Flüge. „Juhu! Ich gehe tatsächlich den Jakobsweg", dachte ich plötzlich und brauchte einige Tage, um es wirklich zu realisieren. Nur wenige Tage danach fand ich einen passenden Rückflug und alles fügte sich irgendwie fast wie von alleine. Von nun an befasste ich mich jeden Tag mit meinem Weg und die Vorfreude stieg.

Es war bereits März, als ich einen überraschenden Anruf bekam. Der Anruf war von einer Rehabilitationsklinik. Auf Grund eines Fernsehberichtes hatte ich einige Jahre zuvor von dieser Klinik erfahren. Ich fühlte mich damals von dem Bericht sehr angesprochen und hatte Kontakt zu dieser Klinik aufgenommen. Seit fast vier Jahren stand ich seitdem auf einer Warteliste für einen Platz! Jetzt erfuhr ich in dem Telefonat, dass für mich ein Platz bereitstand! Noch vor Antritt meiner Reise konnte ich mir diese Klinik anschauen! Ich war hoch erfreut, denn endlich ging es voran. Ich kümmerte mich bis zum Termin intensiv um meine Wegstrecke, die ich laufen wollte. Systematisch ging ich inzwischen vor und markierte mir die preiswerten Herbergen im Verzeichnis an. Ich wollte in Südfrankreich starten und über die Pyrenäen laufen. Vielleicht hatte ich das große Glück und könnte ein paar Geier oder Adler fliegen sehen. Diese Vorstellung gefiel mir sehr. Ich malte es mir bildlich aus und es fühlte sich gut an.

Meine erste Übernachtung in Südfrankreich plante ich in Saint-Jean-Pied-de-Port. Die Strecke über die Pyrenäen konnte ich unmöglich in einer Etappe laufen und so buchte ich die einzige Herberge, die es dort gab. Fleißig trainierte ich und packte inzwischen beim Training den Rucksack mit Wasserflaschen voll. Mit maximal 8 kg Rucksackgewicht wollte ich laufen und kam gut damit zurecht. Ich lief inzwischen mehrfach in der Woche 9 km und freute mich. Meine körperlichen Beschwerden hielten sich in Grenzen und meine Kraft war da.

Sechs Wochen vor meinem Start war es dann so weit und mein erster Kliniktermin stand an. Ich war voller Zuversicht, als ich dort ankam. Das Konzept wurde mir umfangreich mitgeteilt und Inhalte erklärt. Es erschien mir äußerst hilfreich und ich war positiv überrascht. Wie bei einem Unterricht erfuhr ich vieles über Traumata und die Heilung des alten Schmerzes. Doch mit jedem Tag mehr bemerkte ich dort, dass die Erschöpfung wiederkam. Die Schmerzen in den Muskeln wurden stärker und dann kamen sie, die Zweifel. Sie holten mich ein wie ein Bumerang. „Wie konnte ich mir nur einbilden, 800 km zu Fuß laufen zu können? Und dann auch noch alleine? War ich völlig übergeschnappt?" Diese Fragen waren plötzlich in mir und ich kam an den Punkt, dass ich diese Reise unmöglich machen konnte! Es ging gar nicht! Die Traurigkeit und Hoffnungslosigkeit hatten mich eingeholt und waren wieder da. Ich fiel in ein tiefes Loch und mein Körper zog sich zusammen und schmerzte. Ich bekam wieder Muskelausfälle und eine totale Erschöpfung breitete sich aus. Entsetzt fuhr ich damit nach Hause.

Doch auch zu Hause wurde es nicht besser und ich bekam plötzlich starke Schlafstörungen. In mir war eine extreme Angst erwacht. Ich stellte fest, dass es die Angst des Scheiterns war, die mich in eine leichte Panik brachte. Die Sorge, den Weg wirklich nicht schaffen zu können, war plötzlich sehr groß. Ich sah mich tatsächlich irgendwo im Nirgendwo dahinsiechen, mutterseelenallein und vergessen! Immer wieder versuchte ich mich zu beruhigen. Ich hörte mir geführte Meditationen an und versuchte damit klarzukommen. Doch ich litt darunter und schwieg. Ich konnte und wollte jedoch nicht reden und beschloss, irgendwie da durchzugehen. Etwas in mir sagte, es ist nur eine Angst! Doch es wurde schwer für mich. Ich nutzte Entspannungsübungen, visualisierte mir einen tollen Jakobsweg und sah mich in der Sonne sitzend am Wegesrand pausieren. Doch der Druck in mir wurde größer und die Anspannung stieg immer mehr.

Mein Mann und ich sprachen kaum noch miteinander. Mein Sohn hatte sich ebenfalls zurückgezogen. Das Loslassen wurde eine schwere Aufgabe für mich, doch ich wusste, es war wichtig. Ich wusste nur nicht, wie man das wirklich anstellte. Außerdem brauchte ich unbedingt für meinen Start Zuversicht. Doch woher sollte ich sie nehmen? Fieberhaft überlegte ich, was mir noch helfen könnte. An eine höhere Macht glaubte ich nicht. „Wenn es einen GOTT geben würde, dann gäbe es kein Leid!“ Schon immer sagte ich mir diesen Satz und so schwang er auch jetzt in mir. Ich sprach in Gedanken mit mir selbst und völlig zerknirscht kam mir ein weiterer Gedanke.

„Ich würde ihn hassen, wenn es ihn geben sollte!“ Erschrocken bemerkte ich tatsächlich meinen eigenen Hass, doch schließlich hatte er mir in meiner Kindheit dann nicht geholfen! Es konnte daher einfach keinen GOTT für mich geben! Immer wieder kam ich zu diesem Schluss. Doch dann kam irgendwann in meiner Not ein weiterer Gedanke. „Was hatte ich denn eigentlich noch zu verlieren?“ Mein Leben war, wie mir mein physischer Körper aufzeigte, aus den Fugen geraten. Es war für mich sinnlos! Plötzlich bekam ich die Idee, dass „ER“ sich auf meinem vielleicht letzten Weg auch mal zeigen könnte! Wenn es ihn denn wirklich geben sollte! Und dann wurde ich mutiger mit meinen Gedanken, denn mir wurde etwas klar. „Wenn es wirklich einen GOTT geben sollte, dann ist er es mir schuldig, sich endlich zu zeigen und mir zu helfen!“ So dachte ich plötzlich. „Ja“, er war es mir schuldig! „Hm“, dachte ich. Das konnte ich bestimmt noch besser und ich überlegte weiter. „GOTT, wenn es Dich wirklich geben sollte, dann zeige Dich mir auf meinem Jakobsweg und hilf mir endlich!“ Das war mein Satz! Ich fand ihn perfekt. Kein „Bitten“, das natürlich nicht. Es erschien mir zu viel des Guten. Es war ein Einfordern! In meiner großen Angst, in der mir mein Leben völlig zu entgleiten schien, handelte ich einen Deal mit GOTT aus.

Buen camino !

Und dann war es endlich so weit! Ich fühlte mich besser. Die Schmerzen waren tatsächlich wieder weniger geworden und die Energie war da. Am 20.05.2014 startete mein Flug und in mir arbeitete alles. Nach nur einer Stunde Schlaf stand ich um 3 Uhr auf. Meine Aufregung war groß, doch ich war mit meinen Vorbereitungen äußerst zufrieden. Mein Rucksack hatte nur 6,7 kg Gewicht. Alle Dinge waren von mir einzeln abgewogen worden. Jedes noch so kleine Teil kam auf meine Haushaltswaage. Mein Schlafsack war ultraleicht und die Wechselkleidung war eingepackt. Ein sehr leichtes Sportshirt hatte ich noch von meinem Schwager Fred geschenkt bekommen und von meiner Schwester Bettina nahm ich ein wundervolles leichtes Tuch mit. Zur Belohnung für meine Füße waren sogar ein Paar Flipflops dabei! Der Reiseführer und mein Tagebuch erschienen schwer, doch beides brauchte ich. Das Tagebuch war ein Geschenk von meiner Nichte Marie zu meinem Geburtstag. Sie hatte es in London gekauft und es gefiel mir sehr. Papiere, Geld, Handy und EC-Karte trug ich in einer neuen Gürteltasche. Die Hiker schob ich zusammen und steckte sie in ein Seitenfach des Rucksacks. Sie passten nicht vollständig rein und standen ein Stück raus. Laut Gepäckordnung der Airline durften jedoch keine Laschen oder Schnallen rumhängen und so war alles von mir mit einer Bauklebefolie eingewickelt. Zum Transportieren hatte ich einen Gürtel genommen.

Mein Mann fuhr mich zum Flughafen und wir redeten kaum. Ich war aufgewühlt. Gleichzeitig war ich froh, dass die lange Anspannung jetzt endlich ein Ende fand. Es gab keine Parkmöglichkeiten am Flughafen und mein Mann musste mit dem Auto gleich wieder losfahren. Unsere Verabschiedung ging entsprechend schnell und mit einem großen Gefühlsdurcheinander kam ich in der Flughalle an. Entsetzt stellte ich fest, dass die ganze Halle voller Menschen war! Auf Grund eines beschädigten Gepäckbandes wurden alle Flüge durcheinander abgefertigt! Als ich endlich an der Reihe war, teilte mir die Mitarbeiterin mit, sie wisse nicht, ob der Rucksack in Paris ankommt! Ich war entsetzt! Die Flugmitarbeiterin war leider verpflichtet, das Klebeetikett um den Gürtel zu machen! Wenn der Gürtel verloren ginge, wäre der Rucksack nicht mehr zuzuordnen! „So ein Mist“, dachte ich sofort und meine Sorge stieg. „War meine monatelange Planung umsonst gewesen, weil mein Rucksack hier direkt in Berlin abhanden kam?“ In mir zog sich alles zusammen. Mein Oberbauch verkrampfte sich und der Knoten in meinem Bauch wurde spürbar. Er fing an zu brennen. „Auch das noch“, dachte ich beunruhigt und überlegte. Ich hatte die Nase voll von dem Ganzen und beschloss plötzlich, in Gedanken mit dem Apostel Jakobus zu sprechen. Der heilige Apostel Jakobus war der Schutzpatron der Pilger! Über ihn hatte ich gelesen. Es schien ihn wirklich gegeben zu haben. Er musste mir jetzt helfen! Und so bat ich in meiner Not den Apostel Jakobus um Unterstützung und Begleitung auf meinem Jakobsweg. Ich war noch nicht einmal gestartet und brauchte schon seine Hilfe! Es war entsetzlich!

Mit diesen Gedanken saß ich kurz darauf im Flugzeug und kam in Paris an. Auf dem Weg zum Gepäckband schlug mein Herz plötzlich schneller. Ich suchte sofort und dann sah ich ihn, meinen Rucksack! Er lag auf dem Gepäckband! Der Gürtel hatte sich tatsächlich gelöst, doch er lag direkt daneben. „Puh!" Ich war erleichtert. Welch eine Freude! Ich zog eine Schnalle hervor und entsorgte den Gürtel. „Danke Jakobus", hörte ich mich erleichtert sagen. Und dann stand ich mitten auf dem Airport von Paris und war überrascht. Seit Jahren hatte ich zu dem Land Frankreich kein gutes Gefühl. Ich kannte das Land nicht und doch gab es da eine Sache, die mich sehr abstieß. Auf verschiedenen Urlaubsreisen erlebte ich im Zusammenhang mit Franzosen etwas sehr Merkwürdiges. Ich wurde angeschaut und mit dem Namen „Hitler" oder „Nazi" beschimpft! Mitten am Pool liegend und sich unterhaltend waren mir diese Worte entgegengeflogen! Vor Beginn der Reise hatte ich mit meinem Mann darüber gesprochen und mir Gedanken gemacht. Wie würde es für mich in dem Land sein? Nun stand ich auf dem Flughafen in Paris und in mir war eine totale Ruhe. Ich fühlte mich wohl und es war keine Angst spürbar! Ich war erstaunt. Der Weiterflug klappte wunderbar und beim Anflug auf Biarritz schlug mein Herz plötzlich höher. Ich saß direkt am Fenster und hatte eine hervorragende Sicht. Man konnte für einen Moment die wunderschöne Küste mit ihren schroffen Felsen sehen und den blauen leuchtenden Atlantik. Ich sah den Strand und die herrschaftlichen Häuser von Biarritz und mir ging tatsächlich das Herz auf.

Nach der Landung besorgte ich mir auf dem Flughafen eine Schere und befreite meinen Rucksack aus der Folie. Endlich konnte ich ihn auf dem Rücken tragen. „Jetzt bin ich ein Pilger“, dachte ich lächelnd und lief in Richtung Ausgang. Ich sog die frische Luft ein und schaute nach links zur Bushaltestelle. Zwei Minuten später saß ich bereits im Bus nach Bayonne auf dem Weg zum Bahnhof. Es klappte wie am Schnürchen! Ich genoss, was ich sah und war wieder erstaunt. Der Anblick des breiten Flusses begeisterte mich. Der Adour und der Fluss Nive flossen hier zusammen in den Atlantik. Ich war überrascht über mich selbst und meine Gefühle. Ich war hoch erfreut und fühlte mich irgendwie heimisch. Als ich am Bahnhof ankam, traf ich auf die ersten Pilger. Ich freute mich sehr sie zu treffen und wir kamen sofort in ein Gespräch. Jeder schien gespannt zu sein auf seinen Weg und freute sich ebenfalls. Ich erfuhr, dass es nach Saint-Jean-Pied-de-Port keinen Zugverkehr gab. Es standen Busse als Ersatzfahrzeuge bereit. Ich nutzte die noch freie Zeit und schlenderte entspannt zum breiten Fluss. Der Anblick des sehr breiten Flusses berührte mich sehr und ich bemerkte, wie die Ankunft in Biarritz/Bayonne auf mich wirkte. Ich hatte tatsächlich das Gefühl, als wenn ich schon einmal hier gewesen wäre! Es war kaum zu glauben! Ich rief etwas später meinen Mann an und teilte ihm mit, dass ich gut angekommen war und berichtete ihm aufgeregt von diesem erstaunlich vertrauten Gefühl. Die Gegend schien mir tatsächlich irgendwie vertraut zu sein. Es war wirklich merkwürdig.

Am Abend kam ich in Saint-Jean-Pied-de-Port an. Von hier sollte mein Weg am nächsten Morgen starten und voller Vorfreude lief ich zur Herberge. Bei Danielle in ihrer Herberge „Aubergue du Pelerin“ hatte ich vor vielen Wochen per Mail ein Bett reserviert. Jetzt war ich gespannt, ob die Reservierung geklappt hatte. Als ich an der Tür klingelte, öffnete mir lachend eine Frau. „Yeh, Yeh, Yeh!“ So begrüßte sie mich strahlend und ich lachte sofort mit, als sie mich mit meinem Vornamen ansprach. Ich schien die Letzte gewesen zu sein, auf die sie noch gewartet hatte. Die Frau war eine unglaubliche Frohnatur! Ich verstand kaum etwas von dem was sie sagte, doch sie lachte mich die ganze Zeit an. Und ich beschloss, einfach mitzulachen, denn es ging gar nicht anders! Sie drückte den allerersten Pilgerstempel in meinen Pilgerausweis und ich strahlte wie ein Honigkuchenpferd. Etwas später empfing mich ein schickes Bad mit einer modernen Dusche und ich war begeistert. Mein Zimmer hatte die gleichen schönen Naturwandsteine, wie wir sie zu Hause in unserem Wohnzimmer an der Wand hatten. Im Zimmer gab es drei Doppelstockbetten und alles war sauber und frisch. „Himmlisch“, dachte ich, doch war jetzt der Punkt gekommen, an dem ich mich nun erst einmal gewöhnen durfte. Die nächsten sieben Wochen würde ich mit völlig fremden Menschen ein Zimmer teilen! Jeden Abend würde ich nun in ein Doppelstockbett klettern müssen. Das, so merkte ich sofort, war gar nicht so einfach. Dabei hatte ich als Kind in einem Doppelstockbett geschlafen! Doch diese hier waren völlig anders! Die Leiter bestand nur aus drei dünnen Stäben und erschien mir viel zu schmal! Doch das Schlimmste war, ich fand keine Möglichkeit, mich festzuhalten und hochzuziehen.

„Na das wird ja lustig“, dachte ich und gerade als ich mir mein Bett eroberte, sprang die Tür auf und drei dynamische Frauen traten ein. Sie begrüßten mich sofort und erzählten herzlich. Sie kamen aus Frankreich und wirkten sehr sportlich und fit auf mich. Sie hatten Koffer dabei, die sie auf ihrem Jakobsweg von Herberge zu Herberge vorschickten! Dadurch konnten sie mit leichtem Rucksack ihren Jakobsweg gehen. Ich fasste es nicht und staunte! Ich wäre nie auf diese Idee gekommen! Die Frauen waren sehr liebenswürdig und ich freute mich über diesen ersten Kontakt. In der Nacht gewitterte es, doch ich schlief gut und stellte am Morgen fest, dass ich tatsächlich acht Stunden durchgeschlafen hatte. Hoch erfreut darüber ging ich ins Bad. Die ersten Pilger verließen bereits die Herberge. Es war noch nicht einmal 7 Uhr und es war noch dunkel draußen! Erstaunt fiel es mir auf, doch dann dachte ich an den langen Weg über die Pyrenäen. Die Strecke umfasste 26 km und man benötigte dafür mindestens 8 Stunden, so hatte ich es gelesen. Ich hatte jedoch Zeit, da ich die Strecke nicht in einem Zug laufen wollte. Gemütlich packte ich daher in aller Ruhe meine Sachen zusammen und verabschiedete mich von Danielle. Es war kaum noch ein Pilger in der Herberge und zum ersten Mal wurde mir nun „Buen Camino“ gewünscht! Dankbar lächelte ich, als Danielle mir die Hand schüttelte und mich drückte. Ich musste kurz schlucken und trat schnell hinaus ins Freie. Was für eine tolle Frau! Sie hatte eine so positive Energie! Sie schien mich angestreckt zu haben, denn ich war plötzlich sehr beschwingt und mein Körper schmerzte nicht. Entspannt schaute ich mich um und stellte fest, dass mir der Ort sehr gefiel.

Als die ersten Läden öffneten, kaufte ich mir gut gelaunt einen Strohhut. „Wenn die Sonne brennt, wirst Du mir wunderbar helfen“, beschloss ich und erklärte ihn ab jetzt zu meinem neuen Begleiter. Dann hielt ich Ausschau nach dem berühmten gelben Pfeil. Er zeigte den Jakobsweg an und sollte mich ab jetzt führen. Ich fand ihn schnell und nahm den Weg. Der Camino verlief direkt an der Kirche von Saint-Jean-Pead-de-Port entlang und einer Eingebung folgend, ging ich kurz in die Kirche hinein. Ich packte etwas Geld in die Kasse und zündete ein Licht für all meine Lieben zu Hause an. Ich sendete ihnen damit einen Gruß und startete meinen Camino Francés. Als ich aus der Kirche trat, regnete es und der Strohhut musste leider verstaut werden. Er wurde von mir ausgetauscht durch einen Regen-poncho. Zuversichtlich machte ich mich auf den Weg und nahm die „Route Napoléon“ und bekam nach den ersten zwei Kilometern eine leise Ahnung von meinem Aufstieg. Ich musste eine kleine Pause einlegen, denn die Steigung war sehr heftig! Den Ausblick kurz genießend, sah ich zwei Pilgerinnen auf mich zukommen. Sie konnten sich beim Laufen noch eifrig unterhalten! Ich war erstaunt, wie flüssig das bei den beiden noch ging. Als wir zusammentrafen, kamen wir sofort in ein Gespräch. Wir liefen ein Stück gemeinsam weiter und lernten uns kennen. Jean war aus Australien und Lehrerin. Kristin kam aus Frankreich. Kristin und ich liefen ein ähnliches Tempo und Jean ging bald voraus. Der feine Regen wurde inzwischen stärker und wir konnten auf Grund der Steigung und des Regens nicht mehr viel sprechen.

Mein geliebter Ausblick wurde mir auf Grund des starken Regens mehr und mehr verwehrt. Es war kaum etwas zu sehen und es betrübte mich, doch dann fing es tatsächlich auch noch an zu donnern! Triefend nass kamen wir gegen Mittag in der privaten Herberge in Orrisson an. Ich war froh, dass ich ein Bett reserviert hatte und freute mich über die gemütliche Herberge. Nach einer herzlichen Begrüßung vom Personal und einer frischen Dusche traf ich etwas später im Gastraum wieder auf Kristin. Mit einem heißen Tee gesellte ich mich zu ihr und freute mich auf ein schönes Gespräch. Kristin sprach sehr gut meine Sprache und berichtete, dass sie Verwandte in Deutschland hatte. Sie erzählte sehr offen von sich und ich erfuhr, dass sie 50 Jahre alt war. Ich war erstaunt. Sie hatte einen erwachsenen Sohn und diesen all die Jahre alleine großgezogen. Fasziniert hörte ich ihr zu und musste lachen. Dann erzählte ich ihr von mir. Auch ich war inzwischen 50 Jahre alt und hatte einen Sohn, den ich alleine groß gezogen hatte! Wir lachten beide über diesen Zufall! Kristin erzählte weiter von sich und ich staunte immer mehr. Jetzt hörte ich, dass sie noch drei Schwestern hatte. Sie plauderte und ich war sprachlos. Völlig überrascht erklärte ich ihr, dass auch ich noch drei Schwestern hatte! Wir waren früher vier Mädchen zu Hause, genauso wie bei ihr! Was war das für ein Zufall! Mit großen Augen schauten wir uns beide an und konnten es kaum glauben! Wir lachten und schüttelten immer wieder den Kopf, über diese Parallelen. Ich erzählte Kristin von meiner Angst, die ich gegenüber den Franzosen hatte und von meiner großen Verwunderung über das Gefühl bei meiner Ankunft.

Und plötzlich fiel mir beim Erzählen das letzte Telefongespräch mit meinem Onkel Hartmut ein. Erst wenige Tage zuvor hatte er erwähnt, dass wir französische Vorfahren von Seiten meiner Oma hätten! Ich war völlig überrascht gewesen, denn noch nie hatte ich davon etwas gehört! Er nannte mir sogar den Familiennamen und in der Eile schrieb ich den Namen auf einen kleinen Zettel. Diesen Zettel hatte ich in meine Brieftasche gesteckt und er fiel mir plötzlich wieder ein. Ich griff in meine Gürteltasche und holte den Zettel hervor. Ich zeigte ihn Kristin, denn ich konnte den Namen kaum aussprechen. Sie erzählte mir, dass dieser Name hauptsächlich im Süden Frankreichs vorzufinden war. Der Name stammte aus der Region Biarritz/Bayonne. Jetzt war ich völlig baff! Biarritz/Bayonne", dort, wo ich mich so heimisch gefühlt hatte? Ich konnte es kaum glauben. Sie berichtete mir, dass sie in Paris lebte, aber selber aus dieser Region stammte. Sie ging den Jakobsweg für eine besondere Person aus der Familie. Die Person war ein Cousin von ihr, der vor kurzem verstorben war. Für einen Moment war ich betroffen und wusste nicht, was ich darauf sagen sollte. Sie griff in ihre Tasche und holte eine kleine Karte hervor. Es war die Karte einer Traueranzeige. Ich sah auf das Geburtsdatum und bemerkte, dass der junge Mann gerade erst 28. Jahre Alt gewesen war! Und dann las ich den Familiennamen ihres Cousins und war geschockt! Ich konnte nicht glauben, was ich da las! Aufgeregt griff ich in meine Brieftasche und zerrte hektisch meinen Personalausweis hervor. Ohne ein Wort zu sagen, hielt ich ihr meinen Ausweis hin.

Kristin blickte auf meinen Ausweis und schaute mich mit weit aufgerissenen Augen an. Wir konnten es beide nicht fassen! Auf der Trauerkarte ihres Verwandten stand mein Geburtsname! Wir starten uns beide an und bekamen eine Gänsehaut am ganzen Körper! Ich war plötzlich völlig durcheinander. „Was war hier los? Wie war das möglich? So viele Parallelen und Zufälle! Und dann der Familienname!" Völlig verdattert brauchten wir beide einen Moment, um uns wieder zu fangen. Wir waren tatsächlich sprachlos! In mir arbeitete es plötzlich auf Hochtouren. „Mein Geburtsname, Südfrankreich, das Heimatgefühl und all diese Parallelen mit Kristin, was hat das zu bedeuten?" Hatten meine Ahnen vielleicht wirklich in der Region Biarritz/Bayonne gelebt? Doch was sollte das alles mit Kristin bedeuten? Wir konnten es beide nicht mit dem Verstand erfassen und schauten uns immer wieder fassungslos an. Irgendetwas Magisches war zwischen uns, darüber waren wir uns beide einig und dann mussten wir zusammen lachen. Ich brauchte unbedingt Zeit um darüber nachzudenken und stand auf. Ich war tatsächlich erleichtert, mich erstmal um meine Sachen kümmern zu müssen und ging auf mein Zimmer. Das musste ich erst einmal verarbeiten.

Gegen Nachmittag war endlich die Sonne herausgekommen und ich setzte mich etwas später zu den anderen Pilgern auf die große Terrasse vor der Herberge. Ich freute mich, denn endlich konnte ich die herrliche Aussicht genießen und ließ meine Gedanken da sein. Diese ganzen Zufälle, die vielen Parallelen, die ich mit der Französin Kristin hatte, wollte ich sortieren und verstehen, doch es gelang mir bis zum Abendessen nicht.

Am Abend setzte ich mich zum Essen zu Kristin und Jean an den langen gedeckten Tisch. Der Besitzer der Herberge, Jan Claude, hatte persönlich gekocht, wie uns feierlich vom Personal angekündigt wurde. Nach einer offiziellen herzlichen Begrüßung wurden wir gebeten, uns nach dem Essen kurz vorzustellen. „Warum gehst Du Deinen Jakobsweg?“ Das war die Frage und mir schwante, dass ich sie wohl noch öfter hören würde. Aufgeregt überlegte ich, was ich antworten könnte. Meine Antwort war mir jedoch zu persönlich und ich musste eine allgemeine Formulierung finden. Doch erstmal konnte ich ein schmackhaftes Menü genießen und war sehr berührt von der Gemeinschaft. Wir waren eine Gruppe von dreiunddreißig Pilgern aus verschiedenen Ländern. Sie kamen aus Frankreich, Schweden, England, Italien, USA, Kanada, Korea, Schottland, Australien, Kolumbien und Holland. Ich war sehr erstaunt, denn nur ein Ehepaar kam aus Deutschland. Nach dem Essen stand tatsächlich jeder Einzelne auf und stellte sich vor. Es war sehr bewegend, aber auch lustig. Die sprachliche Verständigung funktionierte irgendwie. Die meisten Pilger gingen diesen Weg aus sehr persönlichen Gründen. Einige beließen es bei dieser Aussage und ich auch. Viele Pilger suchten eine Neuorientierung. Trennungen sollten heilen und mehrere Pilger hatten einen sehr nahestehenden Menschen verloren. Vieles berührte mich sehr, so wie die Erzählung eines Mannes aus den USA. Der Mann ging diesen Weg für seine kürzlich verstorbene Frau. Er erzählte, dass es ihr Traum gewesen war, einmal den Jakobsweg zu gehen, doch sie hatte es nicht mehr geschafft. Der Krebs war ihr zuvorgekommen. Nun wollte er diesen Weg für sie gehen.

Der Mann war groß und kräftig. Er hatte lange Haare und wirkte auf mich unglaublich kraftvoll, doch bei seinen Worten war seine Ergriffenheit zu hören und mir schossen sofort die Tränen in die Augen. Ich musste schlucken und fand es großartig, dass er jetzt diesen Weg für seine verstorbene Frau ging.

Wir alle genossen einen sehr schönen bewegten und verbundenen Abend. Ich war erstaunt, wie stark diese Verbundenheit zu spüren war, doch gegen 20 Uhr zog ich mich zurück. Ich war müde und die lange Strecke über die Pyrenäen am nächsten Tag machte mir doch etwas Sorge. Mein Handywecker würde um 6.30 Uhr klingeln und ich wollte unbedingt ausgeruht starten.

Die Pyrenäen

Frisch und munter erwachte ich am Morgen. Ich genoss die kleine Dusche und ging in den Gastraum, wo ein leichtes Frühstück auf mich wartete. „Oh, die meisten sind schon wieder los“, stellte ich erstaunt fest. Ich war wieder eine der Letzten im Raum und wurde plötzlich nervös. Die Route Napoléon war der schwierigste Teil des ganzen Jacobsweges, das hatte ich gelesen. Die Strecke sollte sehr beschwerlich zu laufen, doch dafür landschaftlich wunderschön sein.

Nachdem es 13 km steil bergauf ging, erreichte man oben den Pass auf 1.430 m Höhe. Danach folgte ein 6 km langer steiler Abstieg auf 950 m Höhe nach Roncesvalles. Es gab auf dieser Strecke keine Möglichkeit, irgendwo einzukehren, sondern nur wilde schöne Gebirgslandschaft. Auf diese Ausblicke freute ich mich schon sehr. Doch auf dem beschwerlichen Weg waren bereits schon einige Menschen bei schlechten Wetterverhältnissen verunglückt, wie ich gelesen hatte. Der Pass oben verläuft sehr schmal und bei schlechter Sicht konnte man leicht vom Weg abkommen. Davor wurde im Pilgerforum ausdrücklich gewarnt und ich hatte den allergrößten Respekt vor dieser Strecke.

„Okay, Du Pilgerin" auf nach Spanien, sagte ich zu mir selbst, als ich mich endlich auf den Camino machte und bemerkte beim Heraustreten aus der Herberge einen heftigen Wind. In weiter Entfernung sah ich einige Pilger laufen. Kristin war schon weg gewesen, ich hatte sie am Morgen nicht mehr gesehen. Über unsere vielen Zufälle konnte ich noch nicht wirklich nachdenken. Vielleicht war es mir ja jetzt auf dem Weg möglich, überlegte ich. In meiner Outdoorjacke fühlte ich mich gut eingepackt und folgte dem gelben Pfeil. Doch der Wind wurde stärker und unangenehmer. Ich musste die Kapuze sehr fest um den Kopf ziehen und konnte kaum noch etwas sehen. Die Wolken hingen sehr tief, so dass ich in einen Nebel hineinlief. Es ging bergauf und in einigen Metern Entfernung nahm ich weitere Pilger war. Doch der Nebel wurde dichter und die Windböen wurden immer stärker. Ich fing an, gegen die Windböen anzukämpfen und war verärgert. „So eine Scheiße! Ich sehe überhaupt nichts! Ich stehe im Nebel und kämpfe gegen den Wind!"

Ich war enttäuscht und mein Ärger wuchs. Ich hatte mir diesen Weg so fantastisch vorgestellt und wollte unbedingt die Pyrenäen sehen! Jetzt sah ich nichts und kämpfte gegen diesen heftigen Wind! Die Pilger vor mir hatten ebenfalls zu tun. Die Wegstrecke wurde äußerst beschwerlich. Der Aufstieg und der Nebel machten mir sehr zu schaffen. Mehr und mehr schien dazu noch ein Sturm aufzukommen! Ich war beunruhigt und inzwischen oben auf dem schmalen Pass angekommen, als ich plötzlich bemerkte, dass ich dringend auf die Toilette musste. Es gab jedoch keinen Baum oder Strauch um mich herum. Vor und hinter mir liefen auf dem sehr schmalen Pass die Pilger und irgendwo im Nebel war der Abhang. „Sollte ich von meinem Weg abweichen und in den Nebel hineinlaufen?" Ich wusste, dass es dort irgendwo steil bergab ging. Genau solche Situationen hatten schon einigen Pilgern das Leben gekostet! Es war mir zu gefährlich und ich war erschrocken. Was sollte ich jetzt tun? Mühsam lief ich gegen den Wind und die Sturmböen. Ich versuchte zu ignorieren, dass ich mal musste, doch dann kam das, was sich nicht mehr verhindern ließ. Ich konnte nicht mehr länger warten! Ruckartig blieb ich plötzlich stehen und drehte mich um. In meiner Not sprach ich die eingepackte Person hinter mir an. Mit Händen und Füssen erklärte ich ihr, dass ich mal müsste, doch sie verstand mich nicht. Ein weiterer Pilger kam hinzu und verstand sofort. Er stellte sich mitten in den Weg und hob die Arme nach oben und rief laut STOPP! Er stoppte alle nachfolgenden Pilger und bat darum zu warten!

„Oh wie krass“, dachte ich und wäre am liebsten in den Erdboden versunken. Doch es war keine Zeit für Peinlichkeiten und so hockte ich mich nur wenige Schritte von ihm entfernt mitten auf dem schmalen Pass hin. Es war mir äußerst unangenehm. Bei dem Versuch wieder aufzustehen, bemerkte ich, dass ich Schwierigkeiten hatte, wieder hoch zu kommen! Meine Muskulatur in den Oberschenkeln war verhärtet und hatte Probleme. Ich musste mich an einem Stein stützend hoch drücken und kam kaum hoch! Blankes Entsetzen tat sich in mir auf! Ich hatte noch nicht einmal spanischen Boden betreten und die Schwierigkeiten fingen an! Erschrocken und beschämt dankte ich dem Pilger mit einer Handgeste und alle konnten weiterlaufen. Ich war erschüttert. Der Sturm wurde stärker und der Regen setzte mir richtig zu. Plötzlich waren die Sturmböen so heftig, das wir uns während einer Böe hinhocken mussten! In der Hocke krümmten wir uns in eine kleine Mulde hinein, die links am Pass entlang führte. Jedes Mal wenn die Böe vorbei war, konnten wir einige Schritte weiterlaufen. So kamen wir nur mühsam voran und meine Oberschenkelmuskulatur schien keinerlei Kraft mehr zu haben. Jedes Mal wenn ich mich hinhockte, hatte ich Schwierigkeiten, wieder hochzukommen. Es war furchtbar! Ich kannte diese Erscheinungen von Zuhause und wusste, dass ich unbedingt Magnesium brauchte. Doch bei dem starken Sturm und dem Regen war gar nicht daran zu denken, den Rucksack auszupacken. Ich fluchte und der Ärger ließ sofort wieder meine Bauspeicheldrüse schmerzen. Ich musste jetzt irgendwie mit dieser Situation klarkommen! Es half nichts und ich versuchte mich selbst zu beruhigen.

Vor mir liefen einige Frauen. Sie waren sehr zierlich und bei jeder heftigen Sturmböe hatte ich inzwischen Sorge, dass die kleinen Koreanerinnen, die vor mir herliefen, einfach weggepustet wurden. Sie hockten sich ebenso wie ich in die Mulde, doch beim Hochkommen konnten sie kaum auf dem Pass bleiben und liefen taumelnd vor mir her! Es war entsetzlich anzuschauen! Einige standen nicht mehr auf und krochen langsam in der Mulde weiter. Ich konnte es nicht fassen! Plötzlich wurde eine Frau vor mir von einer Böe erfasst. Sie taumelte und wurde vom Pass weggeweht und stürzte lang hin. Mehrere Pilger versuchten ihr aufzuhelfen, doch der Sturm ließ es nicht zu. Sie kam nicht mehr hoch! Es war ein dramatischer Moment, denn die Frau weinte bitterlich und war fix und fertig. Sie hatte scheinbar starke Schmerzen und ich sah, dass ihre Hose am Knie zerrissen war. Ihr Bein war verletzt. „Puh!" Mir tat die Frau unfassbar leid. Irgendjemand rief in der Herberge an und bat um Hilfe. Die Frau konnte unmöglich weiterlaufen und ich war geschockt. Sie war aus England angereist, wie ich nun hörte und hatte sich monatelang genauso wie ich auf diesen Weg vorbereitet. Wir blieben bei der Engländerin hocken und warteten auf Hilfe, doch schon wenige Minuten später hörten wir einen Pkw. Im Nebel war der Wagen nicht zu sehen, doch es erreichten uns zwei Rettungshelfer. Wir erfuhren, dass die Bergrettung bereits die ganze Zeit schon unterwegs war und alle Pilger wieder runter in den Ort gefahren hatte. Es gab inzwischen schon viele Verletzte! Die Engländerin wurde mühsam von mehreren Männern zum Auto gebracht und wir wurden aufgefordert, an dieser Stelle hocken zu bleiben. Die Bergrettung wollte alle nach unten fahren!

Es fühlte sich wie ein Alptraum an und mit einem Ruck stand ich plötzlich auf. „Niemals gebe ich auf!“ Dieser Satz war plötzlich in mir und ich lief einfach los. Mir rannen die Tränen über mein Gesicht. „NIEMALS, hallte es in mir und mir wurde schlagartig klar, egal wie schwer es auch gerade war, ich werde nicht aufgeben!“ Der Ruck durch meinen Körper hatte mir wieder etwas Kraft gegeben und als ich endlich vom Pass herunter war, wurde der Sturm ruhiger. Es regnete die ganze Zeit vor sich hin, doch die veränderte Wegstrecke half mir und schützte mich etwas. Es wurde waldig und langsam bemerkte ich den Abstieg nach Roncesvalles. Meine Tränen waren getrocknet und ich begann, mich langsam wieder zu beruhigen. Doch ich war fix und fertig. Die große Erschöpfung, die Ausfälle meiner Muskulatur und die Aufregung hatten mir stark zugesetzt. Im strömenden Regen suchte ich mir einen großen Baum und machte eine kurze Pause. Ich breitete meinen Regenponcho über mich aus und nahm das Magnesium. Dringend brauchte ich diese Pause und musste mich für einen Moment ausruhen. Etwas später suchte ich mir den Gebirgsplan von den Pyrenäen heraus. Ich wusste, dass ich beim Abstieg aufpassen musste, denn es gab zwei schwierige Stellen, die etwas kritisch und gerade bei Regen schlechter zu laufen waren. Ich fühlte mich jedoch gut vorbereitet und informiert. Achtsam ging ich entsprechend weiter und achtete auf den Weg. Es regnete immer noch stark. An einigen Stellen konnte ich mich nicht mehr mit meinen Hiker-Stöckern fortbewegen. Ich schob sie zusammen und steckte sie in das Seitenfach des Rucksacks. In gebückter Haltung musste ich nun auf allen Vieren im strömenden Regen zwischen Steinen und Geröll klettern. Es war entsetzlich.

So hatte ich mir das alles nicht vorgestellt! Innerlich brodelte es in mir. In meiner Vorstellung hätte ich den Weg genießen können und die wundervolle Gebirgslandschaft der Pyrenäen bewundern dürfen! Doch nichts dergleichen erlebte ich hier! Meine Enttäuschung war unglaublich groß und der Weg nach Roncesvalles schlängelte sich mühsam dahin. Vor mir und hinter mir waren inzwischen keine Pilger mehr zu sehen. Plötzlich war ich verunsichert. War ich etwa doch vom Weg abgekommen? Für einen Moment stieg die Angst in mir auf, denn ich konnte einfach nicht mehr. Ich hatte keine Kraft mehr und fing an zu stöhnen. Mir liefen die Tränen vor Erschöpfung und Angst. Ich suchte noch einmal in meinem Plan und schaute nach. Doch alles schien richtig zu sein und ich beruhigte mich wieder. Nach einiger Zeit sah ich plötzlich durch die regennassen Blätter der Bäume etwas aufblitzen. War es durch den Regen? Bildete ich es mir ein oder sah ich da etwas Metallenes? Ich war unsicher, doch dann sah ich auf einmal ein kleines Stück Blech durch die Blätter. Und dann nahm ich wahr, dass ich auf ein Stück Dach schaute! Heftige Gefühle schossen plötzlich in mir hoch. Es war das Dach eines Gebäudes der Klosteranlage Roncesvalles! Ich hatte es wirklich geschafft! „Puh!“ Als ich mich langsam dem großen braunen Tor der Herberge näherte, liefen mir die Tränen. Völlig ergriffen löste sich plötzlich etwas in mir auf und gerade als ich überlegte, wie ich mich bemerkbar machen konnte, wurde die große schwere Holztür weit geöffnet. Mit ausgebreiteten Armen und einem strahlenden Lächeln wurde ich vom Herbergsvater mit den Worten „Buen camino“ begrüßt! Lächelnd liefen mir die Tränen. Für einen kurzen Moment hatte ich tatsächlich geglaubt, es nicht mehr zu schaffen.

Freundlich strahlend stellte sich der Hospitalero vor und ignorierte meine Tränen. Sie rannen über meine Wangen und er erzählte einfach drauflos. Seine Frau und er kamen aus Holland. Mit einem weiteren befreundeten Ehepaar kümmerten sie sich seit vierzehn Tagen um die Pilger in dieser Herberge. Sie halfen und unterstützten, wo sie nur konnten, erzählte er freundlich und ich hatte mich noch immer nicht beruhigt. Ich bekam es einfach nicht hin! Ich war von einem Moment des völligen Verlorenseins in ein herzliches Miteinander gekommen und das schien in mir alle Schleusen zu öffnen! Es war unglaublich! Der nette Mann erklärte mir die Regeln in der Herberge und erst jetzt schaute ich auf meine Kleidung. „Oh!" Meine neuen Lederschuhe waren nicht mehr wiederzuerkennen! Meine gesamte Kleidung war modrig und voller Schlamm! Ich war völlig verdreckt und sah schlimm aus! Langsam beruhigte ich mich wieder und bedankte mich für die herzliche Begrüßung. Ich setzte mich in den Vorraum auf eine lange Bank und konnte endlich die stark verschmutzten Lederschuhe ausziehen. Für einen Moment saß ich einfach nur da und schloss die Augen. Ich musste erst einmal richtig ankommen und genoss die Ruhe und das Sitzen. „Schön, dass Du jetzt da bist!" Ich hörte die Stimme und öffnete meine Augen. Lächelnd stand Kristin vor mir! Meine Französin Kristin stand auf einmal da! Ich konnte kaum glauben, wie mir geschah. Fast Zweihundert Pilger waren in dieser wundervollen Herberge untergebracht und sie fand mich hier sofort!

Kristin hatte immer wieder Ausschau nach mir gehalten, wie ich nun erfuhr. Sie war jedoch eine Stunde vor mir gestartet und dadurch viel früher in der Herberge angekommen. Der heftige Sturm hatte ihr ebenfalls ziemlich zugesetzt. Freudig erzählte sie mir, dass sie uns bereits einen Tisch zum Abendessen in dem urigen Klosterrestaurant reserviert hatte. Die Plätze waren dort sehr beliebt und schnell ausgebucht. Ich hatte darüber gelesen, wie schwer es war, dort einen Platz zu bekommen, denn das Pilgermenü stand am Abend bei vielen auf dem Programm. Kristin hatte einfach so für uns beide einen Tisch reserviert! Ich freute mich riesig darüber.

Das Klosterrestaurant befand sich auf dem alten Gelände nahe der historischen Klosterkirche. In der Kirche wurde jeden Abend eine Pilgermesse gehalten und jeder konnte dort seinen persönlichen Segen erhalten. Diesen Segen wollte ich mir unbedingt am Abend abholen. Es konnte nichts schaden. Ich brauchte jede Unterstützung, die ich nur kriegen konnte. Ich hatte es inzwischen verstanden. Nach drei Stunden Schlaf und einem ausgiebigen Ausruhen, schrieb ich meine Eindrücke in mein Tagebuch. Sieben Stunden hatte ich gebraucht, um die Pyrenäen zu überwinden. Nebel, Sturm und Regen trafen mich heftig, doch Tatsache war, ich hatte es wirklich geschafft! Meine Kleidung hing inzwischen zum Trocknen in einem schön beheizten Keller der Herberge und auch meine Schuhe waren wieder sauber und mit Zeitung ausgestopft. Am Abend war ich mit Kristin verabredet, es war alles gut! Ganz langsam wurde ich wieder zuversichtlicher und die Ruhe half mir, mich weiter zu erholen.

Kristin und ich trafen uns später am Abend direkt vor dem Klosterrestaurant. Das Restaurant war voller Pilger. Die Tische standen eng und mir war schleierhaft, wie die Kellner noch durch die Gänge kamen, doch die urige Atmosphäre gefiel mir sehr. Wir genossen unser Essen und unterhielten uns über unsere Etappe der Pyrenäen. Kristin war körperlich gesund und hatte ein gutes Training vorher, wie sie mir erzählte. Doch die Ruhe war auch für sie wichtig gewesen und sie wollte ebenfalls zur Pilgermesse. Ich war leicht aufgeregt, als wir das Restaurant verließen, denn ich war auf dem Weg zu meiner ersten Messe! Als wir die historische Kirche betraten, war ich sofort berührt. Wie viele Menschen hatten hier schon seit Jahrhunderten gesessen! Jetzt war die Kirche wieder voller Pilger und ich sah während der Messe einige weinen. Sie waren tief berührt und ergriffen! Auch wenn ich von der Messe nicht viel verstand, der feierliche Akt, der hier vollzogen wurde und die ganze Atmosphäre berührten mich sehr. Ich stellte mich in die Reihe zu den anderen Pilgern und empfing für meinen weiteren Weg einen Segen. Ich erhielt dazu eine Karte mit einem Gebet an den heiligen Apostel Jakobus. Es war ein uraltes Gebet. Es erzählte von den vielen tausenden Pilgern, die seit Jahrhunderten GOTT die Erschöpfung des Weges darboten. Sie kamen mit dem Wunsch zu lernen und zu wandeln. Sie baten hierbei GOTT um Hilfe, um Liebe und Sanftmut, um das Leben in Freude leben zu können. Durch den heiligen Apostel Jakobus sollte das Gebet zu GOTT fließen!

Ich war viel zu aufgeregt, um das Gebet zu verstehen, doch die Karte war mir wichtig und kam jetzt in mein Tagebuch. Erschöpft lag ich nach der Messe in meinem Bett. Ich war erleichtert, meine Ohrstöpsel wegen der Hellhörigkeit in den Räumen nutzen zu können. Es schallte ziemlich laut, doch schnell versank ich wie ein Stein in einen tiefen Schlaf. Als ich am Morgen erwachte, hörte ich plötzlich Musik auf dem Flur! Für einen kurzen Moment fühlte ich mich zurückerinnert an meine Kindheit. In den Sommerferien war ich in einem Ferienlager, in dem wir jeden Morgen mit Musik geweckt wurden. Jetzt erklang ein Chorgesang! Er berührte mich tatsächlich zutiefst und ich startete mit einer gehobenen Stimmung in den Tag. Meine Kleidung war inzwischen sauber und trocken. Ich fühlte mich erstaunlich ausgeruht und genoss die Dusche. Ich packte meine Sachen und suchte die Küche auf. Beim Eintreten stutzte ich. Die Küche wirkte wie ein großer Maschinenpark, doch ich staunte noch über etwas anderes. In der Küche saßen ausschließlich Männer! Sie saßen in den Bänken und fast alle schrieben Tagebuch! Es war für mich ein völlig ungewohnter Anblick, doch er erfreute mich. Ich suchte nach einer freien Steckdose und konnte in Ruhe mein Handy aufladen und frühstücken. Endlich hatte ich die Möglichkeit, mich zu Hause zu melden und war froh darüber.

Kristin hatte ich seit der Pilgermesse am Abend nicht mehr gesehen. Ich war mir sicher, dass sie bereits schon wieder unterwegs war. Wir hatten uns nicht weiter abgesprochen.

Die Begegnung mit Kristin war für mich etwas sehr Besonderes, doch ich wollte unbedingt alleine weiterlaufen. Mir war wichtig, diesen Jakobsweg mit mir selbst zu gehen. Beim Laufen mit anderen kam man wunderbar in ein Gespräch und es war ganz sicher einfacher, doch die ständige Ablenkung von sich selbst, wollte ich nicht. Außerdem musste ich dringend nachdenken, viel nachdenken.

Der Staudamm

Endlich befand ich mich auf spanischem Boden! Mein dritter Tag stand an und ich fühlte mich wirklich erstaunlich gut. Vielleicht hatte mir der Pilgersegen ja wirklich geholfen, überlegte ich. Oder war es einfach nur ein religiöser alter Brauch? Ich wusste es nicht, doch irgendwoher hatte ich wieder Kraft und Zuversicht bekommen.

An diesem Tage plante ich, nur 11 km bis nach Viscarret zu laufen. Doch als ich in dem Ort ankam, musste ich feststellen, dass die Hauptstraße an der Herberge erneuert wurde und es war sehr laut. Die Bauarbeiten waren in vollem Gange. Mutig entschloss ich mich auf Grund der Lautstärke weiterzulaufen. Ich fühlte mich gut und es waren noch einmal 11 km, die ich bewältigen musste, doch ich traute sie mir zu und lief weiter.

Auf dem Weg und den Straßen waren noch immer die Spuren des Sturmes zu sehen. Der Camino war modrig und rutschig. Teilweise mussten wir durch Baum- und Steingeröll laufen und plötzlich war überhaupt kein Weg mehr zu sehen! Ich sah nur noch Steine und Geröll und folgte den anderen Pilgern. Wieder fing es an zu regnen und kurz darauf goss es in Strömen. Meine Zuversicht verschwand. Die Stimmung in mir änderte sich mit jedem weiteren Kilometer. Der rutschige Weg erschien mir gefährlich und ich ärgerte mich plötzlich maßlos über mich selbst. Meine Beine schmerzten und ich begriff, dass ich mir doch zu viel zugemutet hatte. Der Gedanke, jetzt „durchhalten zu MÜSSEN", raubte mir die letzte Energie. Völlig erschöpft und wütend über mich selbst kam ich am Nachmittag in Zubiri an. Meine Kraft war weg und ich konnte keinen Schritt mehr gehen. Ich schleppte mich zur ersten Herberge, die sich mir bot und meldete mich an. Doch an Ausruhen war noch nicht zu denken, denn ich brauchte Lebensmittel und musste einkaufen. Wieder schleppte ich mich zu einem Laden und kaufte die wichtigsten Lebensmittel ein. Als ich wieder herauskam, stand plötzlich Kristin vor mir! Sie lief mir direkt vor die Füße! Wir freuten uns sehr, uns wiederzusehen und ich erfuhr, dass Kristin in einer anderen Herberge im Ort untergekommen war. „Wollen wir irgendwo einkehren und gemeinsam den Abend verbringen?" Sie schaute mich freudig an und wartete auf meine Antwort. Ich spürte meine große Erschöpfung und das Brennen in den Füßen. Ich konnte kaum noch laufen und der Ärger in mir wuchs, denn ich wusste, ich brauchte dringend Ruhe.

„Es tut mir sehr leid, ich habe überhaupt keine Kraft mehr“, antwortete ich ihr völlig niedergeschlagen. Ich musste mich unbedingt hinlegen und es ging einfach nicht anders. Kristin schaute mich mitfühlend an und begleitete mich noch zu meiner Herberge. Ich war erleichtert, dass sie sich durch meine Absage nicht verletzt fühlte. Verärgert über meine Kraftlosigkeit schleppte ich mich die Strasse entlang und unterhielt mich mit Kristin. Sie berichtete freudig von sich und war sehr fit. Am nächsten morgen wollte sie sehr früh starten. Ihr Plan war, eine längere Strecke zu laufen, denn sie hatte für ihren Jakobsweg nur 14 Tage Urlaub eingeplant. Im darauffolgenden Jahr wollte sie den nächsten Teil gehen und im übernächsten Jahr würde sie ihr Ziel in Santiago erreichen. Ich freute mich ehrlich für sie und hoffte, dass sich ihr Plan erfüllte. Wir würden uns also nicht noch einmal begegnen, dachte ich, als wir uns umarmend verabschiedeten. Erschöpft schaute ich ihr hinterher. Für einen kurzen Moment wurde ich traurig. Es überkam mich ein seltsames Gefühl des Verlassenwerdens, doch schnell schob ich das Gefühl beiseite. Ich war zu erschöpft, um überhaupt klar denken zu können und begab mich auf mein Zimmer.

Der Schreck kam sofort, als ich beim Öffnen der Tür eine große Lautstärke vernahm. Sieben temperamentvolle Spanier waren mit in meinem Zimmer! Alle schauten mich an, als ich eintrat und waren plötzlich ruhig. Dann machten sie ihre Scherze und schauten mich dabei immer wieder an und lachten. Wahrscheinlich hatten sie mein Entsetzen wahrgenommen, überlegte ich und lächelte zerknirscht.

Ich brauchte unbedingt Ruhe und suchte mein Bett. Erst in diesem Moment stellte ich fest, dass ich ein Doppelstockbett oben bekommen hatte und dieses Bett stand frei im Raum in der Mitte! „So eine Scheiße“, dachte ich jetzt und hätte am liebsten sofort losgeheult. Doch die Spanier hatten mich noch immer im Fokus und beobachteten mich. Ich schluckte es bitter runter und kletterte mühselig am Bett hoch. Wieder gab es nur drei dünne Sprossen auf der Leiter und nichts an der Seite zum Festhalten. Die Sprossen waren dünne Stäbe und schienen sich in meine brennenden Fußsohlen zu bohren. Es tat höllisch weh. Als ich endlich oben in meinem Schlafsack lag, beschloss ich, mich nicht mehr zu bewegen. Das Essen musste ausfallen. Ich wollte nur noch schlafen. Es war noch nicht einmal 18 Uhr. Ich ignorierte die Spanier, nahm meine Ohrstöpsel und bat den Apostel Jakobus dringend um Hilfe. Die Angst, in der Nacht im Dunkeln aus dem Bett klettern zu müssen und nicht wieder hochzukommen, tauchte plötzlich in mir auf. Ich hatte keine Kraft mehr, um mich hochzuziehen und machte mir wirklich Sorgen. Ich betete zu Jakobus und schlief dabei ein. Gegen 5 Uhr am Morgen wurde ich wach. Die temperamentvollen Spanier weckten mich. Ich konnte es kaum fassen, als ich auf die Uhr schaute. Ich hatte fast elf Stunden durchgeschlafen! Wie ein Stein hatte ich gelegen und schien mich nicht einmal bewegt zu haben! Die lustige Gruppe machte sich bereits fertig für den Camino. Als sie mein Aufwachen wahrnahmen, wurde es still und sie schauten mich an. Sie gaben mir zu verstehen, dass sie sich schon Sorgen um mich gemacht hatten, denn am Abend, als sie vom Essen zurückkamen, hatte ich mich noch immer nicht gerührt.

Ich verdrehte die Augen und konnte nun herzlich mit ihnen lachen. Ich war völlig ausgeschlafen und war erstaunlich erholt! Es war unfassbar! „Danke lieber Apostel Jakobus", dachte ich und lächelte in mich hinein, als ich zur Dusche ging. Meine Sachen waren inzwischen wieder trocken und meine Schuhe ebenfalls wieder startklar. Ich war hocherfreut und wieder fit. Ich beschloss, bis nach Pamplona zu laufen und in der Herberge Casa Paderborn zu übernachten. Zügig kam ich voran, doch dann wurde der Weg anspruchsvoller für mich und die Auswirkungen von Sturm und Regen waren auch hier deutlich zu sehen. Es gab tiefe Ausspülungen und viele größere Steine lagen direkt im Weg. Wieder war es nass, modrig und rutschig. Ich musste aufpassen, dass ich nicht wegrutschte oder umknickte und es ärgerte mich plötzlich sehr. „Warum räumen die den Weg nicht frei? Nirgends gibt es eine Möglichkeit sich auszuruhen! Denken die denn gar nicht daran, dass man sich zwischendurch mal ausruhen musste?" Meine Gedanken überschlugen sich. Plötzlich bekam ich Angst. „Hier kann man sich ja die Füße brechen!" Ich meckerte im Stillen vor mich hin und überlegte, was ich machen sollte, wenn ich mir wirklich ein Bein brach? Dann wäre alles um sonst gewesen! „Spinnen die denn? Eine Unverschämtheit, den Pilgern so einen Weg zuzumuten", meckerte es in mir und ich steigerte mich immer mehr rein. Ich lief weiter und fluchte und musste aufpassen, nicht zu stürzen! Als die Strecke wieder flacher wurde, fing es auch noch an zu regnen. „Na toll", dachte ich, auch das noch! Ich schien wirklich das große Los gezogen zu haben! Enttäuscht zog ich den Regenponcho über.

Meine Hände waren inzwischen ganz rot geworden, denn es war kalt. Sie waren starr vor Kälte! Am Morgen war ich bereits erstaunt gewesen, wie kühl es war und nun hatte ich eiskalte Hände! Eingemummelt bis zur Unkenntlichkeit war ich in Regenjacke und Poncho gehüllt und ging weiter. Plötzlich fing es an zu Hageln! Dicke große Hagelkörner prasselten auf mich herab. Meine eisigen Finger waren feuerrot. Jetzt war ich richtig sauer! Vor lauter dickem Hagel konnte ich kaum etwas sehen. In der Ferne nahm ich einige Pilger wahr. Sie rannten auf einen großen Baum zu. Der Baum bot mit seiner überladenden Baumkrone einen idealen Schutz. Ich fing sofort an zu rennen und eilte dorthin. Frierend stand ich unter einem prächtigen Baum. Die dicken Hagelkörner fielen vom Himmel und ich bemerkte, dass ich nicht nur das Wetter nicht verstand. Nein, es war alles Mist! Ich kam zu dem Schluss, dass alles eine große Scheiße war! Ich hatte es verdient, endlich auch mal Sonne und Wärme zu bekommen oder etwa nicht? Ja, ich wollte den Jakobsweg genießen! Doch nichts lief so, wie ich es mir gewünscht hatte! Grübelnd stand ich frierend unter dem prachtvollen Baum, während ich mit den anderen Pilgern wartete. Als der Hagel endlich vorbei gezogen war, konnte ich endlich weiterlaufen, doch es regnete fein vor sich hin. Plötzlich stolperte ich mitten beim Laufen. Der Weg war modrig und ich wäre beinahe ausgerutscht und in den Modderboden gefallen! Erschrocken schaute ich auf den Boden, um nachzusehen, was mich beinahe zu Fall gebracht hätte. Ich bückte mich und schaute unter meinen Regenponcho und hielt inne.

Meine neue Gürteltasche mit all meinen Wertsachen lag plötzlich vor mir im Modderdreck! Fassungslos schaute ich mir die Gürteltasche an und stellte fest, dass eine Steppnaht des Gurts aufgegangen war! Eine dicke Steppnaht hatte sich aufgelöst! Die Gürteltasche war neu! Doch es war offensichtlich, dass sie jetzt kaputt war! Alle wichtigen Papiere, EC-Karte, Geld und Handy sowie Reiseunterlagen waren in dieser Tasche! Ich machte mir Gedanken, denn mir wurde klar, dass mein Weg hier zu Ende gewesen wäre, wenn ich den Verlust nicht rechtzeitig bemerkt hätte! Meine Gefühle veränderten sich plötzlich durch diese Gedanken. Meine Wut ließ nach und ich überlegte. „Danke Jakobus, Danke für Dein Aufpassen!“ Erstaunt über mich selbst, bemerkte ich, dass ich es tatsächlich ernst meinte! Nicht auszudenken, was gewesen wäre, wenn ich den Verlust nicht bemerkt hätte! Wie wäre ich ohne Papiere und Geld nach Hause gekommen? Ich versuchte die Gürteltasche etwas vom Modderdreck zu befreien und verstaute sie mühsam im Rucksack. Eigentlich war dafür kein Platz vorhanden, doch ich quetschte sie hinein. In der Herberge würde ich mich später darum kümmern können. Konzentriert verfolgte ich weiter meinen Weg und meine Gedanken. Wieder ärgerte ich mich maßlos. Ich empfand den Jakobsweg den Pilgern gegenüber unzumutbar! Wie konnten sie den Menschen so einen schlimmen Weg anbieten? Ich steigerte mich wieder rein in diese Gedanken und stellte mir tatsächlich solche Fragen. Mitten in meinem hohen Anspruchsdenken über diesen Jakobsweg und meiner Angst zu Scheitern und alles zu verlieren, stieß ich auf eine kleine Kapelle.

Ich war an einem Waldstück angelangt und einsam stand direkt am Wegesrand eine kleine Kapelle. Die Kapelle holte mich plötzlich aus meinen Gedanken heraus. Die große schwere Tür öffnend schaute ich neugierig in das Innere. Mit einem Ruck wurde ich aus meinem negativen Denken regelrecht herausgerissen und stellte fest, dass mich die kleine Kapelle erfreute! Auf der linken Seite der Kapelle war sehr andächtig und liebevoll ein Wandbild aufgestellt worden. Es war mit rotem dichtem Samtstoff bezogen. Ich nahm auf diesem Samtstoff viele Zettel wahr und trat näher heran. Ich las, was dort geschrieben stand. Den Pilgern wurde in dieser kleinen Kapelle die Möglichkeit geboten, ihre WÜNSCHE an GOTT aufzuschreiben! „Puh!“ Ich war erstaunt! Diese Wünsche konnte man auf einen Zettel festhalten und an dem dunkelroten Samtstoff anheften. Die ganze Wand war schon voller Zettel! „So viele Zettel mit Wünschen an GOTT“, überlegte ich und mein Herz pochte auf einmal heftig. Einige von diesen Zetteln konnte ich lesen und mir stockte der Atem. Plötzlich war ich tief berührt! Was sollte ich mir wünschen? Schlagartig kam der Gedanke und sofort war die Antwort da! Sie schoss in mir hoch und die Tränen kamen gleich mit dazu! „Puh!“ Erschrocken setzte ich mich in die letzte Bankreihe und ließ die Tränen laufen. Plötzlich dachte ich an meine Familie. Ich dachte an meine Kindheit und all das Unrecht, was mir widerfahren war. Wie aus einem Sturzbach brachen plötzlich die Tränen aus mir heraus und drei Worte schienen sich in Dauerschleife in meinem Kopf zu wiederholen.

Ich suchte nach Taschentüchern und konnte kaum noch etwas sehen. Immer wieder wischte ich mir die Tränen ab, bis ich aufstand. Ich nahm einen Zettel und einen Stift und schrieb meinen Wunsch an GOTT auf.

„Ich will leben!“

Mir rollten dabei die Tränen über mein Gesicht und für alle lesbar unterschrieb ich groß und deutlich mit meinem Namen. Ich heftete den Zettel an den wundervollen Samtstoff. Der Moment erschien mir plötzlich wie ein feierlicher Akt und ich wusste, es war ein Versprechen! In diesem Augenblick war dies so klar in mir und es überwog das Gefühl, mein Leben endlich anzunehmen! Doch ich konnte nicht aufhören zu weinen! Es lief ununterbrochen aus mir heraus. Ich setzte mich wieder in die letzte Bankreihe der kleinen Kapelle und meine Tränen liefen unaufhaltsam.

„Du darfst jetzt Loslassen.“

„Lass alles los.“

Ich vernahm diese Gedanken in mir und all die angestauten Gefühle über das große Unrecht in meinem Leben, brachen hervor. Eine Flut von Tränen, wie bei einem überfüllten Staudamm zeigte sich. Ich konnte die Flut nicht mehr verhindern und sackte in der kleinen Kapelle zusammen.

„Lass los.“

Wieder vernahm ich diese Aufforderung und all der Schmerz durfte sich jetzt seinen Weg aus mir heraussuchen. Ich ließ tatsächlich los! Ich gab den Versuch der Kontrolle auf! Eine Flut von ungeweinten Tränen vieler Jahrzehnte schoss aus mir heraus und ich ließ es einfach geschehen. Der Staudamm war gebrochen! All mein Schmerz kam heraus. Ich ließ es laufen und mitten in dieser Flutung berührte mich etwas vorsichtig an der Seite. Jemand streichelte mir über die rechte Schulter und für einen Moment war ich kurz erschrocken. „Was war das?“ Meine Augen waren wie zugequollen und mir wurde bewusst, dass ich für einen Moment alles um mich herum vergessen hatte. Wieder nahm ich das Streicheln an meiner Schulter wahr und hob völlig verheult den Kopf. Hatte ich mich getäuscht? Mit tränennassem Gesicht schaute ich plötzlich in das Gesicht von Kristin! Ich konnte es gar nicht begreifen, Kristin? Sie schaute mich an und sagte ganz leise etwas zu mir, doch ich verstand es nicht. Ich brauchte einige Minuten, um wieder klarzukommen. Sie streichelte über meinen Rücken und verließ die kleine Kapelle. Völlig irritiert schaute ich ihr nach. Ich musste mich erst wieder sammeln und es brauchte noch einige Zeit, bis ich mich wieder gefangen hatte. Ich konnte es nicht fassen! Ich hatte für einen Moment tatsächlich losgelassen! Mein Herz fühlte sich an, als wenn es ein wenig flatterte! Langsam nahm ich den Raum der Kapelle wieder wahr und meine Tränen trockneten. Es waren inzwischen weitere Pilger in die kleine Kapelle gekommen und ich stand wieder auf.

Ich war überwältigt, von dem was gerade passiert war! Ich ging noch einmal zur roten Samttafel, an dem mein Zettel hing. Ich faltete die Hände vor meiner Brust und mit völlig verquollenen Augen verneigte ich mich vor dieser Tafel mit all den Wünschen. Ich war total erstaunt, doch ich musste es tun. Danach verließ ich die kleine Kapelle und trat hinaus ins Freie. Suchend schaute ich mich um. Von Kristin war nichts mehr zu sehen.

Der Aufwind

Das Erlebnis in der kleinen Kapelle wirkte noch sehr in mir nach. Die Tränen, die sich dort gelöst hatten, brachten mir eine Erleichterung. Kristins Erscheinen in der Kapelle verwunderte mich sehr. Sie war ganz sicher vor mir am Morgen aufgebrochen! Ich hatte sie auf dem Weg nicht getroffen. Es war merkwürdig, doch so vieles war zwischen uns merkwürdig gewesen. Noch immer verstand ich unsere Zufälle nicht, doch plötzlich wurde mir etwas bewusst. Kristin war in einem für mich sehr schweren Moment überraschend in der kleinen Kapelle gewesen und sie hatte mir damit sehr geholfen. Auch wenn wir nicht miteinander gesprochen hatten! Mir wurde plötzlich klar, dass sie mir etwas gegeben hatte! Ich wusste im Moment noch nicht was es war, doch ich war ihr unglaublich dankbar dafür.

Eine tiefe Dankbarkeit gegenüber Kristin durchströmte plötzlich mein Herz und ich wusste, ich würde unsere Begegnung immer in tiefer Erinnerung behalten. Wir hatten keine Telefonnummern ausgetauscht. Irgendwie war es nicht dazu gekommen. Doch ich wusste, dass sie einen Platz in meinem Herzen hatte. Und in diesem Moment beschloss ich, eines Tages noch einmal nach Biarritz/Bayonne zu fliegen. Ich musste und wollte unbedingt noch einmal nach Südfrankreich. Doch jetzt war ich erstmal auf meinem Jakobsweg und beschloss plötzlich, positiv im Vertrauen zu bleiben, um diesen Weg zu schaffen. Das freudige Gefühl, welches in mir ganz langsam erwachte, zeigte sich wie hinter einem Schleier, der ein Stück hoch wehte. Er ließ ganz langsam etwas Neues sichtbar werden. Ich spürte eine Weite, wo vorher Enge war! Berührt über diese neue Erkenntnis musste ich lächeln. Diese Weite ließ mich irgendwie stärker werden und ich lief gefühlt mutiger voran. Ich genoss meinen Camino, doch auf den letzten Kilometern nach Pamplona änderte sich wieder meine Stimmung. Die Füße taten mir entsetzlich weh. Meine Fußsohlen brannten und ich war sehr erschöpft. Ich fieberte förmlich die Herberge herbei. Erleichtert nahm ich sie etwas später endlich aus der Ferne wahr, die Brücke aus dem 12. Jahrhundert, über die die Pilger seit Jahrhunderten die Stadt Pamplona erreichten. Ich sah die uralte Brücke und hielt mich links und lief an dem beschriebenen Park entlang. Ich hatte die Beschreibung gut im Kopf. Der kleine Fluss war durch das Unwetter überflutet worden. Erschöpft erreichte ich die Herberge Paderborn.

Doris und Lutz waren die Herbergseltern aus Deutschland und kamen mir freundlich an der Haustür entgegen. Herzlich wurde ich von ihnen begrüßt und bekam etwas zu trinken. Ich war froh, denn ich hatte großen Durst und mein Wasser war alle. Ich meldete mich an und erhielt einen Stempel in meinen Pilgerausweis. Die kleine Herberge erschien mir winzig, doch mir war alles recht. Ich konnte keinen Schritt mehr weiterlaufen. Ich stellte fest, dass ich an diesem Tage fast 23 km gelaufen war und das war eindeutig zu viel für mich! „Wann scheine ich das zu begreifen“, überlegte ich und schwor mir, mich nie wieder so zu überfordern! Zur Sicherheit hielt ich es schriftlich in meinem Tagebuch fest und unterstrich es mit großen Ausrufezeichen. Dann fiel mir plötzlich wieder meine kaputte Gürteltasche ein und ich holte das Nähzeug hervor. Notdürftig konnte ich den Gurt mit Zwirn wieder festnähen. Doch ich fragte mich, wie es möglich gewesen war, dass ich beinahe alles verloren hätte! Wie konnten sich vier starke dicke Doppelnähte lösen? Ich versuchte gedanklich zur Ruhe zu kommen und blieb ganz für mich. Zusammengekauert mit meinen Ohrstöpseln im Ohr lag ich in meinem Schlafsack und fiel später in einen tiefen Schlaf. Erst am Morgen wachte ich früh auf. Ich hatte wieder durchgeschlafen und erstaunt stellte ich dankbar fest, dass meine Fußschmerzen weg waren. Ich war wirklich erholt! Erfreut darüber, verabschiedete ich mich wieder von den beiden Hospitaleros. Gerne hätte ich mir die Stadt Pamplona angeschaut, doch es war mir nicht möglich. Ich wusste, dass ich mir meine Kraft unbedingt einteilen musste.

Der Camino führte direkt durch die berühmten Gassen der Altstadt von Pamplona und so konnte ich einen kleinen Eindruck von der schönen Stadt bekommen. Auf einer Anzeigentafel einer Apotheke sah ich, dass wir gerade mal 9 Grad hatten! Es war kalt. Wieder hatte ich rote kalte Hände und den Regenponcho anziehen müssen. Das Wetter passte mir gar nicht! So hatte ich mir meinen Weg nicht vorgestellt! Langsam nervte mich das Wetter sehr! Und plötzlich bemerkte ich, dass ich auch von mir selbst genervt war! Ich war genervt, weil ich mich immer wieder über das blöde Wetter ärgerte! „Was ist das für ein Quatsch", dachte ich plötzlich und beschloss, mich nicht mehr darüber zu ärgern. „Ich werde mich nicht mehr über irgendetwas ärgern", überlegte ich. Ich gebe meine Hoffnung auf schönes Wetter einfach auf! Der Gedanke tat mir gut und es fühlte sich tatsächlich gleich besser an! Ein Gefühl der Leichtigkeit stieg in mir auf, und ich war erstaunt. An meinem Tagesziel Cizur Menor angekommen, stellte ich fest, dass die Herberge noch geschlossen war. Ich setzte mich in ein Restaurant, genoss einen Milchkaffee und WLAN und freute mich über den Kontakt nach Zuhause. Als ich etwas später die Herberge „Dona Maribel" erreichte, stieß ich auf Valeria und Giulia. Die beiden jungen Italienerinnen hatte ich bereits unterwegs kennengelernt. Valeria war sehr bedrückt gewesen, weil sie ihre hochwertige Kamera verloren hatte. Irgendwo auf dem Camino war ihr die Kamera verloren gegangen und sie hatte sie nicht mehr wiedergefunden. In Larrasoana war mir ein junger Pilger entgegengekommen. Ich war verwundert, denn er lief in die falsche Richtung! Er sprach mich an, weil er eine Kamera gefunden hatte und er suchte nach dem Eigentümer. Genau in diesem Moment waren die beiden Frauen hinzugekommen und der junge Mann erzählte.

Von einem Pilger hatte er erfahren, dass weiter hinten auf dem Jakobsweg eine Frau ihre Kamera verloren hatte! Nun erzählte er, dass er viele Kilometer hin- und hergelaufen war! Valeria konnte es kaum fassen. Strahlend überreichte er Valeria ihre Kamera! Er lächelte uns drei glücklich an, drehte sich um und ging einfach wieder los! Er winkte uns noch einmal zu und lief wieder seinen Jakobsweg. Ich konnte es nicht fassen! Er hatte seinen eigenen Weg unterbrochen und war viele Kilometer hin- und hergelaufen, um die Eigentümerin der Kamera zu finden! Es schien für ihn selbstverständlich diese zu übergeben! Valeria und Giulia waren noch immer sprachlos und auch ich war total berührt. Auf dem Camino war so etwas möglich, stellte ich verwundert fest und freute mich.

Valeria und Giulia hatten das gleiche Tagesziel wie ich. Auch sie wollten sich in der gleichen Herberge mehr Zeit für sich nehmen und so kamen wir ein wenig ins Gespräch. Am Nachmittag fragte mich Giulia, ob ich mitmachen möchte, beim Engelkarten ziehen. „Engelkarten?“ Ich staunte etwas fraglich, denn ich kannte keine Engelkarten. Doch ich wollte nicht unhöflich sein und so tat ich ihr den Gefallen und wählte drei Karten aus. Sie deckte meine drei Karten auf und ich bekam von ihr die Informationen.

1. Die Vergangenheit loslassen!
2. Alles was in Deinem Leben war, kann jetzt integriert werden!
3. Genieße Deinen Weg!

„Wow“, ich war erstaunt, wie diese Karten für mich passten.

Wahrscheinlich war es nur Zufall oder es passte immer irgendwie, dachte ich, denn bei den beiden Frauen stimmte es scheinbar ebenfalls. Wir lachten herzlich und ich zog mich später wieder zurück und ruhte mich aus. Ich konnte ganz für mich sein und mich wunderbar erholen. Am Morgen verabschiedete ich mich von den beiden jungen Italienerinnen und als ich zum Ausgang lief, sah ich eine Frau ziemlich hilflos auf der Terrasse sitzen. Sie hielt ihren Fuß und weinte. Sie hatte mehrere große entzündete Blasen wie ich sah und klagte über Schmerzen. „Oh“, stellte ich fest, das sah wirklich nicht gut aus und mir fiel sofort ein, dass wir erst am Anfang des Weges waren! Plötzlich kamen mir meine Strümpfe in den Sinn. Genau für solch einen Notfall hatte ich Feinkniestrümpfe eingepackt! Spontan griff ich in meine Gürteltasche und überreichte ihr lächelnd meine Feinkniestrümpfe. Ich erklärte ihr, was ich im Internet darüber herausgefunden hatte. Zog man diese Strümpfe unter den normalen Laufsocken, gab es keine Blasen. Die Herbergsfrau kam inzwischen mit Verbandsmaterial dazu und half, den Fuß der Frau zu verbinden. Die Frau zog danach die Feinkniestrümpfe an und ihre Socken darüber. Erleichtert wischte sie sich ihre Tränen ab und schlüpfte in ihre Schuhe. Als sie aufstand und einige Schritte gehen konnte, lächelte sie uns an. Sie konnte tatsächlich mit den versorgten Blasen und den Doppelstrümpfen laufen! Ich freute mich für sie und machte mich wieder auf meinen Camino. Doch ich war nur wenige Schritte gegangen, als mich ein ungutes Gefühl überkam. Was machte ich nun, wenn ich Blasen bekam? Ich hatte noch 730 km vor mir! Plötzlich war meine Freude, der Frau geholfen zu haben, weg. Wie konnte ich ihr nur meine Strümpfe geben?

In meinen Gedanken sah ich mich auf einmal humpelnd und mit offenen Füßen irgendwo sitzen. Ich ärgerte mich über mich selbst. Doch mitten in meinem Ärger überkam mich plötzlich ein neuer Gedanke!

„Auch Dir wird dann geholfen!“

Sagte ich mir das selbst? Dieser Gedanke brachte mir jedoch wieder Zuversicht. Auch mir wird dann geholfen! Beschwingt kam ich an die Passhöhe und bewältigte den Aufstieg. Oben auf dem Alto de Perdon schien die Sonne und die Sicht war herrlich. Der Wind pfiff ein wenig, doch die Sonne wärmte mich. Für einen Moment genoss ich den herrlichen Anblick der Weite. Der Abstieg lief sehr gut und ich kam zufrieden in Uterga an. Ich war die Erste in der kleinen privaten Herberge „Camino del Perdon“ und meldete mich an. Im unteren Bereich der Herberge gab es ein Restaurant mit einer Bar und oben befanden sich die Zimmer. Der Vorgarten lud gemütlich zum Sitzen ein. Ich betrat das Obergeschoß und zum ersten Mal konnte ich mir nun selbst mein Bett aussuchen und freute mich. Ich hatte meinen Schlafsack nahe am Fenster ausgebreitet und ruhte aus. In den letzten beiden Nächten hatte ich nicht mehr gut geschlafen. Bisher hatte jedes Mal die Erschöpfung für den Schlaf gesorgt, doch jetzt war irgendetwas in mir los. Ich spürte eine Unruhe. Schlagartig wurde mir bewusst, dass ich ganz alleine in den Räumen dieser Herberge war! Kein Mensch war hier, außer dem Mann hinter der Bar. Das Alleinsein in den leeren Räumen holte etwas Altes in mir hoch. Plötzlich überkam mich eine große Einsamkeit.

Wie eine Welle kam die Einsamkeit auf mich zu. Ich fühlte mich von einem Moment auf den anderen extrem verlassen und mir liefen die Tränen. Mir fehlten die Menschen! Mir wurde schlagartig klar, dass mir der Austausch mit Menschen in meiner Sprache fehlte! Ich war jetzt schon eine Woche unterwegs und verspürte das dringende Bedürfnis, mich in meiner Muttersprache unterhalten zu können. Ich wollte wieder ein richtiges Gespräch führen! Ich trocknete meine Tränen und ging hinunter in den Garten. Mit einem Milchkaffee und meinem Tagebuch ausgestattet, setzte ich mich in einen Gartenstuhl. Endlich schien die Sonne! Sie war wohltuend und wärmend, und ich schloss genüsslich meine Augen. Mein treues Tagebuch erfuhr etwas später, wie ich mich fühlte. Hier konnte ich alles reinschreiben. Inzwischen war es meine tägliche Hauptbeschäftigung geworden, wenn ich nicht gerade lief. Das Schreiben tat mir gut und meine Stimmung besserte sich wieder. Immer mehr Pilger trafen in der Herberge ein und ich bemerkte etwas später ein deutsches Ehepaar am Nachbartisch. Ich freute mich sehr, die deutsche Sprache zu hören und schaute zu ihnen rüber. Sie waren beide schon etwas Älter. Die Frau trug zu meinem Entsetzen eine Perlenkette um ihren Hals. „Pilgern mit einer Perlenkette?“ Für einen Moment war ich irritiert. Es schien mir absurd! Doch die Perlenkette leuchtete und ich beschloss, mich nicht zu unterhalten und zog mich zurück. Kaum im Zimmer angekommen, kroch die Einsamkeit wieder in mir hoch und ich war erstaunt. Wieder war das Gefühl des Verlorenseins sehr stark. Vielleicht war Schlafen die beste Medizin, überlegte ich und nahm meine Ohrstöpsel.

Doch nur wenige Minuten später kam das Perlenkettenehepaar in das große Zimmer. Von all den vielen freien Betten in dem großen Raum nahmen sie genau zwei Betten neben mir. „Ha, ha, ha“, ich musste innerlich plötzlich über mich selbst lachen! Jetzt konnte ich mich doch noch in meiner Muttersprache unterhalten! Herrlich fand ich das und sprach sie freundlich an. Wir unterhielten uns angeregt und ich erfuhr, dass die Frau ihren Mann im Auto begleitete und gar nicht den Jakobsweg lief! „So können wir immer einen billigen Urlaub machen“, erzählte sie mir. Sie machten es seit einigen Jahren so. Die Frau begleitete auf diese Weise ihren Pilger-Mann mit dem Auto und nutzte die preiswerten Unterkünfte. „Aha“, dachte ich und ärgerte mich schon wieder! Etwas später überlegte ich, was mich wirklich verärgert hatte und in mir kamen viele Fragen auf. Wieso ärgerte ich mich über diese Perlenkettenfrau? Warum in aller Welt, machten es sich manche Menschen so einfach, überlegte ich. Ich wäre nie auf solch eine Idee gekommen! Ja, ich wollte nicht einmal meinen Mann dabei haben! Und ich wäre mir komisch vorgekommen, mit einer Perlenkette in einer Pilgerherberge zu sitzen! Warum störte es mich, dass die Frau einen leichten Weg für sich wählte? Sollte ich mich vielleicht fragen, warum ich scheinbar immer einen schweren Weg wählte? „Puh!“ Die Fragen arbeiteten in mir und ich schlief mit ihnen ein. Auch am nächsten Morgen dachte ich weiter darüber nach, als ich wieder loslief. Doch das deutsche Ehepaar sah ich am Morgen nicht mehr. Ich beschloss an diesem Tage, nur 9 km nach Puente La Reina zu laufen und konnte meinen Weg leicht bewältigen. Ich dachte viel nach und genoss die wunderschöne Altstadt und startete am nächsten Morgen weiter nach Lorca.

Meine vielen Überlegungen schienen mir zu helfen, denn ich achtete nun wirklich besser auf mich und auf die Entfernungen, die ich lief. Es zeigte sich deutlich, dass weniger für mich mehr war. Die Sonne kam an diesem Tage nicht heraus und es fing wieder an zu regnen. Als ich in Lorca ankam, goss es in Strömen und ich war an den Beinen und Füßen durchnässt. Ich fing an zu frieren und war froh, die private Herberge „de Lorca" von Jose und seiner Frau erreicht zu haben. Ich war wieder die Erste in der Herberge und konnte mir ein unteres Bett aussuchen. Mich fröstelte es sehr und ich war sehr nachdenklich. Seit einer Woche war ich nun unterwegs. Wie ging es mir damit? Zu einem Teil war ich froh darüber, schon eine Woche geschafft zu haben, doch andererseits bemerkte ich, dass ich sehr betroffen war! Es war schon eine ganze Woche um! Mir fehlte jetzt eine Woche! Diese Erkenntnis machte mir plötzlich Sorgen. Ein zwiespältiges Gefühl tat sich in mir auf und ich bemerkte noch etwas! Mir wurde bewusst, dass mir dieses „Nichtstun" mehr und mehr schwer fiel! Die Erschöpfung hatte mich bisher sofort immer in den Schlaf befördert, doch was machte ich mit der freien Zeit, wenn ich mich nicht mehr überforderte? Ich hatte mir extra für den Jakobsweg Musik auf das Handy geladen. Diese hörte ich inzwischen öfter vor dem Schlafen, doch was sollte ich sonst noch tun?

„Du darfst Dich mit Dir selbst befassen."

Wo kam plötzlich dieser Satz her? Das machte ich doch die ganze Zeit oder nicht?

Ich setzte mich ins Restaurant und genoss einen frisch gepressten Orangensaft und einen frischen Salat und dachte darüber nach. Es gab noch keine weiteren Gäste und so konnte ich in aller Ruhe über meine Gedanken in mein Tagebuch schreiben. Doch am Nachmittag fing ich heftig an zu frieren und legte mich in den Schlafsack. Ich schlief sofort ein. Schweißgebadet schreckte ich gegen Abend aus einem Traum hoch. Der Traum war furchtbar für mich und ich musste mich erst kurz wieder orientieren. Meine Stimmung war niedergeschlagen. In dem Traum war ich auf dem Jakobsweg! Ich bekam im Traum die Nachricht, dass meinem Sohn etwas Schlimmes passiert sei! Mir wurde mitgeteilt, dass es etwas sehr Schwerwiegendes war, doch man wollte mir nicht mehr sagen. Panisch brach ich im Traum meinen Pilgerweg ab und lief einfach los! Ich fing an zu rennen! Ich rannte und rannte und begriff irgendwann, dass ich zu Fuß nicht schnell genug nach Deutschland kam! Meine Kräfte ließen im Traum plötzlich nach. Völlig verzweifelt über die Unwissenheit, was mit meinem Sohn geschehen war, wollte ich jedoch so schnell wie möglich zu ihm, doch in meinem Traum gab es keine andere Möglichkeit, als zu Fuß zu gehen! Ich war völlig verzweifelt! Im Traum bekam ich plötzlich große Schuldgefühle. Ich fühlte mich schuldig, weil ich einfach diesen Weg gegangen war!

„Was für ein blöder Traum", dachte ich, doch er hatte bewirkt, dass ich völlig niedergeschlagen war. Zu gerne hätte ich meinem Sohn jetzt eine liebe Nachricht geschrieben oder mit ihm gesprochen, doch es war mir nicht möglich. Wir hatten gerade diese Funkstille zwischen uns und mir fehlte die Klarheit der passenden Worte.

Meine Gedanken und Gefühle quälten mich, bis ich wieder einschlief. Am Morgen wachte ich früh auf. Ich war wieder ausgeschlafen und ausgeruht. Als ich mich gegen 7 Uhr auf meinen Weg machte, dachte ich noch einmal an diesen schrecklichen Traum. Mir war inzwischen etwas klar geworden. Mich hatte eine große Angst eingeholt. Es war die Angst um meinen Sohn, die mich eingeholt hatte und mir war bewusst geworden, dass ich schon immer mit großer Verlustangst zu tun hatte. Mich schuldig zu fühlen, weil ich früher zu wenig für ihn dagewesen war, kam noch hinzu. Ich war immer voll berufstätig und kam erst am Abend von der Arbeit. Vieles hätte ich mir anders gewünscht, doch es war nicht möglich gewesen. Die heile Familie hatte ich ihm nicht bieten können! Doch genau das, hatte ich mir selbst immer gewünscht!

Die Klarheit half mir, den Traum zu sortieren und schien wichtig für mich. Ich lief ganz in meinen Gedanken versunken und bemerkte auf meinem Weg, dass ich eine Erkältung bekam. Vor der städtischen Herberge standen schon einige Pilger und warteten bereits auf Einlass. Ich reihte mich bei meiner Ankunft ein und freute mich auf Ruhe. Die Herberge war einfach gehalten und die Schlafräume wirkten hellhörig. Es war ziemlich laut und die Ruhe war nicht gegeben. Meine Erkältung verstärkte sich immer mehr und gegen Abend kamen Gliederschmerzen hinzu. Ich kaufte mir Vitamine, Kräutertee und trank heiße Zitrone. Zusätzlich bat ich Jakobus um Unterstützung, doch um 20 Uhr ging ich nur noch schleppend zur Kirche „Sta Maria". Ich setzte mich zu den anderen Pilgern in die Messe und bat um Kraft und Heilung. Die Messe war wunderschön und ich war tief beeindruckt und spürte, dass mich wirklich irgendetwas erreicht hatte.

Als ich zurück zur Herberge ging, stellte ich mir die Frage, was es wirklich war. Plötzlich kamen mir die Tränen! Es war Zuversicht! Ich hatte tatsächlich Zuversicht in mir und ich ließ die Tränen laufen. „Ich werde meinen Jakobsweg schaffen! Alles wird wieder gut werden in meinem Leben!“ Völlig erstaunt, dachte ich diese Gedanken! Die Zuversicht durchströmte ganz langsam mein Herz und ich konnte sie tatsächlich fühlen! Das Gefühl breitete sich in mir aus wie bei einem Fächer. Schniefend lief ich langsam zurück zur Herberge und musste dabei lächeln. Die Pilgermesse war tatsächlich ein Geschenk für mich gewesen! Voller Zuversicht suchte ich meinen Schlafplatz auf. Der Raum, in dem wir untergebracht waren, wirkte vollgestopft mit Betten. Sie standen eng. Ich fand mein Bett im oberen Bereich und befürchtete wieder einmal den Gang zur Toilette in der Nacht. So bat ich Jakobus wieder um Hilfe. Es konnte nichts schaden. Doch trotz der Ohrstöpsel schlief ich sehr unruhig und wälzte mich hin und her. Die Erkältung wurde stärker und ich musste ständig husten. Tatsächlich hatte ich am Morgen im wahrsten Sinne des Wortes die Nase voll. Und was noch viel schlimmer war, ich lag wie erschlagen in meinem Schlafsack! Ich kam kaum aus dem Doppelstockbett! Das Rausklettern war ein Akt für sich und jeder Schritt zur Dusche war anstrengend. Eine innere Panik machte sich in mir breit, als ich begriff, dass ich nicht weiterlaufen konnte! Ich überlegte, was ich tun sollte. In den städtischen Herbergen durfte man nur eine Nacht übernachten. „Zur Not, nehme ich den Bus“, so waren meine Gedanken, als ich zu Hause die Planung machte. Doch jetzt?

Jetzt haderte ich! Mir fiel es unsagbar schwer, mir selbst die Schwäche einzugestehen, dass ich nicht mehr konnte! „Warum fällt es mir so schwer, Schwäche zuzulassen?“ Ich überlegte. Es war doch offensichtlich, dass ich eine starke Erkältung hatte! Plötzlich wurde mir klar, dass ich für jeden anderen vollstes Verständnis gehabt hätte, nur für mich selbst hatte ich es nicht. Diese Erkenntnis deprimierte mich zutiefst. Ich überlegte, ob ich die Hospitaleros ansprechen sollte, um nachzufragen, wo die nächste Bushaltestelle wäre. Danach könnte ich mich immer noch entscheiden. Doch sie einfach anzusprechen, erschien mir plötzlich unmöglich! Ich hatte eine unfassbar große Hemmschwelle in mir. Sie breitete sich aus und mein Hals war wie zugeschnürt! Ich verstand mich selbst nicht. Es fühlte sich an wie eine Hürde, die ich bewältigen müsste! „War - sich Schwäche eingestehen - meine Hürde?“ „Was wäre denn wirklich, wenn ich schwach wäre“, überlegte ich und die Antwort war sofort da! Ich würde verhöhnt, verspottet und ausgelacht werden! Plötzlich fiel es mir siedendheiß ein und Situationen aus meiner Kindheit tauchten auf. So hatte ich es als Kind erfahren, als es mir sehr schlecht ging. Mit diesen Gedanken und der starken Erkältung kämpfend hatte ich meinen Rucksack gepackt. Ich schleppte mich zur Treppe und wieder stellte ich mir die Frage. Doch völlig erstaunt hielt ich für einen Moment inne. Mitten in meinem Weg standen die Hospitaleros und ein Ehepaar aus Korea. Ich hörte sie tatsächlich laut und deutlich fragen, wie sie zur nächsten Bushaltestelle gelangten! Ich fasste es nicht! So ein Zufall!

Sie bekamen gerade den Weg erklärt und mir wurde schlagartig etwas Weiteres klar. Ich hatte jetzt eine Wahl! Ich könnte einfach „heimlich“ den Koreanern hinterherlaufen! Doch ohne selbst gefragt zu haben, hätte ich mich noch mehr gedemütigt gefühlt! Für einen kurzen Moment kam mir tatsächlich dieser Gedanke, es zu tun, doch dann musste ich lächeln. „Was für ein Unsinn! Wie feige wäre es, wenn ich nicht zu mir selbst stehen würde!“ Endlich lief ich schnurstracks auf die kleine Gruppe zu und stellte mich zu ihnen. Ich wartete geduldig und sprach dann mein Problem mit der Erkältung an und fragte nach den Möglichkeiten der Hilfe. Die Hospitaleros waren sehr nett. Sie überlegten und wir kamen zu dem Schluss, dass es wirklich das Beste für mich wäre, auch den Bus bis Logrono zu nehmen und sich dort auszukurieren. Es fühlte sich für mich völlig stimmig an. Erleichtert darüber, dass ich nicht meiner Feigheit gefolgt bin, bedankte ich mich bei den beiden und ließ auch mir den Weg zur Bushaltestelle erklären. Von weitem sah ich schon einige Pilger an der Haltestelle stehen und kurz kam noch einmal ein Schamgefühl in mir hoch. „Mann, Du stellst Dich aber auch an“, sagte ich zu mir selbst und plötzlich fiel mir auf, dass ich genau diesen Satz so oft in meiner Kindheit gehört hatte! Diese Zurechtweisung hatte mir immer das Gefühl vermittelt, irgendwie nicht in Ordnung zu sein. Sie gab mir das Gefühl, dass ich nicht richtig funktionierte! Völlig erstaunt über diese weitere Erkenntnis beschloss ich plötzlich, diese Zurechtweisung einfach zur Seite zu schieben. Ich schob sie einfach beiseite, weil ich es so wollte! Ich hatte keine Lust mehr drauf!

Über mich selbst lächelnd, trat ich an die Bushaltestelle und traf auf zwei deutsche Frauen. Wir kamen sofort in ein Gespräch. Endlich konnte ich mich in meiner Muttersprache richtig unterhalten und war erfreut, die beiden Frauen kennenzulernen. Maria und ihre Tochter Sandra waren aus Süddeutschland. Sie hatten nicht so viel Urlaub für den Jakobsweg einplanen können und sich daher von Beginn an vorgenommen, einige Strecken des Weges mit dem Bus zu fahren. „Wow!“ Jetzt musste ich innerlich lachen und freute mich. So einfach kann es gehen, wenn man es sich denn erlaubte! Mir wurde gerade vor Augen geführt, wie leicht es gehen konnte! Ich war erstaunt und während der Busfahrt dankte ich Jakobus für meine vielen Erkenntnisse. Ich war trotz der starken Erkältung beschwingt und hatte einen richtigen Aufwind bekommen.

Maria und Sandra wollten sich noch ein wenig in Logrono umsehen und erst danach weiterlaufen. Ich hatte bis zur Öffnung der Herberge noch Zeit und so beschlossen wir, uns ein gemütliches Café zu suchen. Gemeinsam liefen wir durch Logrono und kamen an einer bemalten Hauswand vorbei. An der Hauswand war ein Pilger überdimensional groß abgebildet. Der Künstler hatte es fantastisch erschaffen! Man sah einen Pilger mit vielen Tattoos in Form von Pilgerstempeln und sie sahen aus wie auf dem Papier! Fasziniert über die Feinheiten und Details an einer Hausfassade machten wir Fotos und fanden direkt in der Nähe ein kleines Café. Hier konnte ich mich ausruhen und wir genossen den Austausch. Maria arbeitete in einer Hausverwaltung und Sandra war Architektin. Ich musste lachen, wie das passte und unser Austausch tat mir wirklich gut.

Wir unterhielten uns wunderbar und gegen Mittag war es wieder an der Zeit, aufzubrechen. Obwohl wir uns tatsächlich nur wenige Stunden kennengelernt hatten, war es für mich eine schöne Verbindung und langsam begab ich mich nach der Verabschiedung zur Herberge. Sie lag zentral in der Fußgängerzone und ich freute mich, als ich ankam. Meine Erkältung war noch stark und ich versorgte mich wieder gut mit Vitaminen und heißer Zitrone. Sehr gerne hätte ich mir die schöne alte Stadt angeschaut, doch es war mir wieder nicht möglich. Ich blieb im Schlafsack liegen und schlief irgendwann ein. Die Unruhe im Raum weckte mich am Morgen, denn gegen 6 Uhr waren alle schon auf. Ich hatte wieder schlecht geschlafen, doch es ging mir insgesamt etwas besser. Ich war erleichtert, denn ich konnte wieder weiterlaufen. Nach den ersten Kilometern hatte ich jedoch das Gefühl, als wenn jemand hinten an meinem Rucksack zog! Er erschien mir plötzlich unglaublich schwer! Ich hatte zu dem Gewicht von 6,7 kg noch Lebensmittel und 2 Liter Wasser dabei. Das machte sich bemerkbar und jedes Gramm war zu spüren und kostete mich Kraft. So oft hatte ich davon gelesen und jetzt war ich scheinbar an dem Punkt gekommen, etwas verändern zu müssen.

„Es darf auch für Dich leicht gehen!“

Ich vernahm diese Gedanken und überlegte und brauchte geschlagene sieben Kilometer, bis mir endlich ein Lichtblick kam! Endlich, erlaubte ich es mir! Ich sah ein Stück weiter einen öffentlichen Papierkorb und setzte mich an den Straßenrand. Spontan verabschiedete ich mich von meinen Flipflops und schmiss sie in den Papierkorb.

Meinen Strohhut hatte ich schon lange entsorgt. Der viele Regen und meine Wut darüber hatten es gleich zu Beginn möglich gemacht. Jetzt war mein Pilgerreiseführer dran. Er wog mehr als 300 Gramm. Er landete ebenfalls im Papierkorb. Ich schleppte ihn die ganze Zeit mit mir rum und brauchte die ausführlichen Wegbeschreibungen überhaupt nicht. Für mich war der Camino bestens mit dem gelben Pfeil ausgeschildert. Einige Seiten mit Stadtplan von Burgos und Leon entriss ich sicherheitshalber und der Rest wurde entsorgt. Und dann kam mir eine Idee. „Sollte ich es tatsächlich bis nach Santiago de Compostella schaffen, kaufe ich mir dort als allererstes neue Flipflops!" Plötzlich freute ich mich. Wie beim Aufkommen einer leichten Böe am Meer spürte ich wieder den zarten Aufwind! Als ich den Rucksack wieder auf meinem Rücken trug, war er tatsächlich leichter.

Najera

Mein Aufwind fühlte sich wunderbar an. Ich genoss ihn einige Kilometer. Es war eine Leichtigkeit in mir, die mich selbst erstaunte. Doch kurz vor Navarette wurde meine Erschöpfung wieder stärker und ich bekam Schmerzen. Die Oberschenkelmuskulatur war verkrampft und tat weh. Auch die Fußsohle des linken Beins brannte stark. Ich konnte kaum noch auftreten.

„Das alte Thema also, was da raus will“, dachte ich und mir fiel sofort mein Orthopäde ein, den ich vor meinem Abflug noch aufgesucht hatte. Er hatte mir erklärt, dass über meine Fußsohlen ein alter Schmerz raus möchte! Ich war sehr erstaunt gewesen, dies von einem Facharzt zu hören, doch ich wusste, dass es stimmte. Jetzt schien all das sehr lange her zu sein. Der Arzt hatte Recht gehabt und ich verstand immer mehr, dass all meine Verkrampfungen und all meine Starre aus dem Körper wollten. Ich verstand es, doch die Schmerzen wurden mit jedem Schritt stärker! Die Erschöpfung durch die Erkältung tat ihr Übriges dazu und ich bekam eine heftige Krise! Mir liefen vor Schmerzen die Tränen und ich konnte nicht mehr auftreten! Ich fing an zu humpeln und meine Gedanken überschlugen sich plötzlich. „Soll ich meinen Weg abbrechen? Warum in aller Welt bürde ich mir selbst so viel auf?“ Schon wieder war ich an diesem blöden Punkt und fasste es nicht! Ich ärgerte mich wieder über mich selbst und die Tränen liefen über mein Gesicht. „Mir reicht es jetzt“, sagte ich mir selbst und ein neuer Gedanke tat sich in mir auf. „Ging es wirklich darum, dass ich mir Schwäche endlich erlaubte?“ Ich überlegte, doch sogleich verwarf ich den Gedanken wieder, denn dass ich endlich auch mal schwach sein durfte, hatte ich doch verstanden! Dass es für mich auch leicht gehen durfte, das hatte ich inzwischen ebenfalls begriffen! Immerhin war ich mit dem Bus gefahren, als es nicht mehr ging! Ich war scheinbar immer noch ziemlich durcheinander, dachte ich etwas deprimiert oder war AUFGEBEN vielleicht wirklich der richtige Weg für mich?

In fast jeder Herberge wurde ich nach meinem Weg gefragt. Nach einem freundlichen „Buen Camino" folgte meist die Frage, wieviele Kilometer ich schon gelaufen war und ich bemerkte inzwischen, wie mich das nervte! Jedes Mal entschuldigte ich mich fast dafür, dass ich nicht so viele Kilometer am Tag schaffte wie die anderen. Die meisten Pilger liefen um die 30 km am Tag. Das war für mich undenkbar! Doch durfte ich denn langsamer sein? Durfte ich es nicht schaffen und versagen? „Oh!" Ich bemerkte, dass mir das Thema mächtig zu schaffen machte. Bis zum Jahr 2006 war meine Welt in Ordnung gewesen und mein Leben lief gut, doch jetzt? Die körperliche Bewegung war immer für mich wichtig gewesen. Ich liebte den Sport! Doch ich war nicht nur ein aktiver Mensch, ich war auch erfolgreich. Schwäche und Versagen standen nie auf meiner Liste! Meine Programmierung hieß einfach anders. Sie hieß Funktionieren und niemals aufgeben! Ich lief mit diesen Gedanken weiter und unter Tränen wurde mir bewusst, dass ich mich wie eine Neunzigjährige alte Frau fühlte! Weinend kam ich wieder in meinem Jammertal an. Doch in diesem Jammertal kam mir plötzlich Jakobus in den Sinn! Der heilige Apostel, der die Pilger unterstützt auf ihrem Weg. Und dann fiel mir plötzlich mein Deal mit GOTT wieder ein! Ich hatte eine Abmachung mit ihm! Mein Deal mit GOTT war, dass er sich mir auf meinem Jakobsweg zeigen sollte und mir helfen musste! Plötzlich blieb ich stehen und schaute mich um. Hinter mir waren keine Pilger zu sehen. Spontan schob ich meine Stöcker zusammen und steckte sie an die Seite des Rucksacks. Ich breitete meine Arme weit aus und lief dabei weiter. Tränen rannen über mein Gesicht, doch es war mir gerade egal.

Mit ausgebreiteten Armen ging ich meinen Weg, als wenn mich GOTT so besser sehen könnte! Ich bewegte dabei meine Handflächen nach oben und nach unten. Es schien mich irgendwie zu beruhigen. „Was für ein Quatsch!“ Mein Verstand meckerte und empfand es als völligen Blödsinn, doch aus irgendeinem Grunde machte ich einfach weiter. Ich lief mit diesen ausgebreiteten Armen und bat GOTT, sich mir endlich zu zeigen! Etwas später hörte ich damit auf und machte eine Pause. Meine Beine und Füße brauchten dringend Erholung. Meine Gedanken sortierten sich wieder und die Zuversicht kam. Ich werde meinen Weg schaffen und es wird alles gut werden in meinem Leben! Und wenn andere mich ausgrenzen, dann ist es ebenso!

„Stehe zu Dir!“
„Auch wenn es niemand anderes tut.“
„Das möchtest Du lernen!“

Sagte ich mir das selber? Ja, die Ablehnung von anderen machte mir zu schaffen. Die Ausgrenzung, die ich in meinem Leben erfahren hatte, gehörte dazu. Ich konnte es nicht ändern. Plötzlich fielen mir wieder die Worte von Helga ein. Ja, sie hatte damals recht, als sie versuchte, es mir näherzubringen. Doch wie lernte man, wirklich zu Vergeben? Helga konnte ich nicht mehr fragen. Sie hatte ein unglaublich heilendes Wissen. Ich bewunderte sie sehr dafür! Die energetischen Zusammenhänge von körperlichen Symptomen durch Gedanken und Gefühle waren ihr sehr vertraut gewesen.

Sie arbeitete mit den Energiebahnen des Körpers und kannte ebenfalls astrologische Zusammenhänge, die auf den Körper wirkten. Sie hatte mir sehr geholfen! Nun gab es sie nicht mehr und ich hatte mich nicht einmal von ihr verabschieden können. Der Krebs war plötzlich aufgetaucht und nur binnen weniger Wochen wurde sie aus dem Leben gerissen! Irene hatte es mir per Mail mitgeteilt. Die Trauer schoss plötzlich hoch und mir kamen die Tränen. Ich ließ sie laufen und hatte das Gefühl, es war gut so.

Am nächsten Tag war ich wieder motivierter und die Kraft war wieder da. Als ich wieder auf meinem Camino lief, wurde mir klar, dass ich am Vortag am liebsten alles hatte hinschmeißen wollen, doch mein Tief schien überwunden. Die Erkältung war am Abklingen und ich bekam wieder besser Luft. Das Wetter wurde schöner und endlich schien die Sonne. Wir hatten fast 20 Grad und ich freute mich darüber. Die fantastische Umgebung in der ich lief, entschädigte mich jetzt scheinbar für all den Regen. Endlich konnte ich in der Sonne sitzend Pausen machen! Ich zog meine Schuhe aus und entspannte meine Füße. Auf meiner leichten Matte setzte ich mich an den Wegesrand und schloss die Augen. Ich genoss die Sonnenstrahlen in meinem Gesicht und ließ die Pilger einfach an mir vorbeilaufen. Es war mir ganz egal. Ich blieb völlig entspannt bei mir. Genau so hatte ich mir meinen Jakobsweg vorgestellt! Als ich wieder aufbrach, musste ich plötzlich lachen. Ein Stück entfernt sah ich tatsächlich direkt am Jakobsweg einige Bänke stehen! Sofort fiel mir mein Einfordern zu Beginn des Jakobsweges ein, als ich am Anfang meines Weges so kraftlos war.

Schmunzelnd lief ich langsam weiter und kam erschöpft, aber froh im Ort an. Vor der städtischen Herberge befand sich eine lange Schlange. Von den anderen Pilgern hörte ich, dass die umliegenden Herbergen voll waren. „Oh!" Von solchen Situationen hatte ich im Pilgerforum gelesen. Schlecht wäre es, wenn man dann weiter müsste und nicht mehr konnte! Doch ich hatte Glück und bekam noch einen Schlafplatz. Die Nutzung dieser Herberge erfolgte auf Spendenbasis und ich gab 10 Euro. Die Hospitaleros aus Belgien begrüßten mich freundlich, doch als ich mein Bett suchend den Schlafraum betrat, traf mich fast der Schlag! Sofort wäre ich am liebsten wieder umgekehrt! Ich befand mich in einem Schlafraum mit eng stehenden Doppelstockbetten für insgesamt Neunzig Personen! Alles war voller Betten zugestellt! Es gab nur zwei schmale Gänge. Auf einer Seite befanden sich Fenster, die ebenfalls zugestellt waren und es war stickig in dem Raum. Erst jetzt bemerkte ich meinen Irrtum! Ich hatte angenommen, bereits einen Ort weiter gewesen zu sein, doch dem war nicht so! Ich befand mich in Najera. Wie ich feststellte, standen für Frauen in der Herberge nur zwei Duschen zur Verfügung. Es gab in der Dusche keine Ablage oder andere Möglichkeit, etwas anzuhängen. Es war ungewöhnlich für mich, da neben Waschtasche und Handtuch auch immer meine Gürteltasche dabei war. Hier durfte ich wohl einiges an Ansprüchen loslassen, so kam es mir in den Sinn, als ich vom Duschen zurückkam. Ich hatte jedoch ein unteres Bett bekommen und war darüber sehr dankbar und froh. Ich suchte mir etwas später draußen in der Sonne einen Platz und schrieb in mein Tagebuch und einige Postkarten.

Endlich konnte ich die Wärme herrlich genießen und das Aufschreiben hatte mir geholfen, den ersten Schreck zu verarbeiten. Mehr und mehr entspannte ich mich wieder. Achtsam schaute ich mich in der Sonne sitzend um. Plötzlich fühlte ich, dass ich das alles um mich herum mochte! Ich mochte die Pilger, die aus so vielen verschiedenen Ländern kamen und so mutig ihren Weg gingen! Jeder hatte mit Erschöpfung zu tun, nicht nur ich! Das hatte ich inzwischen gesehen. Ich mochte die vielen Wäscheständer, die völlig überfüllt in der Sonne standen! Ich mochte die Bänke, die hier und da tatsächlich vorhanden waren und zum Ausruhen genutzt wurden. Auf einmal konnte ich meinen eigenen langen Weg bisher, zurückblickend wertschätzen! In mir kam eine große Dankbarkeit auf. Tief in meinem Herzen spürte ich sie! Das war etwas ganz Neues für mich, denn ich fühlte sie tatsächlich! In der Sonne sitzend dankte ich meinen Füssen dafür, dass sie durchgehalten hatten, gerade weil es so schwer und schmerzhaft für mich gewesen war. Und dann dankte ich meinem ganzen Körper! Wie hatte er sich gequält! Doch es schien nicht nur für mich so schwer zu sein. Selbst junge Männer fielen einfach auf das Bett und wirkten völlig erschöpft. Immer wieder konnte ich es beobachten. Nur wenige Frauen schienen den Jakobsweg zu gehen, doch alle waren erschöpft und brauchten Ruhe. Als ich mich etwas später in den Schlafsack legte, hörte ich entspannt Musik. Ich hatte mir schöne Titel zusammengestellt und genoss die Musik. Ich schaute in den zugestellten Schlafsaal und plötzlich musste ich lächeln! Insgesamt Sechsundneunzig Pilger waren in diesem Raum. Ich hatte tatsächlich nachgezählt!

Ich sah in die Gesichter der Menschen und auf einmal umhüllte mich ein großes tiefes Gefühl der Wärme! Die Wärme schien sich wie eine weiche Decke um mich zu legen. Sie hüllte mich ein und plötzlich kam mir eine Erkenntnis! Ich hatte die ganze Zeit nur die Erschöpfung gesehen! Die ganze Zeit sah ich nur die Schwere! Jetzt sah ich plötzlich etwas völlig anderes! Ich schaute in die Gesichter der vielen Menschen um mich herum und war plötzlich begeistert, denn ich sah ihr Leuchten! Es berührte mich sehr und entgegen meiner großen Voreingenommenheit erlebte ich in dieser Herberge einen wunderschönen Moment! Ich genoss ihn sehr. Am Abend setzte ich mich in den Küchenbereich der großen Gemeinschaftsecke. Jeder Pilger, der hier saß, packte sein Essen auf den Tisch. Einige bereiteten in der kleinen Küche etwas vor. Ich sprach nicht die Sprache der anderen und war somit ganz für mich. Doch wieder berührte mich auch hier eine Situation besonders. Wir saßen gemeinsam zusammen, als ein Pilger spontan in der Runde etwas von seinem Essen anbot. Er reichte es herum! Einige andere taten es ebenso! Völlig erstaunt stellte ich fest, dass jeder sein Essen teilte! Es wurde einfach herumgereicht! Plötzlich schossen mir die Tränen in die Augen, denn ich hatte nur noch das ungesunde Weißbrot mit Salami und konnte beides nicht mehr sehen. Nun bekam ich plötzlich frische Lebensmittel dazu! Radieschen, Tomaten und etwas Käse lagen vor mir auf meinem Platz. Eine weitere Person öffnete eine Flasche Rotwein und nun stand auch noch etwas Rotwein in einer Tasse vor mir!

Wir lächelten uns alle an und ich musste schlucken. Ich hatte Mühe, meine Tränen zu unterdrücken. Ich war berührt über diese Gemeinsamkeit! Und plötzlich wurde mir mit einem Schlag etwas Weiteres bewusst. Ich wurde gesehen und ich gehörte dazu! Ich war nicht ausgegrenzt worden! „Puh!“ Das Gefühl, das sich dazu einstellte, kannte ich nicht und ich konnte es kaum beschreiben. Voller Dank schaute ich in die Gesichter der Menschen, die mich gerade so sehr berührt hatten. Ich kannte sie nicht einmal und verstand ihre Sprache nicht, doch ich gehörte tatsächlich dazu! Als ich später in meinem Schlafsack lag, ließ ich meinen Tränen ihren Lauf. Sie liefen vor Freude und vor Dankbarkeit. Ich war total berührt.

Die Wut

Es war kaum zu glauben, doch als ich am Morgen aufwachte, stellte ich fest, dass ich in diesem überfüllten Raum tief und fest durchgeschlafen hatte! Das Gefühl der Dankbarkeit war noch immer in mir, als ich mich verabschiedete. Mit einem Lächeln im Gesicht drehte ich mich noch einmal um und schaute auf diese Herberge. Sie wirkte wie eine einfache Baracke. Nichts war irgendwie schick oder gar pompös. Doch diese Herberge mit ihren Menschen hatte mir unglaublich viel gegeben und mit neuem Schwung lief ich wieder los.

Das Wetter war sonnig und der Weg erschien mir tatsächlich leichter. Ich gönnte mir immer wieder kleine Pausen am Wegesrand und zog die Schuhe aus. Nach 15 Kilometern kam ich durch den Ort Cirinuela. Dort gab es eine Herberge, aber keinen Laden und so spielte ich mit dem Gedanken, weiter nach Santo Domingo de la Calzada zu laufen. Auf diesen Ort freute ich mich schon, denn ich hatte bereits einiges über ihn gelesen. Schon der Name klang wie Musik in meinen Ohren. Ich fühlte mich wirklich fit und beschloss, weiterzulaufen. Die Strecke gefiel mir sehr, obwohl es wieder mehr bergauf ging. Der Blick in die tiefer-liegenden Ortschaften und Wälder entschädigte mich jedoch für alle Anstrengung. Viele Pilger waren an diesem Tage mit mir unterwegs und wir liefen relativ dicht beieinander.

Auf dieser Strecke lernte ich einen deutschen Pilger kennen. Stefan war aus dem Raum Hamburg und wir kamen schnell in ein Gespräch. Es folgten die üblichen Fragen, woher man kam und wie lange man schon unterwegs war und so gingen wir ein Stück gemeinsam. Ich gönnte mir zwischendurch jedoch meine Pausen und jeder ging wieder alleine in seinem Tempo weiter. Ich fand es sehr angenehm und die lange Strecke von 22 Kilometern erschien mir dadurch weniger anstrengend. In Santo Domingo de la Calzada angekommen, traf ich direkt auf die traditionelle Herberge. Sie liegt unmittelbar am Jakobsweg und optimal im Zentrum des schönen Ortes. Die Herberge gefiel mir. Ich fand sofort mein Zimmer und war erstaunt, denn hier traf ich Stefan wieder. Er hatte das gleiche Zimmer zugewiesen bekommen wie ich.

Neben einem Lehrer aus den USA mit seinen fünf Schülern kam noch ein deutsches junges Paar zu uns ins Zimmer. Ich richtete gerade mein unteres Bett ein, als uns plötzlich die junge Frau ansprach. Sie freute sich, auf deutsche Pilger zu treffen. Ich schaute auf und wir lachten. Ich erklärte ihr, dass ich das sehr gut nachvollziehen konnte, denn auch mir hatte die deutsche Sprache bereits gefehlt. Die junge Frau kam aus München und fuhr mit ihrem Freund und dem Fahrrad den Jakobsweg entlang. Nach den üblichen ersten Fragen, die ihr Stefan beantwortet hatte, ließ sie einen Satz verlauten, der mich heftig traf. „Ach bin ich froh, dass Ihr keine Ossis seid!“ Ich hatte gerade meine Sachen sortiert, als ich diesen Satz hörte und überlegte kurz. Hatte ich mich verhört? Doch sogleich hörte ich sie weitererzählen. „Die Ossis haben wir nämlich überall in München! Das ist ganz schlimm mit denen, in der Firma vergraulen die Ossis alle Kollegen. Du kannst nirgendwo mehr arbeiten, überall sind die Ossis!“ „Oh!“ Ich musste tief durchatmen und beschäftigte mich noch konzentrierter mit meinen Sachen und dem Herrichten meines Schlafplatzes, doch mein Adrenalin stieg.

„Lass sie reden.“

Sagte ich mir das wieder selber? Ich hatte keine Ahnung und atmete tief durch und ließ sie einfach reden. Ich schaute kurz zu Stefan aus Hamburg hinüber und sagte nichts. Er schwieg ebenso. Die junge Münchnerin erzählte munter weiter von ihren Erfahrungen, die sie während ihrer Arbeit mit den „Ossis“ gemacht hatte.

Stefan blieb stiller Zuhörer. Sie schlug vor, am Abend gemeinsam Essen zu gehen, um sich weiter unterhalten zu können. „Na mal sehen“, hörte ich Stefan sagen. „Wie es sich ergibt“, sagte ich und nahm meine Duschsachen und ging aus dem Zimmer. Eines wusste ich ganz sicher, es würde sich NICHT ergeben! Ihre Worte hatten jedoch einiges in mir aufgewühlt. „Jetzt geht es mir gerade gut und nun das“, dachte ich verärgert. Doch ich fühlte mich gestärkt und beschloss, mich dem „blöden Thema“ nicht zuzuwenden. Nach dem Duschen erkundete ich die Umgebung und besuchte die wundervolle Kathedrale mit dem berühmten „Hühnerwunder“. Zuhause hatte ich bereits darüber gelesen. Über dem Altar in der Kathedrale befanden sich tatsächlich zwei weiße Hühner in einem Käfig! Wie ich erfuhr, hatten Huhn und Hahn hier wöchentlich paarweise „Dienst“. Es gab natürlich eine herrliche Geschichte dazu, warum dies bis heute so zelebriert wurde und ich amüsierte mich darüber. Als der Hunger sich bemerkbar machte, entschied ich mich, das Abendessen in einem kleinen Restaurant einzunehmen. Das Wetter war mild und ich konnte endlich zum Essen draußen sitzen. Ich liebte es draußen zu sitzen. Beschwingt suchte ich mir einen schönen Platz und setzte mich an einen Tisch. Plötzlich stand Stefan vor mir. Er wollte ebenfalls ein Abendessen zu sich nehmen und fragte, ob er sich dazugesellen dürfe und ich war einverstanden. Wir bestellten ein Pilgermenü und Stefan erzählte von seiner Familie und seinem Lebensweg. Er hatte gerade eine Neuorientierung gestartet und wollte sich beruflich verändern. Das Austauschen mit ihm tat mir gut. Wir hatten viele Themen, über die wir gemeinsam lachen konnten und die Leichtigkeit, die ich dabei empfand, fühlte sich wunderbar an.

Als ich später zur Nachtruhe wieder in meinem Schlafsack lag, freute ich mich über den netten Abend und ließ den Tag noch einmal Revue passieren. Stefan, die Schulklasse und die beiden Münchner waren noch nicht im Zimmer. Ich genoss die Ruhe und schlief völlig entspannt ein. Als ich am Morgen erwachte, war das gesamte Zimmer bereits leer und ich war erstaunt. Die Schulklasse war so leise gewesen, das ich nichts gehört hatte! Weder am Abend noch am Morgen! Freudig ging ich duschen und packte meine Sachen. In der großen modern ausgestatteten Küche wollte ich frühstücken und traf hier wieder auf Stefan. Nach einem leckeren schönen Frühstück mit Brötchen und Rührei machte ich mich gegen 8 Uhr auf den Weg. Mit Regenjacke und Poncho ausgestattet startete ich im Regen. Stefan ging ebenfalls los und so liefen wir einige Kilometer zusammen. Doch durch den Regen konnten wir uns kaum unterhalten und schwiegen. Als der Regen aufhörte, machten wir eine kurze Pause. Überraschend sprach mich Stefan plötzlich auf die gestrige Situation mit der jungen Münchnerin an. Er hätte den Eindruck gewonnen, dass mir ihr Gerede nicht gefallen hatte. Nun fragte er nach, ob er sich geirrt hatte. „Oh!" Mit dieser Frage hatte ich überhaupt nicht gerechnet und überlegte, was ich antworten sollte. „Dein Gefühl hat dich nicht getäuscht", erwiderte ich zögerlich. „Das Ost-West-Thema ist ein schweres Kapitel für mich!" Ich sprach diesen Satz aus und schweigend liefen wir mit diesem Satz wieder nebeneinander her. In mir arbeitete es plötzlich stark. Noch nie hatte ich über meine Schwere in mir zu diesem Thema wirklich offen und ehrlich gesprochen. Mein Mann wusste einiges, aber auch nicht alles. Sollte ich hier auf diesem Jakobsweg darüber sprechen?

Stefan schaute mich an und machte mich darauf aufmerksam, dass wir noch einen langen Weg vor uns hätten und wenn ich darüber reden möchte, dann könnte ich das gerne tun. Ich atmete tief durch und mein Herz fühlte sich plötzlich schwer an. Es war, als hätte ich einen schwarzen Ring drum herum. Ich kannte dieses Gefühl und kämpfte kurz mit dem Aufsteigen von Tränen. Ich schwor mir selbst, nicht zu weinen und beschloss plötzlich, endlich etwas von meinem Schmerz zu erzählen. „Okay, es ist aber eine lange Geschichte", sagte ich zu Stefan, doch er lächelte nur, denn er dachte an die viele Kilometer, die wir noch vor uns hatten. Meine Stimme klang belegt, als ich vorsichtig anfing zu erzählen. „Ich bin ein Kind der DDR!" „Puh!" Alleine dieser Satz holte Gefühle in mir hoch, die ich nie wieder fühlen wollte! „Ich bin an der Berliner Stadtgrenze aufgewachsen. Mein Uropa hatte dort ein großes Haus gebaut und nachdem mein Opa 1945 umgekommen war, zog meine Oma mit meinem Vater und seinen Geschwistern zum Uropa. 1951 verstarb mein Uropa. Meine Oma zog mit ihren Kindern Ende der 50iger Jahre nach Berlin-West. Mein Vater war zu dieser Zeit schon volljährig und blieb in dem Haus am Stadtrand wohnen. Er wurde als Verwalter des Hauses eingesetzt. An dem Tag, bevor die Mauer errichtet wurde, war mein Vater bei seiner Familie. Seine Mutter bot ihm an, über Nacht zu bleiben, doch er entschied, am Abend nach Hause an die Stadtgrenze zu fahren. Dies war eine folgenschwere Entscheidung, denn über Nacht wurde die Abriegelung der Grenze beschlossen und eine Mauer errichtet! Am 13. August 1961 veränderte sich alles! Die Stadt war geteilt und mein Vater von seiner Familie getrennt!

Meine Oma war daraufhin unmittelbar an die Grenze einer bekannten Berliner Brücke gezogen. Von ihrem Küchenfenster aus konnte sie damals über Stacheldraht, Mauer und Gleise schauen. Mein Vater war von Beruf Kraftfahrer und hatte mich eines Tages mit dem LKW vom Kindergarten abgeholt. Er fuhr nicht nach Hause, sondern wieder in die Stadt hinein. Wir fuhren zur Brücke. Links vor der Brücke kam er zum stehen, doch wir stiegen nicht aus, sondern wir blieben im LKW sitzen. Plötzlich zeigte er mir etwas und deutete auf ein Haus in der Ferne. „Guck mal, da drüben wohnt Deine Oma!" Ich schaute und hörte seine Worte und seine Traurigkeit zerriss mir das Herz. Die Gefühle meines Vaters schienen in mir Platz zu nehmen, doch ich weinte nicht. Ich traute mich nicht. Mein Vater hatte mich danach noch einige Male mitgenommen zur Berliner Mauer. Oft stand meine Oma an ihrem Küchenfenster und winkte uns mit einem weißen Tuch zu. Es war unfassbar schlimm!" Jetzt kamen mir doch die Tränen und ich ließ sie einfach laufen. Stefan hörte betroffen zu und ich erzählte weiter. „Später wurde die Mauer erhöht und der Bereich weitläufiger abgegrenzt, so dass unsere Treffen nicht mehr möglich waren. Die Sicht war versperrt und was blieb, war die Ohnmacht und die unfassbar große Wut. Als ich mich irgendwann traute, meinem Vater die Erinnerungen mitzuteilen, bestätigte er mir diese Geschichte. Sie hatte mich massiv in meinem Leben geprägt, doch ich brauchte Jahre, um alles zu verstehen. Auch wenn es danach später ein Besuchsrecht gab, die Gefühle über die Trennung blieben und Wut und Ohnmacht saßen in mir tief." Stefan lief neben mir her und hörte zu. Ich suchte meine Taschentücher raus und konnte kaum glauben, dass ich mich hier einfach so mitteilte.

Es war erstaunlich, doch ich erzählte tatsächlich weiter. „Die Existenz der Stasi hatte ich erst später begriffen. Ich war 14 Jahre alt, als ich meinen ersten bewussten Kontakt erlebte. Mit meiner Freundin Monika durfte ich erstmalig zur Disco in den Palast der Republik fahren. Ihre Mutter hatte zwei Karten bekommen und wir freuten uns sehr. Es war natürlich eine Kinderdisco und sie war um 20 Uhr zu Ende, doch sie war besonders, denn auf der Tanzfläche gab es eine tolle Drehbühne! Meine Freundin und ich waren begeistert und wir tanzten ununterbrochen. Als wir beide von zwei Jungen aufgefordert wurden, freuten wir uns noch mehr. Meine Freundin hatte sich viel unterhalten und aufgeregt erzählte sie mir beim Gehen, das der Junge aus dem Westen von Berlin gewesen war. Kaum ausgesprochen, bekamen wir auch schon Probleme. An der Garderobe wurden wir von zwei Männern angesprochen. Sie wollten wissen, wer der andere Junge gewesen war und wer wir waren. Monika und ich hatten gerade unsere Jacken übergezogen und schauten uns an. Instinktiv ignorierten wir die beiden, als wenn sie uns gar nicht angesprochen hätten. Wir öffneten die Ausgangstür und rannten einfach los. Wir lachten uns halb schief darüber, flitzten zur U-Bahn und nahmen danach den Bus. Als wir aus dem Bus stiegen, bemerkten wir, dass ein Auto auf uns wartete. Es war ein brauner Wartburg. Er fuhr plötzlich im Schritttempo neben uns her! Wir wussten beide sofort, dass wir uns zu früh gefreut hatten. Während wir unsere Fahrräder holten, überlegten wir fieberhaft, was wir machen sollten. Scheinbar wollten die Herren unbedingt wissen, wer wir waren. Meine Freundin und ich schmiedeten während des Fahrradfahrens einen Plan.

Mir war etwas flau im Magen, doch wir beschlossen, das Fahrzeug weiterhin zu ignorieren und unseren Plan durchzuführen. Etwa 800 Meter vor dem Haus meiner Freundin bogen wir links in eine Seitenstraße ein. Im Dunkeln betraten wir das Grundstück von einem Schulkameraden meiner Schwester. Wir taten so, als ob wir da wohnten und versteckten uns und unsere Räder schnell hinter dem Haus. Wir hockten im Dunkeln hinter einem Gebüsch, als der Wartburg näher kam. In dem Haus brannte Licht und so mussten sie davon ausgehen, dass mindestens einer von uns beiden hier wohnte. Wir hockten im Dunkeln in einem völlig fremden Garten und warteten. Durch unser Versteck konnten wir auf das Gartentor blicken und hofften, dass die Herren endlich abfuhren. Doch der Wagen stand noch immer in Sichtweite und es kam uns vor wie eine Ewigkeit. Wir hatten plötzlich Angst, dass die Haustür aufging und die Eltern des Schulkameraden uns fragten, was wir auf ihrem Grundstück zu suchen hatten! Immer wieder mussten wir uns gegenseitig beruhigen. Doch dann hatten wir endlich Glück. Das Auto fuhr wieder los und bog auf die Hauptstrasse ab. Wir warteten noch zehn Minuten und wagten uns vorsichtig aus dem Versteck. Mit klopfendem Herzen konnten wir endlich mit dem Fahrrad nach Hause fahren und waren erleichtert."

„Das ist ein Teil meiner Geschichte", sagte ich zu Stefan „Es gibt jedoch noch einen zweiten Teil." „Es ist kein Wunder, dass Du aus diesem DDR-Staat irgendwann ausbrechen musstest", erwiderte Stefan ernst. Ich nickte und begann weiter zu erzählen.

„Ungefähr drei Jahre später passierte etwas, was mich Jahrzehnte lang belasten sollte. Eines Morgens, als ich mich für die Berufschule fertig machte, sah ich aus dem Küchenfenster und erschrak. Es war noch dunkel draußen, doch ich konnte direkt vor unserem Grundstück ein Auto stehen sehen. Es stand unter der Straßenlaterne. Es war ein brauner Wartburg. Wir wohnten in einer Gegend von Einfamilienhäusern und noch nie stand dort ein Auto! Doch jetzt stand vor unserem Haus im Dunkeln ohne Licht ein brauner Wartburg! Mein Herz fing sofort heftig an zu schlagen. Mein Vater war ebenfalls schon auf und ich zeigte ihm aufgeregt meine Beobachtung. Er musste gleich los zur Arbeit und in den LKW steigen. Wir waren beide irritiert und fragten uns, was der Wartburg vor unserem Haus zu bedeuten hatte. Es bedeutete auf jeden Fall nichts Gutes, das war uns beiden klar. Mit einem mulmigen Gefühl überlegte ich, dass mein Vater als Erster aus dem Haus musste. Ich hatte noch etwas Zeit. Plötzlich bekam ich Angst. Holten die mich jetzt ab? „Pass bloß auf was Du sagst, sonst holen sie Dich eines Tages noch mal ab!“ Diesen Satz hatte ich so oft gesagt bekommen! War jetzt der Zeitpunkt gekommen? Würde ich tatsächlich von der Stasi abgeholt werden? Ich hatte Angst, doch plötzlich kam mir ein weiterer Gedanke. Oder wollten sie meinen Vater mitnehmen? Er saß am Küchentisch und trank seinen Tee und ich sah angstvoll zu ihm rüber. Es half nichts. Mein Vater musste los zur Arbeit und als er unser Haus verließ, schlug mir das Herz bis zum Hals. Es war noch immer schummrig draußen und ich traute mich plötzlich nicht mehr, den Blick aus dem Fenster zu riskieren.

Doch mein pochendes Herz wollte wissen, was da vor sich ging und dann wagte ich doch einen Blick. Für einen Moment stockte mir der Atem. Mein Vater wurde angehalten, sich auszuweisen! Ich ging sofort weg vom Fenster und fing an, in der Küche hin und her zu laufen. Plötzlich hörte ich das mir so vertraute Geräusch seines LKW´s und ich war unendlich erleichtert. Es war gut gegangen! Ich hatte schweißnasse Hände bekommen und schlagartig wurde mir bewusst, dass auch ich und der Rest der Familie noch aus dem Haus mussten! Meine Gedanken überschlugen sich wieder. Nachdem ich aus dem Bad kam, wagte ich noch einmal einen Blick nach draußen und hielt kurz die Luft an. Der braune Wartburg war weg! Für einen Moment war ich erleichtert, doch ich traute dem Ganzen nicht!“ Ich schaute kurz zu Stefan und holte tief Luft und erzählte weiter. „Es war erst kurz nach 6.00 Uhr morgens als ich aus dem Haus ging und ungehindert zur Berufsschule fahren konnte. Trotz allem hatte ich den ganzen Tag über ein mulmiges Gefühl. Als ich am Spätnachmittag wieder zu Hause ankam, hörte ich, was passiert war. Ich war geschockt! Sie hatten Max abgeholt! Die Scheiß-Stasi hatte Max abgeholt! Ich konnte es nicht fassen! Ich war mit Max aufgewachsen. Eine unfassbare Wut überkam mich und in mir tobte ein Orkan! Dieser Unrechtsstaat, dieser Scheiß-Osten, schrie es in mir und alles bäumte sich in mir auf! Wie ich später erfahren hatte, warteten die Herren in dem braunen Wartburg bis 6.00 Uhr am Morgen, um dann bei Max zu klingeln, um ihn abzuholen!“

„Sie hatten ihn am Morgen aus dem Bett geholt und mitgenommen. Am Vormittag des selbigen Tages fand eine große Hausdurchsuchung statt. Es wurden Kartenmaterial und persönliche Sachen beschlagnahmt. Max hatte eine Reise nach Ungarn geplant. Ich wusste von dieser Reise. Tage zuvor hatte er mich nach meiner Jeans gefragt. Er wollte sie sich ausborgen. Meine Jeans war cool verwaschen und einfach fetzig. Sie passte ihm tatsächlich! Doch nun war alles anders gekommen! Max wurde vorgeworfen, er hätte gegen die Rechte der Deutschen Demokratischen Republik verstoßen, weil er eine Flucht über Ungarn geplant hätte. Erst nach vielen Wochen kamen weitere Informationen. Max wurde mit einer Gefängnisstrafe verurteilt und ich war fassungslos und schäumte innerlich vor Wut! Was auch immer er vorgehabt hatte, sie hatten kein Recht ihn einzusperren! Er war erst 19. Jahre alt!"

Ich schaute auf Stefan und meine Tränen schossen wieder hervor. All der alte Schmerz floss nun aus mir heraus. Ich weinte ununterbrochen und erzählte einfach weiter. „Max hatte mir Wochen vorher erzählt, dass er einen Brief an die Regierung der DDR geschrieben hatte. Er erklärte in dem Brief seine Sicht und die Widersprüche über das Unrecht in der DDR. Diesen Brief hatte er tatsächlich abgeschickt! Ich war entsetzt darüber gewesen! Max war für mich ein sehr intelligenter Mensch und ich hielt ihn immer für einen super schlauen Fuchs, doch dass er diesen Brief tatsächlich abgeschickt hatte, machte mich damals wütend! Er war damit ein großes Risiko eingegangen und ich war darüber sehr aufgebracht."

Weinend erzählte ich Stefan von all dem alten Schmerz und fühlte wieder die Ohnmacht und die Fassungslosigkeit darüber, dass ein Staat einfach einen jungen Menschen aus dem Leben gerissen hatte, nur weil er eine andere Meinung hatte! Ich kam nicht damit klar, dass sie ihn einfach abgeholt hatten! Die unglaubliche Wut stieg wieder in mir auf und unter Tränen erzählte ich weiter. „Besuchen durften ihn nur seine Eltern. Erst nach vielen Wochen kam Post. Doch Max selbst war es, der seine Eltern bat, ihn nicht mehr zu besuchen! Die Druckmittel, die von der Stasi angewandt wurden, waren scheinbar heftig. Er soll sich verweigert haben, dort zu funktionieren und ich erfuhr, dass sie ihm seine wunderschönen langen Haare abgeschnitten hatten! Es zerriss mir förmlich das Herz! Das zu hören, tat mir richtig weh, denn ich wusste, wie stolz er auf seine langen gepflegten Haare gewesen war!“ Weinend sah ich Stefan an und erzählte ihm, dass ich mich tatsächlich geehrt gefühlt hatte, als ich Max eines Tages die Spitzen an seinen Haaren schneiden durfte. Denn ich wusste damit, er hatte mir vertraut! Seine langen Haare waren ihm wirklich ein Heiligtum! Beim Erzählen brach nun alles aus mir heraus. Ich heulte und schimpfte über den Unrechtsstaat DDR und mir war völlig egal, was Stefan von mir dachte. Der Knoten in meinem Bauch brannte und mein Herz war schwer. Immer wieder musste ich mir beim Erzählen die Tränen wegwischen, doch es kamen sofort wieder Neue. Zu lange hatte ich sie verschluckt. Ich war damals 17. Jahre alt. Ich weinte Tränen, die ich mehr als 30 Jahre nicht zugelassen hatte, denn ich war immer nur wütend gewesen.

Ich hatte diesen DDR-Staat gehasst und das schon als kleines Mädchen! Doch diese Wut und viele Tränen hatte ich runtergeschluckt und nie rausgelassen. Erst viele Monate später hatte ich erfahren, dass Max von der BRD freigekauft worden war. Er wohnte in Berlin-West auf der anderen Seite der Stadt.“ Ich schaute Stefan an und plötzlich brach es aus mir heraus. „Ich habe Max nie wiedergesehen! Er gilt bis heute als vermisst!“ Jetzt konnte ich nicht mehr an mich halten und weinte alles raus. Stefan schien erschüttert, doch er bat mich, noch zu Ende zu erzählen und ich erzählte weinend weiter. „In all den Jahren träumte ich davon, dass ich Max suchte. Immer wieder holten mich diese Träume ein. Mein Mann wusste schon lange, was es hieß, wenn ich am Morgen sagte, ich war in der Nacht wieder auf der Suche. Mehr brauchte ich gar nicht sagen und er verstand sofort. In manchen Träumen sah ich Max in einem Gefängnis sitzen und dahin vegetieren! Ich wollte ihn befreien und rausholen! In anderen Träumen flog ich sogar in irgendwelche Länder und suchte ihn dort! Über die Jahre veränderte es sich kaum. Immer war ich auf der Suche nach ihm. Doch eines war für mich sehr auffällig. In all meinen Träumen tauchte immer eine Aufforderung auf, dass ich Max suchen sollte!“ Mir liefen noch immer die Tränen und plötzlich wurde mir wieder bewusst, dass ich mitten auf dem Jakobsweg lief! Wie absurd war es, einem völlig fremden Menschen von meiner Ohnmacht und meiner großen Wut zu erzählen! Es war plötzlich so irreal für mich. Über Jahrzehnte hatte ich all diese Gefühle weggedrückt und jetzt sprach ich mit einem völlig fremden Menschen darüber!

Die große Wut über den Machtmissbrauch, der in der DDR leise ausgeübt wurde, war endlich aus mir herausgeflossen. Mein Zuhörer Stefan war plötzlich sehr bedacht mit seinen Worten. Er erzählte mir, dass er noch nie die Sprüche über Menschen aus der ehemaligen DDR gemocht hatte. „Mir wird gerade bewusst, dass ich überhaupt gar keine Ahnung habe, wie das Leben für die Menschen in der DDR gewesen sein muss!" Stefan wirkte wirklich betroffen. Er blieb stehen und schaute mich an. „Hier auf diesem Jakobsweg schwöre ich, dass ich mich nie wieder anmaßend über irgendjemanden aus der ehemaligen DDR äußern werde!" Er sprach völlig ernst und war tief berührt. „Mir wird gerade so klar, dass ich gar kein Recht dazu habe, es steht mir gar nicht zu! Niemand hat das Recht dazu! Wir können es uns doch nicht einmal vorstellen, bespitzelt oder verraten zu werden! Wir haben überhaupt gar keine Ahnung!" Erstaunt blickte ich ihn an. Ich hatte mit gar nichts gerechnet. Ich war so sehr in den Gefühlen der Vergangenheit eingetaucht, doch ich konnte seine Aussage nur befürworten und fand seine Worte mitfühlend. Langsam erzählte ich weiter. „Nach der Geschichte mit Max wurde meine Wut über den Unrechtsstaat größer, doch ich hielt mich zurück. Die stille Gewalt dieser Macht hatte ich schon lange verstanden. Wenige Wochen danach lernte ich meinen Freund kennen und wurde mit 19. Jahren Mutter eines wundervollen Sohnes. Aus diesem Grunde konnte und wollte ich kein Risiko eingehen. Niemals wollte ich riskieren, dass ich von meinem Sohn getrennt werde! Wie sich eine gewaltsame Trennung zwischen Mutter und Sohn anfühlte, hatte ich als kleines Mädchen schmerzhaft erfahren müssen. Niemals sollte so etwas meinem Sohn und mir geschehen!"

„Erst im Jahre 1989, als die Botschaft in Prag besetzt wurde und Herr Genscher die wundervolle geschichtsträchtige Mitteilung auf dem Balkon verkündete, packte ich eine Reisetasche. Ich fuhr mit meinem Sohn und dem damaligen Freund offiziell für drei Tage nach Prag in den Urlaub. Wir suchten die Botschaft in Prag auf und ein neues Kapitel in meinem Leben begann." Ich hatte mein Erzählen beendet und schweigend liefen Stefan und ich weiter. Langsam trockneten meine Tränen. Ich kam wieder mehr zur Ruhe, doch ich war sehr erschöpft. Jeder von uns war jetzt wieder in seinen Gedanken und es tat gut, nicht mehr darüber zu reden. Nachdenklich machten wir noch einmal eine Pause und unterhielten uns über allgemeine Dinge.

Die Zufälle

Nach unserer Ankunft in der Herberge zog ich mich sofort zurück. Ich brauchte Ruhe und war innerlich noch sehr aufgewühlt. Ich schrieb alles in mein Tagebuch, hörte Musik und saß in der Sonne. Stefan wollte zum Abendessen gehen, doch ich lehnte ab. Ich wollte wirklich für mich sein und hatte das Gefühl, es darf sich jetzt alles setzen. Auch am nächsten Morgen hatte ich das Bedürfnis, alleine zu laufen. Ich war Stefan unendlich dankbar für das Zuhören und die Anteilnahme.

In mir war jedoch noch immer eine große Traurigkeit und ich wusste, es war der Schmerz des Verlustes. Ich trug diesen unfassbar großen Verlustschmerz in mir und das schon sehr lange. Das Alleine laufen tat mir gut. Ich war inzwischen mehr als zwei Wochen auf meinem Jakobsweg und so vieles hatte ich inzwischen erleben dürfen. Neue Erkenntnisse konnte ich gewinnen und viele Tränen waren geflossen. Noch nie zuvor hatte ich so viel geweint! Ich spürte in mich hinein und war trotz aller Anstrengung und Traurigkeit motiviert, meinen Weg weiterzugehen.

Einem Impuls folgend steckte ich die Hiker wieder in das Seitenfach des Rucksacks. Ich breitete wieder beim Laufen meine Arme aus und sprach in Gedanken meine Bitte. „Hier bin ich GOTT, denke bitte an unsere Vereinbarung! Zeige Dich mir auf meinem Jakobsweg!“ Bei diesen Gedanken drehte ich wieder meine Handflächen wechselseitig nach oben und nach unten. Es machte mir irgendwie Spaß und ich lief einfach so weiter. Es tat mir irgendwie gut. Nach einer weiteren Pause war plötzlich meine Heilpraktikerin Helga wieder in meinen Gedanken präsent. Sie war es, die mich damals auf die alte Weisheitslehre der Numerologie aufmerksam gemacht hatte. Eines Tages fragte sie mich, ob ich an Hand meines Geburtsdatums etwas zu meinem Seelenplan hören wollte. Ich glaubte nicht wirklich an einen Seelenplan, doch ich war neugierig und wollte es gerne wissen.

Als Helga mir etwas später von meinem Seelenplan nach der Numerologie vorlas, war ich fasziniert. Es passte genau zu meinem Leben. Ich war erstaunt und erfuhr, dass die Numerologie eine uralte Weisheitslehre war. Sie war in allen Ländern der Welt durch Symbole, Zahlen und Buchstaben zu finden. Es gab eine verborgene Deutung und die Weisen der Welt nutzten sie überall auf der Erde! Es gab eine Zahlenmystik und selbst Mathematiker des Altertums hatten Zahlen als Symbole der göttlichen Schicksalsfügung beschrieben. Sie hielten sie für Sinnbilder der Persönlichkeit und dienten ihnen zum Kennenlernen des Universums! Ich war begeistert und bestellte mir Bücher. Ich begann, mich mit der Energie der Zahlen zu befassen. Schon immer mochte ich Zahlen und konnte sie mir gut merken. Mit dem Merken von Namen sah es dagegen bei mir ganz anders aus.

Während ich in meinen Gedanken vertieft den Jakobsweg lief, vergingen die Kilometer diesmal fast wie von alleine. Ich war erstaunt, als ich schon vor der nächsten Herberge stand und traf dort wieder auf Stefan. Wir setzten uns zusammen und er berichtete mir, dass er gerade drei deutsche Frauen kennengelernt hatte, die ebenfalls in der Herberge waren. Ich freute mich auf ein Kennenlernen und wir beschlossen, uns nach dem Abendessen mit einem Glas Rotwein in den Garten zu setzen. Endlich relaxt sein, dachte ich mir und war in meinen Gedanken wieder bei Helga. Stefan hatte mir erzählt, dass er gerade eine Umschulung als Heilpraktiker absolvierte, und er war auf dem Weg, diesen Beruf auszuüben. Wir saßen im Garten an einem Tisch, als plötzlich die drei Frauen auf uns zu kamen. Sie setzten sich zu uns und stellten sich nacheinander vor.

Christine sprach als Erste und erzählte, dass sie eine Heilpraktikerin sei. Ich staunte, noch eine Heilpraktikerin! Stefan fing an zu lachen und erzählte von sich. Plötzlich lachten alle auf einmal los. Eine nach der anderen fing an, von sich zu erzählen und es stellte sich heraus, dass alle den Beruf des Heilpraktikers hatten! Ich konnte es nicht fassen. Sie kannten sich untereinander nicht und ich saß in einem kompletten Kreis von Heilpraktikern! Wir unterhielten uns wunderbar und verbrachten einen interessanten und sehr lustigen Abend. Um 22 Uhr war wieder Nachtruhe und ich bemerkte, dass ich zum ersten Mal gerne länger sitzen geblieben wäre. Und als ich mich später in meinem Schlafsack einmummelte, kam mir ein Gedanke. „Liebe Helga, hast DU mir die vielen Heilpraktiker geschickt? Hast Du sie mir geschickt, damit ich aus meinem Tal der Tränen endlich herauskomme und sehe, dass es doch noch andere Heilpraktiker gibt?“ Ganz sanft und ohne zu drängen kamen mir diese Gedanken in den Sinn und ich schlief damit ein. Am Morgen traf ich ausgeruht beim Frühstück auf die anderen und wurde überzeugt, mit ihnen zusammen nach Burgos zu laufen. Paula kannte eine andere Strecke an einem Fluss entlang. Ich zögerte nur kurz und schloss mich der Heilpraktikergruppe an. Auf dem Weg unterhielt ich mich wunderbar mit Christine. Ich erzählte ihr von Helga und der uralten Weisheitslehre der Numerologie. Sie hatte noch nie etwas davon gehört und war interessiert mehr zu erfahren. Während einer Pause bat sie mich, ihr etwas zu ihrem Geburtsdatum zu sagen. Sie war neugierig geworden und so saßen wir in der wärmenden Sonne am Wegesrand des Caminos und ich brachte Christine die Energien ihrer Geburtszahlen näher.

Ich hatte mir inzwischen einiges an Wissen angeeignet und konnte ihr etwas dazu sagen, denn bestimmte Lebensthemen und Aufgaben waren sichtbar. Christine saß entspannt neben mir und hörte zu. Doch dann schaute sie mich völlig überrascht an. Meine Aussagen zu den Energien ihrer Zahlen trafen voll zu, wie sie mir erstaunt mitteilte. Wir sprachen miteinander und plötzlich dankte sie mir. Sie konnte jetzt tatsächlich vieles für sich besser verstehen und ein Widerstand in ihr löste sich auf. Ich freute mich, doch ich war etwas irritiert. Ich hatte einer Heilpraktikerin weiterhelfen können? Das passte irgendwie nicht in meine Gedankenwelt. Doch ich hatte ja noch genügend Zeit, um später darüber nachzudenken, überlegte ich, als wir in Burgos einliefen. Die Stadt gefiel mir sehr. Sie wirkte mit ihren vielen Geschäften, Cafés und Restaurants sehr einladend. Und auch wenn ich nichts kaufen wollte, so bummelte ich doch gerne durch die Gassen. Ich beschloss, mir die Kathedrale in Ruhe am Morgen anzusehen und genoss mit den anderen ein schönes Abendessen. Wir waren eine nette kleine Gruppe. Jemand von meinen Heilpraktikern hatte am Abend plötzlich die Idee geäußert, noch einen Tag länger in Burgos zu verweilen. Die anderen zögerten nicht lange und waren sich einig und begeistert über diesen Vorschlag. Doch für mich kam das nicht in Frage, denn es passte nicht in meine Planung. Ich wusste ebenfalls, ich musste wieder alleine weiterlaufen. Ja, es war wirklich einfacher, mit anderen zusammen zu gehen. Mein Öffnen und das Erzählen über Max hatten die vielen Kilometer überbrückt.

Stefan hatte es mir ermöglicht und ich war ihm unglaublich dankbar dafür, doch ich wollte den Weg nicht weiter überbrücken. Ich hatte mir diesen Jakobsweg auferlegt, weil ich zu mir finden wollte und mein Leben vorher nur noch ein Scherbenhaufen war. Die Gespräche und der Austausch waren wichtig und hilfreich, doch sie lenkten auf Dauer auch ab. So sehr ich mich auch wohlfühlte unter meinen Heilpraktikern, ich musste meinen Weg jetzt wieder alleine weitergehen. Ich teilte es der wundervollen Gruppe ehrlich mit und wir beschlossen, den Vormittag am nächsten Morgen noch zusammen zu verbringen, bevor ich mich wieder auf den Camino begab. Ich genoss die imposante herrliche Kathedrale und ein gemeinsames Abschiedsessen. Mitten in der Stadt direkt am Camino saßen wir unter einem prächtigen Baum und hatten uns ein Picknickessen bereitet. Wir umarmten uns herzlich bei der Verabschiedung und zügig lief ich alleine wieder los. Es ging wieder weiter auf meinem Camino und ich bemerkte eine Traurigkeit in mir, als ich langsam der schönen Stadt Burgos den Rücken kehrte.

Die Achterbahn

Der Austausch mit meinen Heilpraktikern hatte mir wirklich gut getan. Warum ich diese Begegnung machen durfte, wurde mir beim Weiterlaufen klar, denn ich fühlte, ich bekam immer mehr Zuversicht! Wieder hatte ich losgelassen und ging den Weg in meinem Tempo, so wie es sich für mich richtig anfühlte. Ja, die Traurigkeit war da gewesen. Doch dadurch kam mir eine Idee! Ich bat Jakobus, wenn meine Entscheidung wirklich richtig gewesen war, mir dafür jetzt eine schöne Herberge zu ermöglichen! Ich wollte tatsächlich belohnt werden dafür, dass ich losgelassen hatte und meinem Herzen gefolgt bin. Ich lief in Richtung Tardajes und musste über mich selbst lachen. Ich fand die Idee super!

Gleich am Eingang des Ortes sah ich zu meiner Linken aus der Ferne ein Kind mit einem Fahrrad. Es schien ein Junge zu sein und er flitzte richtig schnell. Er bog nach rechts ab und kam direkt auf mich zu. Ganz außer Atem kam er vor mir zum Stehen. Er hatte ein puderrotes Gesicht und wedelte aufgeregt mit einem Zettel. Er sprach etwas, doch ich verstand ihn nicht. Dann drückte er mir den Zettel in die Hand und ich sah, dass es ein Flyer war. Er deutete mir an, ihm zu folgen. Dem Flyer konnte ich entnehmen, dass es eine neue Herberge gab, die noch nicht in meinem Unterkunftsverzeichnis stand. Mein Ziel war eigentlich die Gemeindeherberge im Ort, doch nun überlegte ich und schaute in das rote Gesicht des kleinen Jungen.

Er hatte sich so viel Mühe gegeben, mich vom Camino abzufangen und so erwärmte ich mich für diese neue Idee. Ich sah in der Ferne den Hof, von dem er gekommen war und beschloss, dort hinzulaufen. Ich deutete ihm lächelnd, dass er schon vorfahren konnte. Der kleine Junge strahlte über das ganze Gesicht. Seine Mühe hatte sich also gelohnt. Ganz genüsslich radelte er nun vor mir her zurück zum Hof. Als ich etwas später über den Innenhof in das Restaurant eintrat, war ich sofort hellauf begeistert. Das Restaurant war wunderschön restauriert. Genauso wie ich es liebte! Das Alte und das Neue waren vorhanden und miteinander verbunden worden! Die alte Klinkerfassade war verbunden mit rustikalen und gleichzeitig auch hoch modernen Elementen. Uralte Mauerreste eines historischen Gebäudes, welche im Fußboden bei der Modernisierung freigelegt worden waren, konnte man jetzt sehen! Sie waren mit einer dicken Panzerglasplatte im Fußboden geschützt. Ich stand direkt auf dieser dicken Glasplatte und konnte in die Tiefe des Inneren der alten Fundamente schauen! Mit einem mulmigen Gefühl sah ich einige Meter in die Tiefe auf die uralten Fundstücke! Die junge Frau hinter der Bar hatte mich beobachtet und lachte mich an. Die junge Spanierin sprach sehr gut meine Sprache und so kamen wir sofort in ein Gespräch. Das Restaurant und die Herberge waren erst vor wenigen Tagen neu eröffnet worden. Ihr kleiner Sohn flitzte jedes Mal mit seinem Fahrrad los, wenn er aus der Ferne einen Pilger auf dem Camino sah. Von ihrem Hof aus hatten sie einen guten Blick auf den Ortseingang.

Die Frau war sehr herzlich und erzählte, dass Ihr Schwager aus Deutschland kam und sie daher so gut Deutsch sprach. Alle in ihrer Familie hatten deswegen die Sprache erlernt! „Wow“, dachte ich und fand es großartig. Ich zeigte ihr meine Begeisterung über den wundervollen Ausbau Ihres Restaurants und sie strahlte. Voller Freude stieg ich hinauf in die erste Etage und bezog ein helles frisch renoviertes Zimmer. Als ich mein Bett sah, jubelte es in mir! Das Bett war ein RICHTIGES Bett! Es gab ein flauschiges Kopfkissen und eine dicke kuschelige Zudecke in raschelnder strahlender Bettwäsche! Ich freute mich riesig, denn seit mehr als zwei Wochen hatte ich nicht mehr in einem richtigen Bett geschlafen. „Danke lieber Jakobus“, dachte ich, als ich am Abend einschlief und fühlte mich tatsächlich belohnt.

Ausgeruht und frisch erwachte ich am Morgen. Voller Elan beschloss ich, an diesem Tage 21 km bis nach Hontanas zu laufen. Die Strecke war etwas weiter, doch ich fühlte mich wirklich gut und nach dem üblichen kleinen Frühstück machte ich mich auf den Weg. Für einen kurzen Moment hatte ich das Gefühl, als wenn ich schon viele Monate lang unterwegs war. So viele Eindrücke, Begegnungen und besondere Momente durfte ich erleben. Es war einfach fantastisch! Nach meinem Plan hatte ich inzwischen nur noch 493 km vor mir und ich fühlte mich richtig gut. Wir hatten inzwischen den 10. Juni 2014 und ich war seit fast drei Wochen unterwegs. Unfassbar vieles hatte sich in mir bewegt. Es war wirklich erstaunlich.

Meine Verbindungen nach Zuhause führte ich hauptsächlich über whatsapp durch, doch oft bekam ich kein Netz. Manchmal beunruhigte es mich und inzwischen entwickelte es sich, dass ich spätestens nach drei Tagen versuchte, einen WLAN-Zugang zu bekommen. Oftmals hatte ein Restaurant oder Lebensmittelladen einen Zugangscode im Geschäft auszuhängen. Ich setzte mich dann in den Bereich vor einem Laden oder ging in ein Restaurant. Einige Hospitaleros hatten schon ihre Scherze gemacht. „Früher fragten die Pilger als Erstes nach Wasser, heute fragten sie nach WLAN!“ „Ja“, dachte ich, so war es wohl auch für mich. Der Kontakt nach Zuhause war mir wichtig. Ich lief beschwingt und genoss meinen Weg, der mich durch eine wunderschöne Natur über die Klosterruine San Anton nach Castrojeriz führte. Der Ort wirkte magisch auf mich und wie aus einer anderen Zeit. Danach ging es richtig steil bergauf und ich erreichte die Hochebene, die Meseta. Sie führte direkt zur mittelalterlichen Wallfahrtskirche San Nicolas. Die Meseta war in der Höhe ein total flaches Gebiet und weitläufig zu überblicken. Der Ausblick war herrlich. Die Sonne schien und ein Aussichtsplatz lud zum Sitzen ein. Ich genoss es für einen Moment, doch dann brach ich auf. Ich wollte unbedingt in der alten Wallfahrtskirche San Nicolas übernachten und lief daher zügig weiter. Es gab nur acht Schlafplätze und ich wollte unbedingt einen davon bekommen. Über die uralte Wallfahrtskirche hatte ich einiges gelesen. Dank der Italiener aus der Stadt Perugia war sie als Pilgerherberge umgebaut worden.

Die historische alte Kirche stammte aus dem 13. Jahrhundert. Sie war eine der letzten Herbergen, in der die alten Traditionen erhalten wurden. Es wurde den Pilgern in einer besonderen Zeremonie „ein Fuß gewaschen“ und er wurde geweiht. Als ich an der Wallfahrtskirche eintraf, zählte ich sofort durch. Einige Pilger warteten schon und ich freute mich total. Ich war die Nummer Sieben! Wie passend! Sofort dachte ich an die Energie der alten Weisheitslehre. Nach der Numerologie schwinge ich in der Energie der Sieben! Sie war meine Hauptenergie! Ich freute mich darüber, wie das passte! Und als sich die große schwere Kirchentür eine Stunde später öffnete, war ich ganz gespannt. Ein italienisches Ehepaar trat heraus und stellte sich als Hospitaleros vor. Sie begrüßten alle sehr herzlich. Nun durften wir in das Innere der Kirche eintreten und nachdem sich meine Augen etwas an die Dunkelheit gewöhnt hatten, sah ich mich erst einmal um. Ich nahm die schöne hohe Kirchendecke wahr und den wunderschönen Altar. In der Mitte befand sich eine lange Tafel mit vielen Holzstühlen. Zu meiner rechten Seite standen vier Doppelstockbetten und dahinter führte eine Holztreppe nach oben. Die Atmosphäre in der Kirche berührte mich plötzlich sehr. Erstaunt nahm ich auf der linken Seite eine Art spanische Wand wahr. Hinter der Wand wurde scheinbar gekocht und ich konnte heftiges Treiben hören! Links am Altar sah ich eine wunderschöne Figur des San Jakobus, in der Mitte sah ich die Figur von Maria mit dem Jesuskind und rechts stand San Nicolas. Es war ein tolles Bild, doch die gesamte Situation war für mich plötzlich kaum greifbar. Sie kochten hier für mich und ich würde in dieser uralten Kirche übernachten!

Ich hatte zu tun, das Ganze um mich herum zu verbinden. Ich meldete mich an und bekam ein oberes Bett zugewiesen. Erfreut stellte ich fest, dass ich gut nach oben reinklettern konnte. Das Bett war sauber und es lag eine zusätzliche Decke dabei. Ich nutzte in den Herbergen keinerlei Decken, denn meine Angst vor Bettwanzen hielt mich davon ab, doch hier hatte ich keinerlei Bedenken. Ich war erstaunt. Ich ruhte mich aus und ließ alles auf mich wirken. Am Nachmittag setzte ich mich auf die große Wiese hinter der Wallfahrtskirche in die Sonne und entspannte. Später erfuhr ich einiges mehr über diese Kirche und über San Nicolas.

San Nicolas wird von den Italienern ähnlich verehrt, wie die Spanier San Jakobus verehren. San Nicolas war der Schutzpatron der Italiener und nach ihm war im 13. Jahrhundert diese Wallfahrtskirche direkt am Jakobsweg gebaut worden. Als ich am frühen Abend wieder die alte Kirche betrat, war der lange Tisch inzwischen zu einer großen festlichen Tafel eingedeckt worden. Mehrere Kerzenleuchter standen auf der langen Tafel und alle Kerzen brannten. Es wirkte festlich und roch fantastisch nach Essen. Hinter der spanischen Wand wurde noch immer fleißig hantiert. Plötzlich schossen mir die Tränen in die Augen, das alles berührte mich sehr. „Das kann doch alles nicht wahr sein", dachte ich plötzlich und hatte damit zu tun, dieses Erleben zu begreifen. Ich kletterte in mein Bett und versuchte mich wieder zu beruhigen. Aufgeregt schrieb ich alles in mein Tagebuch und berichtete ihm, was ich erlebte und nickte kurz ein. Nur wenige Minuten später wurde ich durch einen tiefen Gong geweckt.

Der Gong erklang tief und schwungvoll in der mittelalterlichen Kirche. Ich brauchte eine Minute, bis ich mich gefasst hatte und sah, dass der Altar inzwischen ebenfalls feierlich vorbereitet worden war. In einem festlichen mittelalterlich aussehenden Gewand saßen die Hospitaleros am Altar! „Puh!“ Ich musste schlucken und kletterte aus dem Bett. Ich atmete tief durch und setzte mich zu den anderen Pilgern an die festliche lange Tafel. Plötzlich spürte ich meine Aufregung. Feierlich wurden wir noch einmal offiziell auf das Herzlichste begrüßt. Die Atmosphäre in der Kirche war unglaublich für mich. Der Ablauf des Abends wurde erklärt und ich war froh, dass ich alles soweit verstehen konnte. Jeder einzelne Pilger wurde aufgerufen und durfte nach und nach am Altar Platz nehmen. Die Zeremonie begann und jetzt war ich richtig aufgeregt. Ich gehörte zu den ersten Pilgern, die namentlich benannt wurden und mit klopfendem Herzen stand ich auf und ging zum Altar. Ich folgte den Anweisungen und entfernte meinen Strumpf vom rechten Fuß. Wie bei einer Taufe erhielt mein Fuß hier seine „Waschung“. Er wurde wie bei den anderen Pilgern mit Wasser benetzt und dann getrocknet. Danach erfolgte die Segnung durch ein Gebet und der Fußrücken wurde oben auf dem Spann in zeremonieller Weise geküsst. Die nette Hospitalero sah in ihrem Gewand wunderschön aus und sprach das Gebet. Ich musste wieder schlucken und war sehr ergriffen. Tränen der Rührung schossen kurz hoch und ich war von meiner Ergriffenheit überrascht. Als ich wieder auf meinem Platz an der langen Tafel saß, konnte ich mich langsam wieder beruhigen.

Jeder Pilger hatte für sich diesen wundervollen segensreichen Moment erfahren können und in jeder Zelle meines Körpers schien ich es zu spüren. Es war erstaunlich! Nach der Zeremonie genossen wir gemeinsam das wundervolle Menü. Mir gegenüber saß ein älterer sehr gepflegter Herr aus Italien. Er sprach Englisch und ich kam mit ihm ein wenig ins Gespräch. Ich erfuhr, dass er vor sieben Jahren nach seiner Pensionierung erstmalig den Camino gegangen war. Er war früher als Senator in Rom tätig und seit seinem ersten Mal war er fasziniert vom Jakobsweg. Seit dem lief er diesen magischen Weg jedes Jahr, hörte ich von der netten Hospitalero und er kehrte immer in dieser uralten Wallfahrtskirche ein. Und dann erzählte mir die Hospitalero von sich. Ihr Mann und ihre Freunde kamen jedes Jahr für 15 Tage in ihrem Urlaub in diese Kirche. Seit vielen Jahren war es ihnen eine Ehre, die Pilger auf ihrem Weg zu unterstützen. Sie alle möchten das Jahrhundert alte Ritual fortführen und dem Pilger damit etwas Wertvolles mitgeben. Sie sorgten für Unterkunft und Sauberkeit und kochten jeden Abend ein 5-Gänge-Menü. Nun erfuhr ich, dass sie all dies taten, ohne einen Lohn dafür zu erhalten! „Jedes Jahr freuen wir uns auf diese ganz besondere Zeit“, erzählte sie mir glücklich und strahlte mich an. Ich fühlte mich plötzlich wie in einem Traum. Konnte das alles wahr sein? So viel Herzlichkeit und Verbundenheit sprühte mir hier entgegen! Der sympathische ehemalige Senator mir gegenüber wirkte so herzlich und beseelt! Er wirkte vornehm und dennoch war er ein Pilger wie ich und er strahlte!

Ich war plötzlich völlig aufgewühlt. Erst als ich gegen 21.30 Uhr wieder in meinem Schlafsack lag und zur Ruhe kam, schossen in mir die Tränen hoch. Das konnte doch alles nicht wahr sein! Mir liefen die Tränen und ich wusste nicht einmal warum!

„Das ist die Nächstenliebe!“

Der Satz hallte plötzlich in meinem Kopf! Noch nie in meinem Leben hatte ich so eine Nächstenliebe erlebt! Hier auf diesem Jakobsweg lernte ich sie kennen und war tief ergriffen. So viele Tränen, die ich bisher geweint hatte, waren Jahrzehnte nicht aus mir herausgeflossen! Tränen der Trauer, der Berührung und der Erleichterung und Freude! Ich konnte es kaum glauben, was ich alles erlebte und schlief mit all diesen Gedanken ein. Und sehr früh wurde ich in dieser herrlichen Wallfahrtskirche am Morgen wach. Wieder hatte ich durchgeschlafen. Alle waren schon am packen und einige saßen bereits bei einem kleinen Frühstück zusammen. Ich machte mich frisch und setzte mich dazu. Die herzlichen Hospitaleros verabschiedeten uns noch einmal feierlich in ihren Gewändern. In der traditionellen Kleidung traten sie vor die alte Wallfahrtskirche. Sie sprachen für jeden einzelnen Pilger ein Gebet und verabschiedeten sich herzlich. Ich wurde liebevoll umarmt und schluckte. Mit großer Dankbarkeit im Herzen lief ich zügig alleine los. Ich musste unbedingt über alles nachdenken. Es dauerte jedoch nicht lange und mich überkam mitten beim Laufen ein großes Gefühl der Einsamkeit. Die Einsamkeit erfasste mich wieder so plötzlich, dass ich völlig überrascht war.

Ich lief meinen Weg und wie von einer Welle wurde ich von ihr ergriffen. Sie überwältigte mich und mir kamen die Tränen. Ich schien durcheinander zu sein und brauchte unbedingt Ruhe. Die nächsten Kilometer nach Fromista hatte ich Zeit, mich zu beruhigen, doch es änderte sich kaum etwas in mir. Erst am folgenden Tag war ich wieder beschwingt und plante mutig 20 km ein, um bis nach Carrion de los Condes zu laufen. In einem alten Kloster der Vinzentinerinnen wollte ich übernachten. In dem Kloster sollte es keine Stockbetten geben! Ich freute mich darauf.

Zügig nahm ich den Weg und lernte auf dieser Strecke Anja aus Deutschland kennen. Wir liefen ungefähr das gleiche Tempo und kamen erstaunlich schnell in ein tieferes Gespräch. Es erschien mir merkwürdig, denn wir öffneten uns sehr schnell. Wir unterhielten uns über verschiedene Heilmethoden und über unsere Erlebnisse aus Familienaufstellungen. Auch Anja hatte wie ich, ähnliche Erfahrungen damit gemacht. Ich hatte inzwischen in all den Jahren viele Aufstellungen erlebt und war begeistert von dieser Arbeit. Anja ging es ebenso und unser Austausch wurde intensiver. Plötzlich erzählte mir Anja, dass sie ihre Tochter durch eine Magersucht verloren hatte und brach in Tränen aus! Ich war schockiert. Ich schlug ihr eine Pause vor und wir setzten uns in den Schatten an den Wegesrand. Ich hörte ihr einfach zu. Was konnte ich sonst tun? Mir fehlten so sehr die Worte! Mir fiel nichts ein, was ich hätte Tröstendes sagen können. Es gab für diesen großen Verlustschmerz einfach keine Worte! Ich wusste es! Ja, ich wusste es nur zu gut!

Anja ließ ihre Tränen ununterbrochen laufen und erzählte mir von ihrer bezaubernden Tochter. Ihre Tochter war nur 22 Jahre alt geworden! Tief betroffen über dieses Schicksal saß ich mit Anja im Schatten des Caminos. Es tat mir unfassbar Leid und ich fühlte meine eigene Hilflosigkeit. Für einen kurzen Moment wäre ich am liebsten aufgesprungen und weggerannt. Doch ich blieb neben Anja sitzen. Als wir nach einer längeren Pause weitergingen, hatte sich Anja wieder gefangen. Wir sprachen ganz allgemein und ich schien ganz bei mir zu sein. Ich wusste, ich kannte ebenfalls diesen unfassbaren Verlustschmerz. Erst einige Jahre später war ich bereit, mich damit zu befassen und mich ihm zu stellen. Jetzt auf meinem Weg im Gespräch mit Anja kam die Angst vor diesem Schmerz wieder hoch! Und plötzlich war ich es, die einfach anfing loszuweinen. Mir wurde auf einmal bewusst, dass auch ich beinahe mein Kind verloren hätte! Die Erinnerungen an den schockierenden Unfall meines Sohnes traten plötzlich wieder hervor. Wieder machten Anja und ich eine Pause und ich ließ meine Tränen zu. Wir sprachen und plötzlich kam mir eine weitere Erinnerung. Es war direkt nach dem Fall der Mauer. Ich wohnte damals nach der Flucht aus DDR in Niedersachsen. Wir hatten gerade unsere Wohnung gefunden und uns eingelebt, als ich in der Nacht ein Ferngespräch erhielt. Ich hielt den Hörer des Telefons in der Hand, doch es sprach niemand! Es war ein Ferngespräch von einem Freund und irgendetwas schien passiert zu sein! Es kam jedoch kein einziges Wort! Immer wieder fragte ich nach, denn ich war sofort beunruhigt, doch plötzlich wurde aufgelegt und das Gespräch war beendet.

Ich wusste sofort, dass etwas nicht stimmte. Am nächsten Tag erfuhr ich, dass sich mein Freund Rolf das Leben genommen hatte! Ich konnte es nicht fassen! Ich erzählte Anja von Rolf und was uns verbunden hatte. Er war ähnlich wie ein großer Bruder für mich gewesen, mit dem ich über all meine Probleme reden konnte. Er hatte mir bei meinem Kummer einfach zugehört! Sein Suizid machte mich unglaublich wütend. In Gedanken machte ich ihm jahrelang Vorwürfe, weil er damals kein einziges Wort am Telefon gesprochen hatte! Ich konnte es ihm nie verzeihen, dass er einfach aufgelegt hatte! Ich hätte ihm doch auf jeden Fall geholfen! Mir liefen wieder die Tränen und ich erzählte Anja, dass ich den Verlust von Rolf danach über viele Jahre bewusst verdrängt hatte, bis ich beruflich zufällig genau an den Ort geführt wurde, wo er früher wohnte! Nur ein paar Querstraßen weiter saß ich in einem Verkaufsbüro und arbeitete dort! Nach 11 Jahren schaffte ich es endlich an sein Grab! Ich heulte zwei Stunden lang und schimpfte noch immer mit ihm. Die Wut war noch immer da und vermischte sich mit der Trauer. Während ich Anja von Rolf erzählte, wurde mir plötzlich etwas bewusst. Als ich damals von dem Unfall meines Sohnes erfuhr, war ich völlig schockiert und später ebenfalls unglaublich wütend! Reagierte ich aus Angst vor dem großen Verlustschmerz automatisch mit Wut? Ich musste unbedingt darüber nachdenken! Ich beschloss, eine weitere Pause für mich alleine zu machen. In mir war auf einmal das dringende Bedürfnis, alleine sein zu wollen und ich teilte es Anja ehrlich mit. Anja konnte es nachvollziehen und schien es zu verstehen. Wir verabredeten uns auf später in der Herberge und sie lief alleine weiter.

Ich fühlte mich völlig durchgewirbelt. Das Gefühl erinnerte mich sofort an den Schleudergang, den ich damals empfunden hatte, als die Notärztin mich anrief und mir von dem Unfall meines Sohnes erzählte. Ich setzte mich ins Gras am Rand des Weges und schloss die Augen. Ich stellte mir vor, wie ich all meinen Kummer auf eine Wolke legte und alles einfach weiterziehen ließ. Diese Vorstellung tat mir gut. Langsam kam ich wieder zur Ruhe und konnte etwas später meinen Weg wieder fortsetzen.

Beim Laufen spürte ich inzwischen immer öfter im rechten Fuß einen Schmerz beim Auftreten. Die Muskulatur in den Oberschenkeln schmerzte ebenfalls und beide Knie taten mir weh. Es war an der Zeit, mir wieder mehr Erholung zu ermöglichen, überlegte ich. Vor dem Kloster „Espiritu Santo" stand eine lange Schlange von Pilgern. Ich hielt Ausschau nach Anja, doch ich sah sie nicht. Nach fast zwei Stunden Wartezeit war ich endlich an der Reihe. Vielleicht war Anja deswegen weitergelaufen, dachte ich so bei mir und suchte nach der Anmeldung meinen Schlafplatz auf. Ich bekam ein Bett im Raum Afrika zugewiesen und freute mich. Es gab tatsächlich Einzelbetten und die Großzügigkeit des Raumes war erstaunlich. Es gab viel Platz! Sehr gerne wäre ich am Abend zur Andacht gegangen, die angeboten wurde, doch ich hatte Schmerzen. Ich erlaubte mir wieder Schmerzmittel und schlief. Doch als ich wach wurde, stellte ich fest, dass ich mich vor Schwäche kaum noch bewegen konnte. Ich lag fest in meinem Schlafsack und an Aufstehen war nicht mehr zu denken.

Als ich am Morgen gegen 5 Uhr mit Fußschmerzen aufwachte, genehmigte ich mir noch einmal eine Schmerztablette. Nur in äußerst schmerzhaften Situationen erlaubte ich mir eine Ibuprofen zu nehmen, denn ich mochte Medikamente überhaupt nicht. Nach einem kurzen Frühstück brach ich früh auf. Das Nichtstun hatte geholfen und die Schmerzmittel wirkten. Ich kam zügig voran. Als ich in der nächsten Herberge ankam, fiel mir auf, dass ich inzwischen die Hälfte meines Jakobsweges geschafft hatte! Ich war bereits mehr als drei Wochen zu Fuß unterwegs! Ich gönnte mir wieder die Ruhe für meine Füße und meinen gesamten Körper und freute mich. Beschwingt startete ich in den nächsten Morgen. Die ersten Kilometer lief ich sehr in mich gekehrt. Das Thema Verlust arbeitete plötzlich wieder in mir und mein ganzes Leben schien wie ein Puzzle immer mehr aufgedeckt zu werden. Ich erkannte immer mehr Puzzleteile und Zusammenhänge. Vor mir liefen in der Ferne zwei Pilgerinnen und ich döste und lief ihnen hinterher. Meine Füße fingen an zu schmerzen und ich schaute mich um. Erst jetzt bemerkte ich, dass ich mich auf einer kleinen Landstraße befand. Die beiden Pilgerinnen waren noch zu sehen, doch ich sah keinen gelben Pfeil mehr! Erschrocken stellte ich fest, dass ich vom Weg abgekommen war! Ich ärgerte mich sehr, denn ich hatte inzwischen starke Schmerzen. Sollte ich zurücklaufen? Es erschien mir nicht sinnvoll. Ich sah die beiden Frauen noch immer in etwas Entfernung und beschloss, weiter hinterherzulaufen. Doch mehr und mehr ärgerte ich mich über mich selbst. Meine Fußsohlen brannten und die Muskelschmerzen in den Beinen wurden stärker.

Nach einer weiteren halben Stunde auf der Landstraße sah ich die beiden Frauen nicht mehr. Sie waren plötzlich weg! Kein Mensch war weit und breit zu sehen! Es gab nur diese Straße und viel Wald Drumherum. Meine Füße schmerzten extrem und nach meiner Schätzung war ich bereits mehr als 20 Kilometer gelaufen! Plötzlich fühlte ich mich völlig verloren. Mir war aufgefallen, dass seit Stunden kein einziges Auto vorbei gefahren war! Zutiefst erschöpft saß ich am Straßenrand und fing an zu weinen. Ich hatte wieder einen absoluten Tiefpunkt erreicht und war am Ende meiner Kräfte. Ich weinte vor Schmerzen und Erschöpfung. Es war furchtbar, doch irgendwie musste ich weiterkommen. Mit kleinen Schritten schleppte ich mich voran, bis ich hinter einer Biegung eine Landstraße nach Bercianos Real Camino sah. Endlich bekam ich wieder Orientierung und schleppte mich in den Ort. Meine Füße schienen nur noch rohes Fleisch zu sein. Mir war klar, ich war an meine absolute Grenze gekommen! Ich hatte ununterbrochen geweint. Nun wischte ich mir die Tränen ab und fragte im Ort nach der Pfarrherberge und tröstete mich selbst bei jedem Schritt. Es war unglaublich schmerzhaft. Und dann sah ich eine lange Schlange von Menschen und begriff, dass sie vor der Herberge anstanden, zu der ich wollte. „Oh Mist! Was tue ich, wenn ich keinen Platz mehr bekomme?“ Die Frage kam sofort in mir hoch und die Antwort war ebenfalls sofort da. „Notfalls schlafe ich draußen auf der Erde.“ Ich konnte nicht anders und es stand für mich fest. Der Gedanke beruhigte mich tatsächlich, denn ich war am Ende meiner Kräfte. Ich reihte mich in die Schlange der wartenden Pilger ein und setzte mich auf den Erdboden.

Es dauerte fast zwei Stunden, bis ich dran war. Ich hatte großes Glück und bekam noch ein freies Bett! Mit Tränen in den Augen begrüßte ich das Bett. Ich musste nicht klettern! Ich breitete den Schlafsack aus und kroch hinein. Ich zog ihn bis obenhin zu und war nicht mehr zu sehen. Nie wieder wollte ich aufstehen und schlief sofort ein. Erstaunt wachte ich nach drei Stunden auf. Obwohl mein Bett an der Treppe im Durchgangsraum stand, hatte ich tief und fest geschlafen. Die Erschöpfung war einfach zu groß gewesen und ich bemerkte, dass ich noch immer nicht bereit war, mich zu bewegen. Doch dann fiel mir meine Wäsche ein. Ich musste mich aufraffen und mich um die Wäsche kümmern. Mühsam schleppte ich mich langsam durch das Haus und ging vorsichtig die Treppe runter. Jeder Schritt schmerzte höllisch. Meine Füße schienen noch immer wie rohes Fleisch zu sein. Außer zwei Bananen und vier Scheiben Salami hatte ich an diesem Tag noch nichts gegessen. Das Weißbrot konnte ich nicht mehr sehen. Ich musste mich unbedingt besser versorgen, dachte ich unzufrieden, doch die Umstände ließen oft einen Einkauf nicht zu. Entweder war ich zu erschöpft einen Laden zu suchen oder es war gar keiner in dem Ort vorhanden. Und dann war da noch die Sache mit dem Geld. Gab ich zu viel aus, wusste ich nie, wann oder wo der nächste Geldautomat zu finden war. Ich war mit meiner Planung völlig aus dem Konzept geraten, dachte ich und ging langsam zum Wäscheplatz. Hier konnten meine Sachen in der Sonne trocknen. Als ich mich mühsam wieder die Treppe hochschleppen wollte, sprach mich eine junge Frau an. Es war die nette Hospitalero, die mich begrüßt hatte.

Sie war aus den Niederlanden und übernahm erst ab nächsten Morgen mit ihrer Freundin die Herberge. Die anderen beiden Hospitaleros hatten ihren letzten Abend. Jetzt fragte sie mich, ob ich Interesse hätte, in der Küche beim Abendessen zu helfen. „Oh!“ Mit ihrer Frage hatte sie mich völlig überrumpelt und ich war aus meinen Gedanken herausgerissen. Plötzlich hörte ich mich auch noch „Ja gerne“ sagen und war entsetzt. „Oh Mann, was habe ich denn nun wieder gemacht!“ Ich konnte nicht begreifen, warum ich zugesagt hatte! Und so saß ich zwei Minuten später in der Küche und schnippelte mit einer Holländerin und einem jungen Spanier Paprika! Wir lächelten uns gegenseitig an und versuchten einen kommunikativen Austausch. Es war total nett und ich überlegte. Immerhin konnte ich sitzen und meine Füße durften pausieren und sich weiter ausruhen. Das war doch gut! Ich versuchte, dass Beste aus der Situation zu machen. Schon früher war das immer mein Lebensmotto gewesen! Ich lächelte vor mich hin und bemerkte etwas später, dass mir das Gemüseschnippeln mit den anderen plötzlich Spaß machte! Wir lachten viel und es schien, als wenn meine Schwere und die Erschöpfung sich ganz langsam verwandelten. Etwas später setzte sich die nette Hospitalero zu uns und bot uns einen kleinen Becher Wein an. Sie erzählte von sich. Es war ihr allererstes Mal, dass sie selber eine Herberge übernahm und sie schien aufgeregt zu sein. Sie berichtete uns von ihren Vorbereitungen. Auch sie hatte ihren Urlaub dafür in Anspruch genommen und tat dies alles unendgeldlich. Ihr Tag als Hospitalero begann morgens um 6 Uhr.

Als Erstes wurden die Sanitäreinrichtungen geputzt und danach die Räume. Die Betten wurden täglich mit frischen Laken bezogen. 45 Betten gab es in dieser Herberge. Jeden Abend wurde mit den Pilgern gekocht und zusammen gegessen. Ich war plötzlich wieder hellwach und lauschte ihren Worten. Der Wein brachte etwas Schwung in meinen Körper, wie mir schien. Während der Küchenarbeit hatte ich überlegt, wie ich den nächsten Tag gestalten sollte. Ich brauchte mehr Ruhe, so viel stand fest. Die heftigen Erfahrungen, die ich an diesem Tage auf dem Weg gemacht hatte, bewirkten etwas in mir. Ich hatte auf einmal neue Erkenntnisse! Ich war den Menschen vor mir einfach hinterhergetrottet, ohne auf meinen Weg zu schauen! Machte ich das auch in meinem Leben? Ich musste unbedingt darüber nachdenken und plante, mir in El Burgo Ranero einen Bus nach Leon zu suchen. Es war eine Idee, um mich auszuruhen und sie gab mir wieder etwas Hoffnung.

Das Abendessen war inzwischen fast fertig und die Tischreihen waren bereits eingedeckt. Die beiden Frauen aus den Niederlanden, die am nächsten Tag die Herberge übernahmen, kannte ich bereits. Nun lernte ich Clark aus den USA und Elisabeth aus England kennen. Für beide war es der letzte Abend als Hospitalero. Clark begrüßte uns herzlich und eröffnete den Abend. Er war ein gutaussehender großer Mann und begann zu sprechen. Plötzlich kamen ihm beim Sprechen die Tränen und er hatte zu tun, die richtigen Worte zu finden. Er war unendlich berührt und erzählte uns seine Geschichte.

Clark war aus den USA und arbeitete dort als Lehrer. Auch er war ein Pilger, wie er nun berichtete. Seine erste Reise hatte sein Leben völlig verändert. Auf dieser ersten Reise hatte er die Engländerin Elisabeth kennengelernt. Beide waren fasziniert vom Jakobsweg und begeistert von den Menschen und der Verbundenheit, die auf diesem Weg entstand. Sie beschlossen, im folgenden Jahr noch einmal den Weg zu gehen und so entstand über Jahre eine Freundschaft. Beide hatten das große Bedürfnis, einmal in ihrem Leben selbst ein Hospitalero zu sein. Sie wollten den Menschen unbedingt etwas zurückgeben und somit erkundigten sie sich und planten die Übernahme einer Herberge. Sie hatten sich ihren Wunsch jetzt erfüllt und nun war ihr letzter Abend gekommen! Clark und Elisabeth standen mit ihren Tränen vor uns und ich war sehr berührt und erstaunt. Beide waren total herzoffen! Es war eine unglaubliche Liebe für die Menschen zu spüren! Clark bat, dass jeder der möchte, nach dem Abendessen nach vorne ging und aus seinem Leben erzählte. Egal in welcher Sprache, es konnte jeder ein Stück seine Heimat präsentieren und sein Land, aus dem er kam! Clark wünschte es sich sehr und ich wusste sofort, dass ich mich nicht traute, mich vor allen hinzustellen und von mir zu erzählen. Mein Englisch reichte dafür ebenfalls nicht aus und ich war für einen kurzen Moment froh darüber. Wir genossen ein wundervolles Essen und ein Glas Wein zusammen und nach dem Nachgang kam die Frage von Clark. „Warum hast du diesen Weg hier auf Dich genommen?“ „Erzähle uns etwas über Dein Leben und aus Deinem Land.“ Sofort stand ein junger Mann auf und ging nach vorne. Er fing an, von sich zu erzählen. Ich verstand die Sprache nicht, doch seine Motive erklärte er wunderbar und es wurde lustig.

Die Herzen öffneten sich und nach und nach traten immer mehr Pilger nach vorne. Es waren ausschließlich Männer! Ich war erstaunt. Ich sah gestandene Männer, die sich hinstellten und von sich erzählten und ihre Gefühle zeigten! Einige weinten und wir alle waren tief berührt über den Verlauf des Abends. Wir sangen tatsächlich zusammen Lieder. Als wir gemeinsam das Pilgerlied sangen, welches ich noch gar nicht gekannt hatte, sah ich in die leuchtenden Augen von Menschen, die vor Freude weinten! Es war unglaublich für mich. Die Herzoffenheit und die Liebe in diesem Raum war unbeschreiblich. Und ich fühlte sie! Ich bemerkte meinen schmerzenden Körper und die Erschöpfung, die noch immer in mir da war, doch ich hatte ein unglaubliches Hochgefühl. Ich war verbunden! Für einen Moment dachte ich an all die heftigen Gefühle an diesem Tag und ich kam mir vor wie auf einer Gefühlsachterbahn. Ich sah an diesem Abend so viele Männer weinen, wie noch nie zuvor in meinem Leben! Sie kamen aus den verschiedensten Ländern, doch es spielte überhaupt keine Rolle! Wir verstanden oft nicht die Sprache des anderen und doch hatten wir uns dennoch verstanden. Sie hatten einfach ihr Herz geöffnet und ihre Verletzbarkeit gezeigt! Es berührte mich zutiefst. Als ich gegen 22 Uhr in meinem Schlafsack lag, schwor ich mir, mein Leben neu auszurichten! Es war unfassbar viel in mir los und ich brauchte dringend Ruhe, um alles zu sortieren. Tief und fest hatte ich in der Nacht geschlafen. Der wundervolle Abend war noch präsent in mir, als ich am nächsten Morgen wieder startete. Ich wollte über alles nachdenken, denn so vieles war in mir bewegt worden. Seit einem Monat war ich bereits unterwegs. Ich brauchte unbedingt meine Antworten.

Ich erlebte Momente und Emotionen, die für mich völlig neu schienen. Es kamen in mir Erkenntnisse, die plötzlich auftauchten und beschwingten! Ich erlebte eine Achterbahn der Gefühle und ich brauchte endlich Antworten. Ich schob meine Hiker zusammen und steckte sie wieder an die Seite des Rucksacks. Ich wollte mehr Klarheit und nicht mehr länger warten. Ich hatte so viele Fragen und noch immer keine Antworten. Warum war mir das alles in meiner Kindheit passiert? Und wenn es wirklich einen GOTT gab, warum hatte er mir nicht geholfen? Wieder breitete ich meine Arme beim Laufen aus und sprach laut meine Fragen aus. Mir kamen wieder die Tränen. „GOTT, hier bin ich! Ich möchte bitte, dass Du Dich jetzt endlich zeigst! Ich möchte hier und heute wissen, ob es Dich wirklich gibt! Nicht morgen oder irgendwann will ich es wissen, sondern JETZT! Ich brauche endlich Antworten, ich bin schon seit vier Wochen unterwegs!“ Ich sprach laut unter Tränen und steigerte mich immer mehr rein. Ich war seit einem Monat unterwegs und hatte noch immer keine Antworten erhalten und wünschte sie mir so sehr! Mit ausgebreiteten Armen lief ich weiter meinen Camino entlang. Ich hatte einfach das Gefühl, nicht mehr warten zu können. Ich lief meinen Weg und sah aus der Ferne kurz darauf eine Frau, die am Rand des Weges stand. Als ich näher kam, sah ich ihren kleinen Stand. Es schien eine Nonne zu sein. Sie trug ein langes schwarzes Kleid. Schnell wischte ich meine Tränen ab und ging auf ihren Stand zu.

Unter einem Sonnenschirm hatte sie einen Tisch aufgestellt und bot Wasser und Brötchen an. Ein Schild mit dem Wort „Donativo“ stand daneben. Eigentlich hatte ich Wasser und Brot im Rucksack und schleppte alles mit mir rum, doch aus irgendeinem Grund zog mich dieser Stand an. Ich sah, wie liebevoll sie alles dekoriert hatte und nahm ein Brötchen und eine kleine Flasche Wasser. Ich bedankte mich bei ihr und suchte meine letzten Cent zusammen. Es deprimierte mich, dass ich ihr nicht mehr Geld geben konnte. Meine schlechte Budgetplanung musste ich dringend ändern. Ich packte die Sachen in den Rucksack und drängte sofort weiter. Ich wollte unbedingt mein Gespräch mit GOTT weiterführen, doch die lächelnde Frau sprach mich plötzlich an. Sie bat mich, ein kleines Präsent anzunehmen und wies auf die Mitte ihres Tisches. Erst jetzt sah ich, dass in der Mitte des Tisches eine schöne Schale stand. In der Schale lagen einige bunte kleine Stoffbeutelchen. Sie zeigte auf die Stoffbeutel und deutete mir, einen anzunehmen. Ich zögerte kurz und war verdutzt. Doch dann nahm ich lächelnd ein kleines blaues Beutelchen und bedankte mich. Ich steckte es in die obere Tasche meines Rucksacks und lief wieder los. Nach einigen Schritten rief sie mir etwas hinterher. Ich verstand nicht, was sie sagte und ging noch einmal zurück. Sie strahlte mich wieder an und fragte mich plötzlich nach meinem Namen. Ich war erstaunt und nannte ihn ihr. Lächelnd sah sie mich an und sagte: „Ich wusste, dass Du das blaue Säckchen nimmst!“ Völlig erstaunt über ihre Aussage, dankte ich ihr nochmals und sie umarmte mich.

Berührt, aber froh darüber, endlich weiterlaufen zu können, machte ich mich wieder auf den Weg. Es gab diesen dringenden Wunsch in mir und ich wollte unbedingt, dass er sich mir jetzt endlich erfüllte. Es dauerte keine drei Minuten und ich steigerte mich wieder in meinen Wunsch hinein. Nicht mehr morgen oder irgendwann wollte ich ein Zeichen von GOTT bekommen, sondern jetzt. Ich hatte meinen Wunsch so ausdrücklich nach oben geschickt, doch dann war ich enttäuscht. Völlig erschöpft kam ich am Nachmittag in der Herberge an.

Erst am Abend, als ich nach dem Duschen auf meinem Bett saß, fiel mir wieder diese sonderbare Frau ein. Ich war mir nicht einmal sicher, ob sie eine Nonne gewesen war, denn sie hatte tatsächlich eine „Dior“ Sonnenbrille getragen. Plötzlich fiel mir ihr kleines Geschenk wieder ein. Ich schaute in meinen Rucksack und holte das kleine blaue Beutelchen hervor. Ich öffnete den Beutel und für einen kurzen Moment stockte mir der Atem. In dem Beutelchen befand sich ein *rotes Herz mit zwei ausgebreiteten Armen.* Es lag ein Zettel dabei, den ich nun auseinander faltete.

„Dies ist eine Nachricht von GOTT.
Ich sehe Dich!
Weine nicht, ich kenne und höre Deinen
Schmerz...“

Als ich den Inhalt erfasste, konnte ich nicht mehr weiterlesen. Ich krachte zusammen wie ein Kartenhaus. Ich kroch in meinen Schlafsack und die Tränen brachen aus mir heraus.

Die Erkenntnisse

Am nächsten Morgen war ich noch immer durcheinander. Ich hatte tief und fest geschlafen, aber ich war sehr erschöpft. Meine Füße schmerzten und all das, was ich erlebt hatte, musste ich erst verarbeiten. Es war einfach unglaublich für mich. Ich beschloss, auf dem Weg weiter darüber nachzudenken und lief nur wenige Kilometer. Ohne Probleme erlaubte ich mir tatsächlich ohne Weiteres, den Bus nach Leon zu nehmen! Meine schmerzenden Füße brauchten dringend die Ruhe. „Wie einfach das jetzt geht“, dachte ich, als ich die Busstation sofort fand. Die richtige Buslinie stand direkt mit offener Tür zur Abfahrt bereit und ich staunte!

„Es darf leicht sein!“

„Wie wundervoll!“ dachte ich überrascht. Ja, es darf leicht sein! Und kurz darauf saß ich in einem gemütlichen Café in der pulsierenden Stadt Leon.

Die Stadt gefiel mir. Ähnlich wie Burgos hatte auch Leon eine wundervolle Kathedrale und ich wollte sie mir später anschauen. Ich genoss in der Sonne sitzend meine Ruhe. Plötzlich überkam mich eine große Dankbarkeit. „Danke Jakobus!“ „Danke Spanien!“ „Danke GOTT!“ Bis zu den Haarwurzeln bekam ich eine Gänsehaut und es schien sich etwas in mir zu verwandeln. Ein wohliges Gefühl der Verbundenheit und Wärme machte sich in mir breit. Ich spürte wie noch nie zuvor eine Leichtigkeit. Und sofort schossen wieder die Tränen in meine Augen, doch es waren diesmal Tränen der puren Freude! Ich hatte plötzlich nicht mehr das Bedürfnis mir die Kathedrale anzuschauen und blieb einfach in dem Café in der Sonne sitzen. Ich genoss mein Dasein. Mitten in dem Trubel dieser quirligen Stadt Leon tat ich nichts. Ich tat einfach nichts. Es fühlte sich unglaublich gut an und erst zwei Stunden später brach ich auf. Ich suchte wieder eine ruhige Ecke mit WLAN, um mich in Ruhe zu Hause melden zu können. Mein Mann musste mir unbedingt noch Geld überweisen, denn ich kam mit meiner Budgetplanung nicht hin. Dabei verzichtete ich schon auf Hirschtalkcreme, aber ich achtete inzwischen besser auf meine Ernährung und aß mehr Salat und Obst. Am Abend fiel ich glückselig in meinen Schlafsack und freute mich auf den nächsten Tag. Irgendetwas hatte sich wirklich in mir verändert, doch ich wusste noch nicht genau was es war. „Ich werde es ganz sicher herausfinden“, dachte ich, als ich einschlief.

Schon sehr früh brach ich am nächsten Morgen auf. Die bergige Landschaft am Morgen beschwingte mich. Kurz nach 7 Uhr traf ich mitten in den Bergen auf einen Stand.

Erstaunt blieb ich stehen und schaute mich um. Niemand war zu sehen! Weit und breit gab es keine Häuser oder Menschen. Ich befand mich mitten in der Natur und sah zu meiner Rechten eine gemütliche Ecke mit Decke und Kissen hergerichtet. Eine Gitarre lag dort! Zwei weitere Pilger, die kurz nach mir ankamen, waren ebenfalls verwundert. An dem Stand gab es frisches Obst! Ich sah Kaffee und frisch geschnittenen Käse! Ja sogar gekochte Eier, die gekühlt in einer Box waren, konnte ich sehen. Alles war sauber und ordentlich präsentiert. Verwundert sah ich neben dem Essen das Schild „Donativo" stehen. Ich war baff und wählte meine Sachen und packte das Geld dafür in eine Dose. Gerade als ich weiter wollte, sah ich einen jungen Mann, der völlig außer Atem angerannt kam. Wie sich herausstellte, gehörte ihm dieser Stand. Ich freute mich, ihn kennenzulernen. Er hatte eine schöne kleine Oase erschaffen, von der ganz viel Herzenswärme ausging. Und ich war sehr erstaunt über diesen jungen Mann. Hoch erfreut zeigte er mir stolz seinen eigenen Pilgerstempel! Ich lachte und holte meinen Pilgerausweis hervor. Es war eine Oase in den Bergen, mit der man nicht rechnete, dachte ich und sah plötzlich, wie er frisches dunkles Brot auspackte. Dunkles Brot! „Das ist selbst gebacken", erzählte er mir nun strahlend. Ich konnte es kaum glauben. Er war das Brot extra noch mal holen gegangen, denn es war am Morgen, als er los musste, noch nicht fertig gebacken! Er wollte jedoch seinen Stand pünktlich um 7 Uhr eröffnen, wenn die ersten Pilger kamen.

Wieder staunte ich! Das Brot war tatsächlich noch ganz warm und duftete herrlich. Ich strahlte und freute mich riesig über das dunkle frische Brot! Wie toll war das denn! Neben mir trat ein weiterer Pilger hinzu. Es war ein Mann aus England. Er verfolgte unser Gespräch und zog aus seinem Rucksack plötzlich ein Foto. Er zeigte uns das Foto. Auf dem Bild sah man ihn selbst mit diesem jungen Mann an genau diesem Stand. Dann erzählte er, dass er vor genau einem Jahr zum ersten Mal diesen Jakobsweg gegangen war und unbedingt noch mal wiederkommen wollte. Der junge Mann schaute sich das Foto an und dann strahlte er in dem ganzen Gesicht. Er erinnerte sich! Die beiden umarmten sich und es begann ein herzliches Gespräch. Ich packte mein dunkles Brot ein und freute mich mit Ihnen. Dankend ging ich lächelnd weiter. Wie schön war das alles! Unfassbar schön! Ich lief über Astorga und bewunderte was ich sah. Ich pausierte, genoss einen Salat und bedauerte, so wenig von den Orten besichtigen zu können. Viele Kirchen und geschichtsträchtige Gebäude hätte ich mir gerne intensiv angeschaut. Doch es war mir auf dieser Reise einfach nicht möglich. Irgendwann könnte ich vielleicht einen Teil der Strecke mit meinem Mann noch einmal bereisen, überlegte ich. Wir könnten sie mit dem Auto abfahren. Der Gedanke gefiel mir und plötzlich dachte ich an die Perlenkettenfrau und musste über mich selbst laut lachen. Es war so herrlich! Ich lachte und amüsierte mich köstlich über mich selbst. Ich genoss den Weg und alles, was ich sah und teilte mir meine Kraft weiter achtsam ein.

Ich hatte inzwischen die Erfahrung gemacht, dass es Momente gab, in denen meine Füße kaum noch laufen wollten. Die spanischen Bürgersteige waren immens hoch und ich hatte tatsächlich Mühe, meine Füße hochzuheben! Meine Kraft verschwand einfach und war weg! Nach 16 Kilometern machte sich neben der Schwäche auch das Brennen der Fußsohlen bemerkbar. Zusätzlich bekam ich Schmerzen im rechten Schienbein und war froh, dass ich die kleine Herberge endlich erreichte. Sie bestand nur aus einem Raum ohne Doppelstockbetten und ich freute mich über das freistehende Bett. Auf dem alten Dorfplatz vor der kleinen Herberge gab es unter einem alten Baum eine Wasserpumpe. Dort konnten wir unsere Wäsche waschen und für einen Moment stellte ich mir vor, wie früher unter dem alten prächtigen Baum an der Dorfpumpe die Wäsche gewaschen wurde. Der spanische Hospitalero war ein Angestellter der Stadt und führte äußerst rührend und behilflich die kleine Herberge. Der Boden wurde blitze blank gewischt und überhaupt, schien der Hospitalero sehr achtsam zu sein. Er hängte die Wäsche von den Pilgern um, als die Sonne wanderte und der Schatten sie nicht mehr trocknete! Am Abend, als ich auf dem Bett saß, kam er auf mich zu und überreichte mir wortlos eine Karte. Er konnte kein Englisch sprechen, das hatte er mir bereits zu verstehen gegeben. Jetzt war ich erstaunt und schaute auf die Karte. Es war eine Engelkarte! Ich sah auf dieser Karte einen Engel abgebildet, der mit dem Teufel kämpfte! Der Engel hatte gesiegt! Ich musste plötzlich schlucken. Unter der Abbildung stand:

„San Miguel - der Beschützer der Familien!“

Mir kamen auf einmal die Tränen. Das Kämpfen passte zu mir und plötzlich fiel mir etwas ein. Nach Aussagen der alten Weisheitslehre der Numerologie hatte ich eine Art „Familienauftrag“. Ich verstand es noch nicht so richtig, doch die Karte passte zu mir! Ich hatte mein Leben lang gekämpft! Schon in der Schule setzte ich mich für Klassenkameraden ein und wollte Unrecht ausgleichen. Als alleinerziehende Mutter in der DDR eine Wohnung zu bekommen, war mehr als aufreibend. Ich kämpfte und schrieb Eingaben und Beschwerden, weil mir eine Wohnung verwehrt wurde, denn in der DDR gab es kaum Wohnungen. Ich erkämpfte für meinen Sohn und mich die erste Wohnung! Und dann fiel mir ein, wie ich um eine neue Ausbildung gekämpft hatte, nachdem ich aus der DDR geflohen war! Umschulungsmaßnahmen waren nicht genehmigt worden, also schrieb ich wieder Briefe an Vorstände, bis es klappte! Plötzlich fiel mir noch mehr ein. Ich kämpfte um einen Hortplatz für die Betreuung meines Sohnes nach der Schule. Ich schrieb an den Bürgermeister von Berlin-West, als ich dorthin zog, bis ich Erfolg hatte! Am Anfang eines jeden Jahres kämpfte ich beim Bezirksamt um einen Ferienlagerplatz für meinen Sohn. Ja, ich musste kämpfen, weil ich nicht wusste, wie ich sonst die lange Zeit der Sommerferien überbrücken sollte, denn ich hatte nicht so viel Urlaub! Das Kämpfen war immer ein Thema bei mir! Und dann meine Gesundheit! Ich hatte um mein Auge gekämpft, als es von den Ärzten hieß, dass ich es verlieren werde! Vier Wochen lang lag ich in der Charité in Berlin und kämpfte um mein Augenlicht und um mein Auge selbst! Täglich visualisierte ich, dass ich mein Auge heilte. Ich hatte kurz zuvor ein Buch über Selbstheilungskräfte gelesen.

Eine Frau hatte dadurch ihren Krebs besiegt! Ich wandte das an, worüber ich gelesen hatte und visualisierte die Heilung für mein Auge. Und entgegen der ärztlichen Aussagen, entwickelte es sich tatsächlich zum Guten. Ich konnte mein Auge behalten! Das Augenlicht war mir auf der linken Seite genommen, doch all der Kampf hatte sich gelohnt, weil der Augkörper nicht entfernt werden musste! Was war das für ein Kampf gewesen! Ich war damals in einer großen Verzweiflung. Mein Sohn war 16. Jahre alt und es war auch für ihn ein großer Schock. Ein Jahr später bekam ich ein Transplantat und konnte wieder sehen! Ich weinte damals vor Freude und dankte von ganzem Herzen dem Organspender! Mein Kämpfen hatte mir immer geholfen!

„Puh!“ Ich bemerkte, dass die Engelkarte bei mir voll ins Schwarze getroffen hatte. Sie rüttelte mich richtig auf. War ich deshalb so unendlich müde und kaputt? Hatte ich so wenig Kraft, weil ich immer nur gekämpft hatte? All diese Fragen arbeiteten plötzlich in mir. Übermorgen war ich am Cruz de Ferro! An dem heiligen Platz, an dem man sein Leid ablegen konnte. Sollte ich dort symbolisch neben meiner Wut auch all mein Kämpfen ablegen? Seit meinem Start von zu Hause trug ich meinen „Wut-Stein“ durch Spanien. Ich hatte ihn aus unserem Garten mitgenommen. Es war einfach irgendein Stein, doch ich hatte vor, ihn symbolisch mit all meiner Wut am Cruz de Ferro abzulegen. Hatte meine Wut mit meinem ewigen Kampf zu tun? War der brennende Knoten in mir, wegen der Wut über all das Unrecht und meinen Kampf?

Die Fragen in mir überschlugen sich förmlich. Vor Antritt dieser Reise hatte ich losgelassen und auf dem Weg durfte ich es weiter tun! Erstmalig hatte ich die Wut meines Sohnes und meines Mannes bei Ihnen lassen können. Ich hatte mich zum ersten Mal nicht dafür verantwortlich gefühlt! Plötzlich wurde mir das völlig klar. Ich hatte mich immer für die Gefühle der anderen verantwortlich gefühlt!

Völlig erstaunt darüber, was diese Engelkarte alles in mir hervorgeholt hatte, bekam ich mehr Klarheit und etwas Entscheidendes hatte sich ebenfalls in mir verändert. Ich bemerkte, dass ich GOTT nicht mehr in Frage stellte! Das Geschenk des kleinen blauen Beutelchens hatte mich unfassbar tief erreicht. Das rote Herz mit den ausgebreiteten Armen berührte mich auf eine Art und Weise, die nicht zu beschreiben war! Genau so war ich auf meinem Jakobsweg gelaufen! Ich hatte die Arme ausgebreitet und dabei GOTT gebeten, mich endlich wahrzunehmen! Es war nicht begreifbar für mich, doch die Zeilen, die ich auf dem beiliegenden Zettel gefunden hatte, schienen wie für mich persönlich geschrieben! Mein Verstand konnte es kaum begreifen, doch in mir veränderte sich etwas erheblich. Der Schmerz, den ich die ganze Zeit rausgeweint hatte, wurde von GOTT erhört! Dies konnte ich vor mir selbst nicht mehr verleugnen! Die Veränderung in mir, nahm ich ganz langsam wahr. Es war eine tiefe Ruhe in mir entstanden. Viele Fragen waren immer noch offen, doch mein Körper zeigte mir trotz der Schmerzen eine Leichtigkeit auf! Das Gefühl in meinem Herzen war tatsächlich LIEBE! Ich fühlte die LIEBE wie noch nie zuvor!

Achtsam beschloss ich, ab jetzt alles anzunehmen, was sich mir weiterhin auf dem Jakobsweg zeigen würde. Mir kam der Gedanke, dass die vielen Zufälle, die ich erlebt hatte, vielleicht gar keine Zufälle waren? So wie auch diese Engelkarte, die ich erhalten hatte? Vielleicht waren das alles gar keine Zufälle!

Als ich mich am nächsten Tag wieder auf den Weg machte, war ich entspannt. Ich genoss die wunderschöne Umgebung und hatte Zeit, mir über all diese Fragen Gedanken zu machen. Doch der Weg wurde später wieder beschwerlicher für mich und meine Füße schmerzten stark, als ich in Rabanal de Camino ankam. Ich humpelte durch den Ort in Richtung Kirche und suchte eine Apotheke. Mein linker Fuß tat entsetzlich weh und ich war den Tränen nahe. Rechts fing das Schienbein ebenfalls wieder an, heftig weh zu tun. Ich hatte tatsächlich nun ernsthaft die Sorge, dass ich den Weg bis nach Santiago de Compostella vielleicht doch nicht mehr schaffen konnte. Beidseitig hatte ich nun starke Schmerzen und keine Schmerztabletten mehr. Ich hatte nur sehr wenige von Zuhause mitgenommen und im Dorf gab es keine Apotheke, wie ich nun feststellen mußte. Erschöpft setzte ich mich auf meinen Rucksack vor der Herberge Refugio Gaucelino und wartete traurig. Nach dem Einlass und der Anmeldung bezog ich ein schönes gepflegtes sechs Personen Zimmer und ruhte mich aus. Die netten Engländer, die diese Herberge führten, begrüßten alle Pilger später mit selbstgebackenem Kuchen im Garten. Es gab eine kurze Vorstellungsrunde und sie bemühten sich sichtlich, doch ich zog mich sofort zurück. Ich saß auf dem Bett und kühlte mein Schienbein mit einem kalten Seiflappen und fing an zu beten.

Ich sprach zu GOTT und dem Apostel Jakobus. Ich brauchte dringend Hilfe! Ich, die Schmerzmittel immer abgelehnt hatte, brauchte dringend Schmerzmittel! Ich hatte das Gefühl, den Camino ohne diese nicht mehr zu schaffen. Ich betete und kühlte dabei mein Schienbein. Ich war noch immer alleine auf meinem Zimmer, doch kurz darauf kam ein weiterer Pilger herein. Er bezog ein Bett von mir schräg gegenüber und begrüßte mich freundlich. Sein Name war Piet. Piet sah in mein Gesicht und schaute auf mein Schienbein, welches ich mit dem Seiflappen kühlte. Er sprach mich sofort darauf an. „Oh Mann, Du brauchst Ibuprofen", hörte ich ihn sagen und er lächelte. Ich lächelte traurig zurück und erzählte ihm, dass ich keine mehr hatte. Er drehte sich um und öffnete seinen Rucksack. Plötzlich hatte er eine große weiße Plastiktüte in der Hand und griff hinein. Er lachte und reichte mir strahlend eine Packung Ibuprofen! Vor lauter Schreck fiel mir der Seiflappen runter und mir kamen die Tränen. Er bat mich, eine Doppelpackung für meinen weiteren Weg einzustecken und ich war sprachlos. Ich konnte es kaum glauben! Mir rannen die Tränen über mein Gesicht und ich dankte ihm von ganzem Herzen. Piet war überaus freundlich und er lachte beherzt. Er erzählte ein wenig von sich und es freute mich. Er kam aus Neuseeland. Sein Bruder war Pharmazieverkäufer und hatte ihn bestens für diesen Jakobsweg ausgestattet! Piet zeigte auf die volle weiße Einkaufstüte und lachte. Ich konnte kaum glauben, wie mir geschah! Ich war ihm unendlich dankbar für diese Schmerzmittel. Eine große Erleichterung machte sich in mir breit. Als er später aus dem Zimmer ging, ließ ich meinen Gefühlen ihren Lauf.

Ich weinte voller Demut und faltete meine Hände. „Danke GOTT! Ich werde nie wieder zweifeln!“

Am nächsten Morgen kam ich trotz der Tabletten schwer in die Gänge. Mehrfach hatte ich in der Nacht Schmerzmittel nehmen müssen und konnte vor Schmerzen nicht schlafen. Nur sehr langsam startete ich entsprechend in den Tag. Es gab keinen Bus, der den Camino entlang fuhr und ich musste über Cruz de Ferro in 1517 m Höhe bis nach El Acebo oder Molinaseca kommen. Von dort, so hoffte ich, fuhr vielleicht ein Bus. Der Weg bis zum Cruz de Ferro lief sich trotz der Probleme recht angenehm. Die Tabletten halfen mir sehr und die Schmerzen ließen für einige Zeit nach. Ich wollte an diesem besonderen Kreuz Cruz de Ferro pausieren und freute mich, als ich bei meiner Ankunft tatsächlich eine Bank sah. Ich setzte mich hin und ruhte mich aus. Ich nahm mir die Zeit und ließ das Cruz de Ferro auf mich wirken.

Das Kreuz – Cruz de Ferro – bestand aus einem großen Steinhaufen. Auf diesem Steinberg war ein großes Holzkreuz errichtet. Viele Pilger kamen nach mir an und schienen sehr berührt und weinten. Sie legten Steine oder persönliche Dinge ab. Einige hatten Briefe beigefügt. Auch Fotos von ihren Lieben, die vermisst wurden, lagen hier am Cruz de Ferro. Ich war sehr berührt, doch mir kamen keine Tränen und es erstaunte mich. Ich öffnete etwas später ganz bedacht meinen Rucksack und holte meinen „Wut-Stein“ heraus. Mit einem Edding hatte ich meinen Vor- und Nachname raufgeschrieben und schaute ihn mir nun noch einmal intensiv an. Etwas später stand ich langsam auf und beschloss, diesen Stein für all meine Wut und für all mein Kämpfen abzulegen.

Als ich an den Steinberg herantrat, sah ich auf die vielen anderen Steine. Die meisten waren ebenfalls beschriftet. Es waren viele Briefe an ihnen angehangen und plötzlich nahm ich all das Leid wahr. Es floss mir regelrecht entgegen! So viele Schicksale lagen direkt ausgebreitet vor meinen Füßen! Es war ein Berg! Plötzlich kamen mir doch die Tränen und ich ließ sie da sein. Ich stand einige Minuten an dem Steinberg und traute mich nicht, den Berg zu betreten. Ich warf meinen „Wut-Kampf-Stein" ein Stück nach oben auf diesen Berg und lief sofort los. Ich beschloss, mich nicht noch einmal umzudrehen und hielt mich daran.

Der Abstieg vom Cruz de Ferro wurde sehr beschwerlich. Nur mühsam kam ich wieder mit großen Schmerzen im Fuß und im Schienbein in der Herberge in El Acebo an, doch ich blieb tatsächlich zuversichtlich. Es war nur ein Satz, den ich mir immer wieder sagte, doch er half mir. „Ich schaffe meinen Weg, denn ich habe Unterstützung!" So ging ich auch am nächsten Tag weiter mit diesem Satz und fuhr von Ponferrada mit dem Bus nach Villa Franca Bierzo. Es war anders nicht mehr möglich, denn die Schmerzen machten mir sehr zu schaffen. Mir war absolut klar geworden, dass ich ohne Schmerzmittel den Abstieg vom Cruz de Ferro nicht mehr geschafft hätte! Ich bat GOTT und Jakobus um weitere Unterstützung, denn ich brauchte unbedingt Erholung. Ich träumte inzwischen tatsächlich von einer Badewanne. Seit vielen Wochen hatte ich nur Duschen können. In keiner einzigen Herberge hatte es eine Badewanne gegeben. Es war mir klar, dass es völlig ausgeschlossen war, in einer städtischen oder privaten Herberge eine Badewanne zu finden.

Ein Hotelzimmer hätte diese sicher, doch konnte ich mir das finanziell einfach nicht leisten. Es war einfach nicht möglich. In meinen Gedanken wünschte ich mir dennoch ein Bad in einer richtigen Badewanne. „Lieber GOTT, lieber Jakobus, bitte ermöglicht mir ein Bad in einer richtigen Badewanne!“ Diesen Wunsch schickte ich einfach nach oben und malte mir aus, wie ich mich in einer Badewanne erholte. Ich genoss mit diesen Gedanken die Busfahrt nach Villafranca del Bierzo und freute mich. Der Ort wurde auch das „kleine Santiago de Compostella“ genannt. Viele Pilger hatten hier früher ihren großen Ablass erhalten, wenn sie aus gesundheitlichen Gründen Santiago nicht mehr erreichen konnten. Der Ort gefiel mir sehr. Nach der Ankunft suchte ich die Gemeindeherberge und war nicht sicher, ob ich sie gefunden hatte. Ich stand vor einer großen hohen Mauer. Es war ein uraltes Gemäuer und sah aus wie ein Klostergelände. Die dicken schweren Mauern wirkten sehr erdrückend, doch es war mir egal, wenn ich nur etwas Erholung dahinter finden könnte. Ich war noch viel zu früh dran und wartete mit zwei jungen Leuten vor der Eingangstür. Sie stand bereits offen und ich konnte sehen, wie zwei junge Männer gerade den Steinboden wischten. Als der Boden getrocknet war, winkte mir einer der beiden zu. Ich war verunsichert, denn es war noch keine offizielle Öffnungszeit, doch ich durfte tatsächlich als Erste eintreten. Ich bekam einen Stempel in meinem Pilgerausweis und der junge Mann deutete mir an, ihm zu folgen. Wir gingen in die 2. Etage und er zeigte mir, wo mein Zimmer war. Erstaunt öffnete ich die Tür. Das Zimmer hatte nur drei Betten! Es wirkte wie ein Hotelzimmer!

Für einen kurzen Moment dachte ich, ich bin völlig falsch und bekomme später noch eine gesonderte Rechnung. Ich schaute mich um und öffnete die Tür zum Bad. Plötzlich blieb mir vor Staunen der Mund offen stehen! Ich stand in einem Badezimmer mit einer richtigen Badewanne! Es war nicht zu fassen! Jubelnd lachte ich laut auf und klatschte vor Freude in die Hände! Es war so unfassbar für mich! Ich hatte tatsächlich eine Badewanne bekommen! Das Badezimmer war jetzt MEINS und ausgiebig genoss ich jede Minute und entspannte mich. Die Entspannung tat mir unglaublich gut. Später ruhte ich aus und fiel in einen tiefen Schlaf. Mehr als drei Stunden hatte ich fest geschlafen und als ich erwachte, musste ich lächeln. Ich dankte GOTT und Jakobus aus der Tiefe meines Herzens! Ich freute mich so sehr und faltete wieder meine Hände und sprach zu ihnen. Ich konnte es kaum glauben, doch ich war überglücklich.

Santiago de Compostella

Voller Dankbarkeit über das Geschenk der Badewanne trat ich am nächsten Morgen hinaus ins Freie. Ich musste mir meine Jacke fest zuschnüren, denn es regnete und es war kalt. Mein Rechenponcho bekam wieder zu tun. Die Anzeige an einer Apotheke zeigte nur 12 Grad an. Erst gegen Mittag kam endlich die Sonne hervor und es wurde angenehmer. Ich lief langsam in meinem Tempo und teilte mir meine Kraft gut ein.

An den nächsten beiden Tagen gönnte ich mir ausschließlich Ruhe und achtete sehr gut auf mich. Doch meine Schienbeinschmerzen waren noch immer da! Erschöpft kam ich mit Schmerzen in La Faba an. Die Herberge befand sich in einem ehemaligen Pfarrhaus und lag sehr idyllisch. Vor dem Pfarrhaus sah ich einen kleinen Brunnen und beschloss, mein Schienbein zu kühlen. Der Brunnen war perfekt dafür und ich setze mich an den Rand. Im Schatten, mein Schienbein kühlend, dachte ich darüber nach, warum die Schmerzen in meinem Bauch wieder da waren. Im Bereich der Bauchspeicheldrüse schmerzte es und ich hatte Durchfall. Ich spürte den brennenden Klumpen im Bauch. In diesen Gedanken vertieft saß ich mit dem kühlenden Bein am Brunnen, als mich plötzlich ein junger Mann ansprach. Er deutete mit seiner Hand auf mein Bein und fing an zu erzählen. Er kam aus Irland. Auch er hatte vor einigen Wochen sehr starke Schmerzen im Schienbein gehabt. Er berichtete mir, dass er damit einfach weitergelaufen war. Auf Grund dessen, war es zu einer schweren Entzündung im Kniegelenk gekommen. Es war so schlimm bei ihm, dass er in Leon zu einem Arzt musste, denn er konnte nicht mehr weiterlaufen. Er war dort auf einen deutschen Arzt getroffen und hatte damit großes Glück, wie er mir nun strahlend berichtete. Dieser Arzt hatte ihm unmissverständlich klargemacht, dass er ohne strikte Ruhe den Jakobsweg nicht schaffen konnte. Eindringlich war ihm erklärt worden, dass er tatsächlich 14 Tage keinen einzigen Schritt laufen durfte! Der junge Mann war geschockt, doch tat, wie ihm geraten und lag die ganze Zeit in einem Hotelzimmer! Neben der Einnahme von Schmerzmitteln musste er täglich sein Knie und sein Schienbein mit Eis kühlen und zusätzlich einen Stützstrumpf tragen.

„Oh!“ Ich war sofort geschockt. Blankes Entsetzen machte sich in mir breit. Mein Knie war bereits angeschwollen! Ich hatte es bemerkt, doch dem Knie keine weitere Beachtung geschenkt. Jetzt fühlte ich mich plötzlich schlecht. Wie konnte ich mein Knie nicht beachten? Ich ärgerte mich, denn ich hatte es einfach verdrängt. Ich wollte nicht noch mehr körperliche Probleme haben. Doch nun war die Angst in mir erwacht und meine Gedanken überschlugen sich. Mein Rückflug war fest gebucht und zusätzliches Geld für ein Hotelzimmer hatte ich nicht! Warum hatte ich an all soetwas nicht gedacht? Niedergeschlagen schaute ich den jungen Mann an. Ich war froh für ihn, dass er wieder laufen konnte und schmerzfrei war. Die lange Pause im Hotel hatte seinem Knie tatsächlich geholfen. Der Rat des Arztes war ein Geschenk gewesen! Doch was sollte ich jetzt tun? Der junge Mann sah mein Entsetzen und sprang plötzlich auf. Er lief los und rief, dass er gleich wiederkäme. Erstaunt schaute ich ihm nach und hoffte inständig, dass ich nicht auch so ein Problem bekam. Ich musste unbedingt auch mein Knie kühlen! Nur wenige Minuten später erschien der junge Mann wieder und hielt etwas in der Hand. Strahlend überreichte er mir seinen Stützstrumpf! Was war das für eine Geste! Völlig überrascht schaute ich ihn an und musste lachen. Er lachte ebenfalls und fügte hinzu, dass er den Strumpf auch ausgewaschen hätte. Mit dem Überreichen des Strumpfes wünschte er mir Glück für meinen weiteren Weg. Er hoffte inständig, dass ich es bis nach Santiago schaffen möge. Tief berührt nahm ich seinen Strumpf an und dankte ihm. Er verabschiedete sich und machte sich wieder auf den Camino. Sprachlos schaute ich ihm hinterher und bemerkte, dass ich noch nicht einmal seinen Namen kannte!

Etwas später trocknete ich mein Bein ab und zog den Strumpf unter meinen Socken. Es war tatsächlich eine Hilfe! Ich konnte mit dem Fuß wieder auftreten und bemerkte, dass mir der Strumpf mehr Halt gab. Es fühlte sich viel besser an! Voller Dankbarkeit an den jungen Mann bekam ich wieder Hoffnung. „Ich werde es schaffen“, sagte ich mir selbst und die Kraft kam langsam wieder. Am Abend betete ich dazu und bat GOTT und Jakobus um Heilung und schlief dankbar ein.

In den nächsten drei Tagen ging ich sehr langsam meinen Camino. Ich kühlte regelmäßig mein Bein und ruhte ausschließlich und betete am Abend um Kraft für mich und meinen Weg. Der Fuß- und Schienbeinschmerz war aushaltbar. Die Schmerzmittel nahm ich ebenfalls regelmäßig ein und ich bemerkte, dass der Strumpf meinem rechten Fuß tatsächlich Halt gab. In Sarria fand ich endlich wieder einen Geldautomaten und konnte einkaufen. Ich genoss für einen Moment das WLAN in einem Café und die Verbindung nach Zuhause. Zu meiner Überraschung las ich eine Nachricht von meinem Sohn und mein Mutterherz schlug plötzlich Purzelbäume. So lange hatte ich nichts von ihm gehört! Es erschien mir unendlich lange her. Mein Zeitgefühl war völlig abhanden gekommen und mein Leben vor dem Jakobsweg schien weit entfernt. Hocherfreut hatte ich meinem Sohn und meinem Mann eine Nachricht zurückgeschrieben. Beiden hatte ich etwas zukommen lassen, was mich selbst erstaunte. Ohne groß darüber nachzudenken schrieb ich ihnen:

„Ich weiß jetzt, dass es GOTT gibt!“

Erstaunt über meine eigene Nachricht, machte ich mich beschwingt wieder auf meinen Weg und freute mich auf die Herberge „Casa Morgade“. Sie war sehr gemütlich und ich saß am Nachmittag entspannt bei einem Milchkaffee, als ich wieder auf Ben traf. Ben hatte ich vor einigen Wochen auf dem Camino kennengelernt. Er war ein junger Mann aus Köln, der am selben Tage Geburtstag hatte wie mein Sohn! Ben pausierte hier in der Herberge schon etwas länger, wie ich nun erfuhr. Auch er hatte mit Schmerzen im Knie zu tun. Ich erzählte Ben von mir und dem Geschenk der Schmerztabletten und dem jungen Mann aus Irland. Es hatte Wunder bewirkt! Ich kühlte noch immer mehrfach am Tag mein Bein, doch ich war überaus dankbar, denn meine Schienbeinschmerzen waren inzwischen tatsächlich weniger geworden! Ben und ich verabredeten uns für später zum Abendessen. Ich genoss die Ruhe in meinem Zimmer und schrieb Tagebuch. Als wir am Abend nett zusammensaßen, gesellte sich zu unserem Pilgeressen noch René aus Österreich dazu. Wir unterhielten uns wunderbar und lachten viel. Ich genoss es sehr und öffnete mich endlich wieder ein Stück mehr. Unsere Gespräche wurden tiefer und intensiver und zum ersten Mal sprach ich offen darüber, dass ich meinen Lebenssinn verloren hatte, bevor ich meinen Jakobsweg gestartet war. Völlig überrascht schauten mich Ben und René an. „Das kann ich mir bei Dir gar nicht vorstellen“, sprachen plötzlich beide wie aus einem Munde und wir lachten alle drei. Sie konnten es sich tatsächlich nicht vorstellen, dachte ich erstaunt. „So wie Du strahlst, das kann ich kaum glauben!“ Ben schaute mich an und schüttelte den Kopf.

Strahlend schaute ich die beiden Männer an. „Ja, damals“, sagte ich, da war alles noch anders. Ich lächelte und es schien unendlich lange her. Wir hatten inzwischen den 01. Juli 2014 und ich war seit 6 Wochen unterwegs! Ich war tatsächlich glücklich! Trotz all der Schmerzen und der vielen Tränen war ich glücklich! Was war das für eine Achterbahn der Gefühle, die ich hier auf diesem Jakobsweg erlebte, dachte ich am Morgen, als ich aufstand. Der nette Abend, den wir gemeinsam verbracht hatten, war noch sehr präsent in mir. Kurz vor dem Schlafen hatte mich noch eine Frau angesprochen. Sie kam aus den USA und war mit ihrer Tochter bei mir im Zimmer. Ihre Frage hatte mich erstaunt. „Sagst Du mir, was Dein Geheimnis ist, dass Du so strahlst? Wie machst Du das hier auf diesem Camino? Dies ist ein wirklich anstrengender Weg und Du siehst so frisch aus?“ Wieder hatte ich lachen müssen! Gleich zweimal am Tag bekam ich so ein schönes Kompliment. Ich erklärte ihr, dass es vielleicht daran lag, dass ich nicht so viele Kilometer am Tag laufen konnte. „Ich mache viele Pausen und setze mich sehr mit mir selbst auseinander“, antwortete ich ihr. Interessiert schaute sie mich an und erzählte, dass sie mit ihrer Tochter im Schnitt 36 km am Tag lief. „Vielleicht liegt es daran, das ich mir einfach mehr Zeit nehme“, sagte ich und lächelte sie freundlich an. Doch in dem Moment wurde mir plötzlich etwas Neues bewusst. Es gab noch einen anderen Grund, warum ich so strahlte! „Ich laufe mit GOTT“, dachte ich plötzlich und konnte es selbst kaum fassen!

Über meine eigenen Gedanken musste ich wieder lächeln und freute mich. Beschwingt machte ich mich am Morgen auf den Weg nach Portomarin. Auf den letzten Kilometern waren wesentlich mehr Pilger unterwegs. Es gab eine regelrechte Pilgermassenwanderung und ich war wenig erfreut. Doch ich verstand die Absicht der jungen Spanier, die hier hauptsächlich die letzten 200 km liefen, um dies in ihrer Vita festzuhalten. Ben und René liefen mir zu schnell und so verabschiedete ich mich in Gonzar von den beiden sehr herzlich. Das Loslassen hatte ich inzwischen gelernt. Vielleicht sahen wir uns in Santiago wieder, wir würden sehen. Bis dahin waren es nur noch 88,2 km! Ich konnte es selbst kaum glauben!

Auf dieser letzten Etappe lernte ich Eva und Linda kennen. Eva war aus Süddeutschland. Sie hatte wie ich raspelkurze Haare und war mir schon in einer anderen Herberge aufgefallen. Wir hatten jedoch noch nicht miteinander gesprochen. Linda war aus Bulgarien und meine Bettnachbarin. Sie sprach deutsch, doch wir unterhielten uns wenig. Zuversichtlich kühlte ich regelmäßig mein Bein weiter und pflegte meinen Körper. Jeden Abend cremte ich meine Füße ein und gönnte ihnen Ruhe. Doch trotzallem, stellte ich fest, dass meine Füße stark angeschwollen waren. Mein Knie war ebenfalls noch geschwollen, doch der Stützstrumpf gab mir Halt. Auch wenn ich die letzten Kilometer noch vor mir hatte, so war ich schon jetzt unfassbar dankbar für all meine Erfahrungen, die ich machen durfte. Trotz der vielen Schmerzen und der großen Anstrengung war dieser Jakobsweg ein großes Geschenk für mich.

Ich war hoch erfreut und beschloss, meinen Zieleinlauf in Santiago de Compostella ganz allein für mich zu genießen. Mit jeder Faser meines Körpers wollte ich ihn erleben, meinen Erfolg! Somit verabschiedete ich mich herzlich von meinen Pilgerfreunden und jeder ging in seinem Tempo weiter. Ich bat GOTT noch einmal um seine Unterstützung, als die Schmerzen wieder stärker wurden und lief, wie zu Beginn, in einem strömenden Regen. Von der Umgebung war kaum etwas zu sehen und ich erinnerte mich plötzlich an meinen Start. Das Unwetter über die Pyrenäen hatte mich sehr schockiert. Das Hinhocken auf dem Pass und all die schweren Sturmböen und der Regen waren heftig gewesen. Es war ein großer Kampf! Jetzt schien alles für mich viele Monate herzusein. Mein Zeitgefühl war völlig verändert. „Ja", dachte ich, das Wetter hatte mir auf dem Jakobsweg tatsächlich seine Vorgaben gemacht. Vom fröhlichen Wandern mit Yogapausen am Wegesrand war ich meilenweit entfernt gewesen! Doch hatte genau all das, was ich erleben durfte, eine große Veränderung in mir bewirkt. Jetzt lagen tatsächlich nur noch 21 km vor mir! Meine Schmerzen waren aushaltbar und ich erholte mich mit jeder Pause mehr. Ich konnte es kaum glauben und lief meine letzten Kilometer!

Meine vorletzte Station auf meinem Weg war Monte De Gozo. Monte de Gozo befand sich auf einer kleinen Anhöhe. Bei guter Sicht konnte man einen Blick aus der Ferne auf die Kathedrale von Santiago de Compostella bekommen. Ich freute mich sehr auf diesen Blick, denn mein Ziel war jetzt ganz nah.

Ich pausierte bei der kleinen Anhöhe und genoss den Ausblick. Ein Monument war als Wahrzeichen an dieser Stelle aufgestellt worden und ich setzte mich dazu in die Sonne. Ich nahm mir die Zeit und erst später erreichte ich die Herberge. Ich war in einer Baracke untergekommen und stieß in meinem Zimmer direkt auf Eva mit den raspelkurzen Haaren. Ich musste lächeln und freute mich. Wir verabredeten uns zum Abend zu einem gemeinsamen Essen. Eva erzählte am Abend von sich. Sie war den Camino del Norte gegangen und hoch im Norden Spaniens gestartet. Der letzte Teil ihres Weges führte direkt auf den Camino Francés. Durch diese Verbindung waren wir aufeinander getroffen. Der Camino del Norte schien ebenfalls ein wundervoller Weg zu sein. Eva zeigte mir tolle Bilder. Die Vorstellung, diesen Weg entlang am Meer zu gehen, gefiel mir sofort. Wer weiß was noch kommt, dachte ich und freute mich über unseren netten Abend. Wir konnten beide reflektieren und uns sehr gut austauschen.

Am nächsten Morgen begann mein Zieleinlauf! Strahlend winkte ich den anderen in der Herberge beim Loslaufen zu. Meine letzten wenigen Kilometer lagen nun vor mir und ich freute mich riesig. Es war der 07.07.2014 als ich überglücklich in Santiago de Compostella einlief. Mein Herz pochte und ich konnte es kaum fassen! Ich hatte es wirklich geschafft! Es war noch früh am Morgen und ich hielt Ausschau nach einem Café und wurde fündig. Mit einem wundervollen Blick auf den großen Platz vor der Kathedrale genoss ich ein schönes ausgiebiges Frühstück. Eine große Freude machte sich in mir breit. Aus meinem Rucksack holte ich nach dem Frühstück mein Tagebuch hervor und schrieb all meine Gedanken auf, so, wie ich es in den letzten sieben Wochen getan hatte.

Als ich etwas später aus dem Café trat, traf ich direkt wieder auf Eva! Sie war wie ich auf dem Weg, Ihre Compostella in Empfang zu nehmen und so gingen wir beide zusammen. Wie ich erfuhr, waren Eva und ich wieder in der gleichen Herberge untergebracht und teilten uns wieder ein Zimmer. Ich war hoch erfreut, als ich es erfuhr. Gemeinsam suchten wir das Gebäude neben der Kathedrale auf und stellten uns in die Reihe der wartenden Pilger. Als ich an der Reihe war, wurde ich herzlich von einer freundlichen Dame begrüßt und willkommen geheißen. Ich wurde gebeten, meinen Personal- und Pilgerausweis zu übergeben. Die Dame fragte mich nach dem Grund, warum ich den Jakobsweg gegangen war. Sie wollte wissen, wo ich gestartet war und schaute intensiv in meinen Pilgerausweis. Ich bekam einen Bogen Papier in die Hand und hatte die Möglichkeit, diese Angaben schriftlich mitzuteilen. Nach Prüfung meiner Aussagen fragte sie nach, ob ich neben der staatlichen Ausfertigung der Compostella auch eine religiöse Ausfertigung haben möchte. Freudig schaute ich sie an und bejahte sofort. Sie schrieb meinen Namen und meine Daten in die Urkunden und ich schaute ihr aufgeregt dabei zu. Die religiöse Ausfertigung meiner Compostella wurde in Latein ausgestellt und es berührte mich sehr. Die nette Frau überreichte mir kurz darauf beide Pilgerurkunden mit den Worten:

„Möge Dich dieser Weg nun weiter führen!"
„Nach dem Camino, ist vor dem Camio!"

Freudig erstaunt nahm ich die Worte entgegen und sie überreichte mir meine Compostella!

Strahlend hielt ich sie in meinen Händen und ich dankte Ihr. Mein Herz hüpfte vor Freude! Es war noch etwas Zeit. Um 12 Uhr begann die Pilgermesse in der prachtvollen Kathedrale. Ich war sehr gespannt auf diese Feierlichkeit. Am Eingang der Kathedrale wurde darauf hingewiesen, dass keine Rucksäcke mit hineingenommen werden durften und so brachten Eva und ich unsere Rucksäcke vorher zur Herberge. Als ich etwas später die wundervolle Kathedrale betrat, waren die Vorbereitungen für die Pilgermesse schon in vollem Gange. Etwas erstaunt darüber beschloss ich, mir die Grabstätte vom heiligen Jakobus später ganz in Ruhe anzuschauen. „Mein Jakobus!" Plötzlich dachte ich daran, wie oft ich zu ihm gesprochen hatte. Hier war seine Grabkammer! Aufgeregt setzte ich mich in eine Bankreihe und für einen fantastischen Moment ließ ich mich völlig verzaubern. Ich hörte plötzlich den Gesang einer Nonne! Ihr Gesang ertönte durch das prachtvolle Kirchenschiff und ich war tief berührt. Aus einiger Entfernung sah ich sie am Altar stehen. Einige der Kirchenmänner setzten sich in Bewegung und zogen den Botafumeiro an einem Seil nach oben. Plötzlich war ich aufgeregt, denn die Zeremonie begann. Alle Pilger wurden herzlich willkommen geheißen. Es wurden die Länder verlesen, aus denen die Pilger kamen, die in den letzten Stunden ihre Compostella überreicht bekommen hatten! Der Ort, an dem sie gestartet waren, wurde verlesen. Ich war tief berührt, doch es erschien mir wie in einem Film. Der Butafumeiro wirkte gewaltig auf mich. Wie ich gelesen hatte, betrug sein Gewicht 53 kg! Er sah aus wie ein großes Fass. Er wurde von den Kirchenmännern über unsere Köpfe hinweg an einem Seil geschwenkt und der Duft des Weihrauchs wurde verteilt.

Früher diente diese Zeremonie dazu, den Geruch der Pilger zu neutralisieren. Heute ist dies ein Geschenk an die Menschen, die den schweren Weg auf sich genommen hatten. Ich nahm die Zeremonie mit der Kamera auf und war unglaublich dankbar, all dies erleben zu dürfen. Die Kathedrale war voller Menschen und viele Pilger neben mir weinten. Die Ergriffenheit war so stark spürbar, dass ich selbst erstaunt darüber war, dass mir keine Tränen kamen. In mir schwang nur pure Freude! Die Freude schien unfassbar groß in einer Fülle, wie ich sie noch nie zuvor gefühlt hatte! Wieder durfte und musste ich dieses Erlebnis erst einmal verarbeiten. Am Nachmittag suchte ich die Herberge auf und ruhte mich aus. Ich genoss die Siesta in der Sonne und beschloss, vor dem Abendessen noch einmal zur Kathedrale zu gehen. Ich wollte unbedingt ganz in Ruhe die Grabkammer von Jakobus besuchen. Es war mir ein Herzensanliegen. Als ich später gegen Abend wieder in der Kathedrale stand, konnte ich mich in Ruhe umsehen. Der Hochaltar in der Kathedrale war von einem goldenen Baldachin umgeben. Über dem Altar in der Mitte saß die heilige Figur Jakobus. Sie war umhüllt mit einem Umhang, welcher mit vielen Jakobsmuscheln verziert war. Ich hatte meine Jakobsmuschel sieben Wochen lang als Zeichen an meinem Rucksack getragen! Sie war das Symbol für Jakobus und das Zeichen der Verbindung! Hinter dem Altar befand sich ein schmaler Gang zur Grabkammer. Hier konnte jeder Pilger gegenüber dem Apostel Jakobus seinen Dank aussprechen. Immer wieder hatte ich täglich auf meinem Weg über viele Wochen meinen Dank ausgesprochen, doch plötzlich vor der Grabkammer stehend, musste ich schlucken. Ich reihte mich ein in eine Schlange von Wartenden und betrat kurz darauf die Grabkammer.

Ein Kirchendiener stand in dem heiligen Raum neben der Figur Jakobus, die auf seinem Grab stand. Ich faltete meine Hände, verbeugte mich und dankte Jakobus mit jeder Zelle meines Körpers. Er hatte mir so unendlich viel geholfen! Tief in mir war plötzlich die Überzeugung, dass Jakobus mir tatsächlich geholfen hatte, wieder meinen Weg ins Leben zu finden! Mit Tränen in den Augen verließ ich völlig bewegt seine Grabkammer und stolperte direkt über Linda. Wir freuten uns beide, uns wiederzusehen und verabredeten uns zum Abendessen. Linda, Eva und ich genossen gemeinsam am Abend in Santiago de Compostella unser Pilgeressen. Wir saßen gerade bei einem Glas Wein, als ich plötzlich Ben aus Köln sah. Ich freute mich sehr, ihn zu sehen. Auch er hatte seinen Jakobsweg geschafft! Ben setzte sich zu uns und wir verbrachten einen netten Abend zusammen.

Als ich am nächsten Morgen aufwachte, stellte ich fest, dass ich wieder einmal durchgeschlafen hatte. Nach einer frischen Dusche ging ich mit Eva noch einmal in die Stadt. Wir genossen ein Frühstück nahe der Kathedrale und bummelten durch die Gassen. Mein Budget war noch nicht ganz erschöpft und so konnte ich beim Schlendern kleine Geschenke kaufen. Ich freute mich sehr darüber und kaufte Armbänder mit Jakobsmuscheln, Kastanienmarmelade, Käse, Salami und eine bunte Tasche, in der ich alle Sachen unterbringen konnte. Meine schlechte Budgetplanung hatte es mir trotzdem noch ermöglicht und ich war glücklich darüber. Gegen 12 Uhr ging ich noch einmal zur Messe in die Kathedrale. Ich wollte sie noch einmal erleben.

Diesmal setzte ich mich näher an den Altar. Ich saß nahe bei der Nonne, die sich jetzt wieder einsang und schon beim ersten Erklingen ihres Gesanges liefen mir plötzlich die Tränen. Ich war ganz für mich und nahm die Schönheit des Momentes wahr und ließ die Tränen laufen. Die prächtige Kathedrale von Jakobus mit der andächtigen Messe überwältigte mich plötzlich und ich hatte das Gefühl, mehr zu verstehen, als am Vortag. Die Segnung und Zeremonie war hoch emotional für mich. Als der Botafumeiro durch das Kirchenschiff geschwenkt wurde, liefen mir unaufhaltsam die Tränen und plötzlich schien tatsächlich etwas von mir abzufallen! Am Tag zuvor befand ich mich wie in einem Traum und konnte das Ganze nicht wirklich realisieren. Ich war voller überfüllter Freude! Doch nun fühlte es sich völlig anders an. Ich fühlte mich plötzlich frei! Tief bewegt und überglücklich verließ ich danach die Kathedrale von Santiago de Compostella. Ich schlenderte langsam entspannt zurück zur Herberge. Am Abend konnte ich mit Eva und vielen anderen Pilgern in der Küche der Herberge das Fußball-Weltmeisterspiel Brasilien gegen Deutschland sehen. Ich stellte fest, dass das Fußballspiel tatsächlich genauso sensationell war, wie ich mich fühlte! Ich hatte für einen Moment das Gefühl, die Wunder, die ich auf meinem Jakobsweg erlebt hatte, krönten sich hier! Deutschland gewann tatsächlich 7:1 gegen Brasilien! Es war unglaublich! Hocherfreut schlief ich danach in meinem Schlafsack ein. „Wie schön ist das Leben“, dachte ich, als ich am Morgen aufwachte. Mein Rückflug stand nun bevor. Ich war etwas aufgeregt und seit 4 Uhr wach. Alles war noch ruhig, als ich eine Stunde später aufstand.

Frisch geduscht, hatte ich leise meine Sachen zusammengepackt und war bereit für meine Rückreise. Von Eva und Linda hatte ich mich am Abend verabschiedet. Es war noch Dunkel draußen und die Beleuchtung auf dem Flur war schlecht. Trotzdem hatte ich meinen Rucksack ein letztes Mal feierlich auf dem Flur zusammengepackt. Ich wollte niemanden wecken. Die neue bunte Tasche war gefüllt mit all meinen wichtigen Sachen und den neuen Geschenken. Ich beschloss, bevor ich zum Bus ging, noch einmal die Toilette aufzusuchen. Den Rucksack und die Tasche ließ ich neben der Tür stehen. Ich war völlig allein auf dem Flur und es dauerte keine Minute, bis ich wieder bei meinen Sachen stand. Doch als ich wieder zurückkam, traf mich plötzlich der Schlag! Meine bunte Tasche war weg! Es war nur noch mein Rucksack da! Die neue Tasche stand nicht mehr da! Für einen Moment dachte ich an einen Scherz und überlegte, ob Eva ihn mit mir machte und schaute mich fassungslos um. Doch niemand war auf dem dunklen Flur zu sehen und alles war still. Meine Tasche, in der all meine Papiere waren, war weg! In ihr befanden sich meine gesamten Reiseunterlagen! Geld, Ausweis, Compostella, Handy, Kamera und Geschenke waren in der Tasche gewesen! Meine Gedanken überschlugen sich plötzlich. Ich musste los zum Flughafenbus und hatte keine Zeit! Es dauerte einen Moment, bis ich wirklich begriff, dass meine Tasche gerade gestohlen worden war! Voller Panik öffnete ich leise die Tür zum Schlafsaal. Ich trat zu Eva ans Bett und weckte sie. Flüsternd erklärte ich ihr aufgeregt den Sachverhalt. Eva sprang sofort auf.

Ich war völlig durcheinander. Eva wusste jedoch, was zu tun war. Als Frau eines Polizisten hatte sie scheinbar ein gutes Gespür dafür, dachte ich in meiner Panik. Ich stand noch immer unter Schock und schaute auf Eva. Sie riss die Türen der Schränke auf und schaute in die Papierkörbe. Wir suchten auf der Etage, doch es war vergebens und ich musste dringend los zum Flughafenbus. Meine Tasche war weg und die Zeit drängte! Ich war völlig geschockt und borgte mir von Eva 20 Euro und dankte ihr. Ich stürzte aus dem Gebäude der Herberge und rannte mit dem Rucksack zur Bushaltestelle. Als ich an der Haltestelle zum stehen kam, schoss die Wut in mir hoch und gleich darauf folgten die Tränen. Der Bus kam und brachte mich zum Flughafen. Mir liefen die Tränen und während der Fahrt überlegte ich fieberhaft, was ich tun sollte. Ich musste mich auf jeden Fall erst einmal wieder beruhigen und es gelang mir ein wenig. Auf dem Flughafen angekommen suchte ich eine Information auf. Irgendjemand musste mir weiterhelfen. Ich fand einen Informationsstand und trat heran. Eine junge Frau stand dahinter und sprach mich an. Ich wollte ihr erklären, doch sofort kamen wieder die Tränen und mir fehlten die Worte. In meiner Verzweiflung sprach ich in meiner Heimatsprache, was mir gerade passiert war und nahm erleichtert wahr, dass Sie mein Problem verstand. Mitfühlend schaute sie mich an und teilte mir mit, dass ich mich an die Flughafenpolizei wenden müsste und beschrieb mir den Weg. Doch ich war überfordert und in mir brach eine Panik aus. Plötzlich war der Gedanke, nicht mehr nach Deutschland zurückzukommen, übermächtig! Ich hatte große Angst, nicht mehr nach Hause zu kommen!

Die nette Spanierin sah meine Panik und brachte mich zum Büro der Flughafenpolizei. Das Büro war nicht besetzt. An der Tür befand sich eine Klingel, die ich betätigen sollte und sie bat mich, zu warten. Ich dankte der jungen Frau und wartete. Es dauerte einige Minuten, bis zwei Polizisten erschienen. Aufgeregt teilte ich ihnen mit, dass meine Tasche gestohlen worden war und ich keine Papiere mehr hatte. Unsicher darüber, ob sie mich überhaupt verstanden hatten, schaute ich sie fragend an. Die beiden Polizisten hatten die Ruhe weg. Sie machten mir verständlich, dass sie nichts für mich tun könnten! Da ich mich nicht ausweisen könne, können sie auch keinen Diebstahl aufnehmen! Sie erklärten mir, dass ich zur Deutschen Botschaft nach Madrid müsste! Dort würde ich einen Ersatzausweis bekommen. Erst dann könnte ich damit ausreisen. Vorher wäre es nicht möglich! Mir brach der Schweiß aus. Wie sollte ich denn nach Madrid kommen? Mit den 20 Euro von Eva kam ich nicht weit. Ich hatte den Bus bezahlt und zu Hause versucht, meinen Mann zu erreichen, doch der Anrufbeantworter war nur angesprungen. Mir kamen die Tränen und ich überlegte fieberhaft. Als die beiden Polizisten sich abwandten und wieder losgingen, fiel mir plötzlich etwas ein. Aufgeregt rannte ich ihnen nach und bat sie, noch einmal zu warten. In Gebetshaltung bat ich eindringlich und öffnete hastig meinen Rucksack. Ich schmiss meine Sachen auf den Boden des Flughafens und zog mit klopfendem Herzen etwas hervor. „Puh!“ Ich hatte vor Beginn meiner Reise eine Kopie vom Ausweis und der Krankenkassenkarte gemacht! Diese Kopie hielt ich nun in den Händen und überreichte sie den Polizisten.

Sie zögerten etwas und ich erklärte ihnen, was das war. Sie schauten auf die Kopien und fragten nach der Airline, mit der ich fliegen wollte, doch vor lauter Stress wusste ich sie nicht mehr. Ich bat die Polizisten inständig, mir weiterzuhelfen. Wieder betete ich und faltete meine Hände vor der Brust. Und dann setzte sich einer der Polizisten mit meinen Kopien in Bewegung. Ich konnte es kaum glauben, doch er ging los! Der andere Polizist schloss endlich die Tür vom Polizeibüro auf und bat mich einzutreten. Hektisch stopfte ich meine Sachen wieder in den Rucksack und trat ein. Vielleicht bekam ich ja alles noch gedreht, überlegte ich und war gespannt. Der Polizist ließ mich in seinem Büro hinsetzen und ich wartete. Nur wenige Minuten später erschien sein Kollege wieder und mit großen Augen schaute ich ihn fragend an. „You can fly“, sagte er zu mir und mein Herz hüpfte! Für einen kurzen Moment wäre ich ihm am liebsten um den Hals gefallen. Ich kam nach Hause! Ich konnte es kaum glauben! Endlich löste sich in mir die Angst und die Polizisten nahmen in Ruhe den Diebstahl per Protokoll auf. Für meinen Flug bekam ich von der Polizei ein Schriftstück ausgestellt. Mit diesem Schriftstück sollte ich bei der Airline vorsprechen und es beim Boarding vorlegen und „POLICE“ sagen. „Puh!“ Tief bewegt dankte ich den beiden und verließ das Polizeibüro. Vor der Tür musste ich erst einmal tief durchatmen. Ich hatte die Situation tatsächlich drehen können und machte mich auf die Suche nach meinem Gate. Es lief so, wie die Polizisten es mir erklärt hatten. Nur unter Vorlage des Schriftstücks konnte ich die Maschine betreten. Beim Boarding musste ich warten und durfte erst einsteigen, als alle an Bord waren. Mein Herz pochte heftig, doch es klappte und ich war voller Dankbarkeit.

Ich konnte es kaum fassen, als ich im Flugzeug nach Madrid saß. Dort sollte ich laut spanischer Polizei zur Deutschen Botschaft. Vielleicht musste ich nicht die Botschaft aufsuchen, überlegte ich und bat GOTT um Hilfe. Mit diesem Gedanken der Hilfe suchte ich auf dem Flughafen in Madrid den Schalter der Air Berlin. Ich fand den Informationsschalter und stand wieder einer jungen Mitarbeiterin gegenüber. Aufgeregt berichtete ich von dem Diebstahl meiner Tasche. Ich übergab ihr das Schriftstück der Polizei und wartete. Die junge Frau schaute mich freundlich an. Sie suchte in ihrem Computer und schien mich scheinbar gut zu verstehen. Dann sah sie lächelnd auf. „Die Air Berlin fliegt sie gerne nach Hause“, hörte ich sie sagen und mir schossen sofort wieder die Tränen in die Augen. „Sie haben ja schon vor vielen Monaten ihren Flug gebucht! Wir bringen sie gerne auch ohne Papiere nach Hause!“ Ich konnte es kaum fassen. Meine große Angst, nicht mehr nach Hause zu kommen, löste sich mit einem Mal komplett auf und die Mitarbeiterin der Air Berlin lachte. Ich war unendlich erleichtert. Die junge Frau war überaus freundlich und gab mir noch einen wichtigen Hinweis. „Vielleicht ist es hilfreich und sie haben Glück, wenn sie zu Hause noch einmal Kontakt zur Herberge in Santiago aufnehmen. Oftmals wird eine Tasche erst viel später auf dem Gelände der Herberge gefunden. Der Dieb schmeißt sie einfach irgendwohin!“ Ich bedankte mich bei ihr und beschloss, diesem Hinweis auf jeden Fall nachzugehen. Die Air Berlin flog mich nach Hause und alle Sorgen fielen von mir ab. Was war das für eine Aufregung gewesen! Doch all meine wichtigen Sachen waren weg! Mein Ausweis, die Kreditkarte, alles! Ich hatte keine Fotos mehr und keine Compostella!

Doch plötzlich wurde mir auf dem Rückflug etwas ganz Entscheidendes klar. Ich hatte auf diesem fantastischen Jakobsweg eine unglaubliche Zeit erlebt! Mehr als einmal war ich an meine Grenzen gekommen. Ich hatte so viel geweint, wie noch nie in meinem ganzen Leben! Doch das, was ich erlebt hatte, war für mich so wertvoll, dass ich mir das, von einem Dieb niemals nehmen lassen würde! Ja, der Diebstahl meiner persönlichen Sachen war ein Schock, doch ich beschloss, dass er nicht mein wundervoll Erlebtes beeinflussen sollte. Ich entschied mich ganz bewusst, in der Freude zu bleiben und es fühlte sich sehr gut an. Ich ließ den Ärger einfach los und wieder fühlte ich mich frei.

Als ich etwas später meinem Mann und meinem Schwager auf dem Flughafen zuwinkte, schlug mein Herz plötzlich höher. Ich war wieder zu Hause und freute mich riesig.

Die neue Zeit

„Nach dem Camino, ist vor dem Camino!“ Mit diesem Satz war mir die Compostella in Santiago überreicht worden und er schwang zu Hause mit mir mit. Gerade jetzt empfand ich es als äußerst wichtig, meinem Herzen weiterzufolgen. Nach einer herzlichen Begrüßung Zuhause konnte ich bei einer kleinen Feier ein wenig von meinem Weg erzählen. Doch so vieles hatte ich erlebt und musste von mir erst verarbeitet werden.

Ich nahm mir die Zeit und beschloss, jeden Tag weiterhin meine Schritte zu machen, so wie ich es auf dem Jakobsweg getan hatte. Achtsam blieb ich bei mir und führte weiterhin mein Tagebuch. Über den Diebstahl meiner Tasche dachte ich ebenfalls nach. Warum war ich nur so leichtsinnig gewesen? Sieben Wochen hatte ich all meine Wertsachen immer bei mir gehabt! Bei jedem Gang zur Dusche oder Toilette hatte ich alles mitgenommen! Beim Schlafen befand sich meine Gürteltasche direkt in meinem Schlafsack. Ich war immer achtsam gewesen. Doch ausgerechnet in den letzten Minuten vor der Abreise war ich nachlässig geworden! Diese Nachlässigkeit durfte ich mir jetzt selbst vergeben und nahm einige Tage später Kontakt zur Herberge in Santiago auf. Die Verständigung war schwierig und ich kam nicht weiter. Im Pilgerforum hatte ich die Information bekommen, dass es eine deutsche Kontaktperson gibt, die in Spanien lebt und in Notfällen hilft. Ich fasste mir ein Herz und schrieb diese Kontaktperson an. Herr Schreiber antwortete mir ziemlich schnell. Er kümmerte sich in Notfällen und unterstützt, wo es möglich ist, teilte er mir freundlich mit. Meine Freude war groß, als wir einen Termin für ein Telefonat vereinbarten und ich konnte ihm etwas später in Ruhe alles berichten. Aufmerksam hatte er zugehört und erklärte mir, dass er sich um meine Angelegenheit kümmern würde. Ich war hocherfreut und dankte ihm sehr. Eine Woche später bekam ich eine Mail von Herrn Schreiber. Er hatte herausgefunden, dass tatsächlich eine Tasche auf dem Gelände der Herberge gefunden worden war! Diese Tasche war jedoch der Polizei übergeben worden. Ob es sich hierbei um meine Tasche handelte, konnte er mir nicht sagen.

Wir vereinbarten, dass er Kontakt zur Polizei aufnahm und ich sandte ihm meine Personalien und die Diebstahlanzeige zu. Nun war ich gespannt. Wieder vergingen die Tage, bis eine Nachricht kam. Und dann kam seine Mail und ich erfuhr, dass es sich bei der aufgefundenen Tasche tatsächlich um meine Tasche handelte! Nach Überweisung einiger Gebühren an die spanische Polizei und Kostenerstattung an Herrn Schreiber schickte er mir meine Tasche zurück! Unendlich dankbar darüber hielt ich fast einen Monat später meine Tasche wieder in den Händen! Vieles hatte der Dieb an sich genommen. Auch meine Kamera war weg und der Verlust meiner Fotos schmerzte mich sehr. Doch ich hatte einige Fotos per Handy nach Hause geschickt und diese waren mir nun geblieben. Meine Schutzrolle mit den beiden Ausfertigungen der Compostella war noch vorhanden! Ich jubelte und freute mich sehr. Meinen Pilgerausweis, mit all den Stempeln von jedem einzelnen Tag, rahmte ich mir ein. Er hängt heute in meinem Zimmer und darf mich jeden Morgen an meinen magischen Camino erinnern.

In der folgenden Zeit befasste ich mich intensiv mit meinem Heilungsprozess. Der Aufenthalt in der Rehabilitationsklinik begann und es ging nun darum, mutig meine Schritte weiterzugehen. Ich lernte viel über das Innere kennen und begriff mehr und mehr den Scherbenhaufen, auf dem ich so lange gestanden hatte. Ich verstand all meine starken Schmerzen im Körper und begriff, dass mein Orthopäde wirklich Recht behalten hatte. Unfassbar viele Gefühle waren verdrängt und in meinem Körper noch immer abgespeichert gewesen!

In drei Intervallen konnte ich die traumatischen Erlebnisse meiner Kindheit nach und nach verarbeiten. Unfassbares war ans Licht gekommen. Es war für mich ungeheuerlich und der Schmerz war in manchen Momenten kaum zu ertragen. Ich hatte Mühe, doch die Rehabilitationsmaßnahmen halfen mir, aus der Ohnmacht herauszukommen. Als kleines Mädchen hatte ich Missbrauch durch einen Freund der Familie erfahren und wurde danach mit Medikamenten vergiftet. Mein Zusammenbruch wurde etwas später von einer dazukommenden Person bemerkt und ein Notarzt wurde gerufen. Der Notarzt brachte mich in ein Berliner Krankenhaus. In dem Krankenhaus erlebte ich kurz darauf eine Nahtoderfahrung.

Es brauchte viele Jahre, bis ich alle Zusammenhänge verstand und vor allem, bis ich sie selber endlich annehmen konnte. Immer wieder wollte ich am liebsten alles verdrängen, obgleich die Erinnerungen mich eingeholt hatten! Mein Langzeitgedächtnis hatte plötzlich alles hervor geholt! Es war nun offensichtlich und es machte keinen Sinn mehr, weiter zu verdrängen, denn alles war am Licht. Doch das Verleugnen war in mir gesät worden und ich hatte dieses Muster lange Zeit weitergelebt. Nun lernte ich Neues und erfuhr, dass wir alle noch immer ein inneres Kind in uns haben. Dieses innere Kind sind unsere Gefühle! Sie steuern uns noch heute jeden Tag. Wenn wir das innere Kind in uns heilen lassen, erfahren wir eine völlig neue Sicht und unser Leben verändert sich auf wundervolle Weise. Wir reagieren Erwachsener und sind gestärkt. Ich las viel darüber und befasste mich intensiv mit den Zusammenhängen von Körper, Geist und Seele. Seit Jahren nutzte ich Meditationen und hatte Bücher über die Selbstheilung gelesen. Doch nun kam Neues hinzu.

Es war für mich oft schwer und es gab Momente, in denen ich wütend ein Buch in die Ecke warf. Immer wieder zeigte sich mein inneres Kind mit all seiner Wut. Ich nutzte einen Boxsack und erlaubte mir, endlich zu fühlen und die Wut auch einmal auszuagieren. Ich nahm mental mein inneres Kind in den Arm und lernte damit, mich selbst zu halten. Mir selbst konnte ich das geben, was ich als Kind vermisst hatte! Ich lernte viel über die Heilung des inneren Kindes und all den Verletzungen. Die Transformation war noch immer in vollem Gange. Ich genoss in der Rehabilitationsklinik eine wundervolle Klangliege und ließ mich davon verzaubern. Die Klänge und die Bewegung taten mir unglaublich gut. Ich nutzte geführte Meditationen, die Bewegung in der Natur und die Ergotherapie. Ich begann kreativ zu werden und gestaltete viele Dinge für mein inneres Kind. Der Zugang zu meinem Inneren wurde immer besser und ich immer fröhlicher.

Nach der intensiven Aufarbeitung ging mein Weg für mich weiter. Es gab noch einiges Grundsätzliches in mir zu klären. Seit vielen Jahren hatte ich um eine Opferentschädigung gekämpft. Nach meinem Zusammenbruch im Jahr 2006 hatte mir eine Rehabilitationsmitarbeiterin meine Sachlage erklärt und war behilflich. Ich konnte Ansprüche auf Opferentschädigung stellen und sie half beim Ausfüllen der Formulare. Die Tatsache, endlich als Opfer anerkannt zu werden, schien für mich damals unglaublich wichtig und ich kämpfte darum. Der Missbrauch und die Vergiftung waren in der Kindheit vertuscht und verschwiegen worden. Es war nie zu einer mitfühlenden Annahme gekommen und es hatte keinen Ausgleich gegeben. Alles im Leben strebt jedoch nach Ausgleich, denn das ist ein universelles Gesetz.

Nach dem neuen Wissen verstand ich mehr und mehr, warum mich jedes Unrecht dermaßen wütend gemacht hatte. Es hatte keinen Ausgleich bei mir gegeben und die Anerkennung als Opfer hatte gefehlt! Mein inneres Kind war nicht gesehen und versorgt worden. Diese Erkenntnisse waren sehr wichtig für mich, doch inzwischen hatte sich vieles in mir gewandelt. Der Wunsch, als Opfer endlich anerkannt zu werden, löste sich plötzlich auf! Ich brauchte ihn nicht mehr vom Außen und fühlte mich nicht mehr davon abhängig. Das Gefühl dazu war erstaunlich! Über viele Jahre war der Kampf mit Hilfe des Anwaltes nur noch Energie raubend gewesen. Der Schriftwechsel hatte mir jegliche Kraft entzogen. Und plötzlich war mir klar geworden, dass der Kampf um die Anerkennung als Opfer nicht mehr mein Weg war! Ich hatte all das Kämpfen auf dem Jakobsweg losgelassen. In meinen Gedanken kreisten nun immer wieder drei Worte.

„Lass es los."

Ich vernahm diese Worte und beschloss, es tatsächlich loszulassen. Ich konnte es selbst kaum glauben und auch mein Mann war völlig erstaunt. Jahrelang hatte ich darauf bestanden, endlich als Opfer anerkannt zu werden und nun ließ ich es einfach los? Doch das Gefühl in mir war so stark, dass ich tatsächlich mein Einfordern der Ansprüche auf eine Opferentschädigung los ließ. Ich informierte meinen Anwalt und zog den Antrag beim Versorgungsamt zurück. Mein Herz pochte dabei heftig und mir liefen die Tränen, doch es waren Tränen der Erleichterung.

All die Schwere und all das Leid ließ ich endlich los! Einfach weil ich es wollte! Es war unglaublich befreiend.

In vielen Familienaufstellungen und Rückführungen war ich während der Aufarbeitung noch einmal durch das Alte gegangen und ließ das Neue entstehen. Ich erschuf mir einen sicheren Ort für mein inneres Kind und stärkte damit die Verbindung in mir selbst. Niemand anderes kann uns diese Verbindung ermöglichen. Wir selbst sind es, die alle Kräfte der Selbstheilung in uns haben! Wir sind unglaublich machtvoll und wissen es nicht, weil wir oftmals in der Wut und Ohnmacht des inneren Kindes festhängen. Für mich war dieser Wandel phänomenal. Ich hatte IN MIR selbst den Ausgleich erschaffen und brauchte ihn nicht mehr im Außen.

Ich fand weitere neue Meditationen zur Transformation von Gefühlen und war über die Wirkung der Meditationen sehr überrascht, denn sie funktionierten! Die Verwandlung von Gefühlen war tatsächlich möglich! Ich hatte es selbst erlebt. In verschiedenen Büchern konnte ich vieles nachlesen und verstand immer mehr die Zusammenhänge. So ging ich zu Hause meinen Jakobsweg weiter und wünschte mir inzwischen mehr Austausch über den Weg der Transformation. Ich wollte unbedingt mehr das Miteinander erleben. Die Gemeinsamkeit und die Nächstenliebe, die ich auf meinem Camino erfahren hatte, wirkten noch immer sehr präsent in mir und entgegen meiner früheren Ablehnung, entschied ich mich plötzlich, ebenfalls auch facebook zu nutzen. Ich war erstaunt, wieviele Möglichkeiten es zum Austausch gab! Es machte eine Verbindung über die Entfernungen hinweg möglich, und ich freute mich darüber.

Die LIEBE, die ich auf meinem Jakobsweg empfunden hatte, kam inzwischen immer öfter in mir hoch. Ich erkannte und fühlte die tiefe Verbundenheit, wie nie zuvor. Doch eines Tages wurde mir klar, dass ich große Angst davor hatte, mich mit meiner Nahtoderfahrung wirklich auseinanderzusetzen. Ich hatte Erinnerungen und schob sie immer noch weg! Am liebsten wäre ich wieder weggerannt! Doch den Jakobsweg brauchte ich nicht noch einmal zu gehen, ich hatte bereits dazugelernt. Es gab einfach kein Ausweichen mehr und ich musste mich endlich dieser Nahtodgeschichte stellen.

In einer Rückführung konnte ich mir mit therapeutischer Unterstützung das Thema endlich anschauen. Es war eine unglaubliche Angst in mir, die traumatischen Erlebnisse und die Vergiftung von damals noch einmal zu durchfühlen. Doch ich hatte Erinnerungen und sie waren mehr und mehr ans Licht gekommen. In diesen Erinnerungen durchlebte ich noch einmal eine extrem starke Übelkeit, die Ohnmacht, die damit verbunden war und den damaligen Zusammenbruch. Doch danach kamen Erinnerungen, die wundervoll waren! Ich war plötzlich in einem sehr hellen Licht. Das Licht war fast weiß und es war unglaublich schön! Es war wundervoll leicht um mich. Mir fehlen noch heute die richtigen Worte, um mein Erlebtes beschreiben zu können. Ich war ein kleines Mädchen und dachte, dass ich nicht mehr im Bett des Krankenhauses lag. Heute kann ich nur versuchen, das Erlebte mit den Worten als erwachsene Frau zu beschreiben.

Doch es gibt für mich keine passenden Worte, denn es war so viel mehr, dass ich dafür keine wirkliche Beschreibung finde.

*„Um mich herum befand sich ein ganz weißes helles Licht.
Das weiße Licht war überall! Ich war nicht mehr im Krankenhaus, denn ich lag nicht mehr in dem Bett. Ich war in dem Licht und dachte, ich bin im Himmel. Ein großer Engel mit weißen Flügeln war bei mir und ich glaubte, er trug mich. Der Engel hatte kein Gesicht. Sein Gewand war sehr lang und es hatte goldene Punkte. Der Engel sprach mit mir. Ich hatte überhaupt keine Angst! Es war wunderschön und ich wollte bei dem Engel bleiben. Niemals wollte ich mehr zurück!
Es war, als wenn ich in dem Licht schwebte und gleichzeitig in ihm war. Ich schwebte mit einem unbeschreiblich schönen Gefühl.
Es war das Gefühl, EINS zu sein! Ich war eine Einheit mit Allem und wurde getragen in der Vollkommenheit. Eine LIEBE, die so tief und rein in mir schwang und tatsächlich unfassbar klang!
Niemals wollte ich wieder zurück! Niemals!“*

Mir fehlen die Worte, die das Erlebte wirklich ausdrücken können, denn die Schwingungen der höheren Sphären, die ich wahrgenommen hatte, sind mit unserem Wortschatz nicht zu erklären. Doch dann passierte etwas, was für mich das Schmerzhafteste überhaupt gewesen war! Ich sollte wieder zurück!

Ich musste zurück und wollte es nicht!

„Ganz sanft wurdest Du wieder in das Krankenhausbett gelegt.“

So erfuhr ich es später, doch für mich war es damals wie ein Aufprall! Es war ein heftiger Aufprall und ein Schock! Es fühlte sich an, als fiele ich aus etwas heraus!

„Du bist aus dem Schoss der Göttlichkeit gefallen!“

Als ich diese Erklärung später von der geistigen Welt erhielt, wusste ich sofort, dass es stimmte. Endlich verstand ich! Endlich verstand ich MICH! Ich verstand plötzlich mein Leben und viele Träume und Zusammenhänge erklärten sich mir! Und ich verstand meine Tränen, die sofort kamen, wenn ich die LIEBE der geistigen Welt wahrnahm! Ich erinnerte mich sofort an das, was ich damals erlebt hatte! Doch damals, als Kind, wachte ich danach im Krankenhausbett auf und machte ein großes Theater. Ich wollte nicht, dass man mich anfasste. Ich schlug um mich und strampelte mit den Füssen, als man mich beruhigen wollte. Diese Erinnerungen an das Krankenhaus hatte ich schon seit vielen Jahren, doch ich hatte die Zusammenhänge nicht vollständig verstanden. Als kleines Mädchen machte ich ein großes Theater, denn ich wollte wieder zurück! Ich wollte dahin, wo alles so wunderschön gewesen war! Ich wollte nicht mehr hier sein.

Es dauerte viele Jahre bis ich wirklich verstand, dass dieses extrem schmerzhafte Erleben mein Leben geprägt hatte. All das Erlebte war tief verdrängt und es war meine Lösung. Ich wurde damals als kleines Mädchen ruhiggestellt mit Medikamenten. Es half, dass ich dem Leben wieder zugänglich wurde, doch eine tiefe Verachtung dem Leben gegenüber in mir blieb! Mir erschien das Leben immer wieder zu schwer und ich wollte immer zurück. Ich lehnte es unbewusst tief in mir ab und die Menschen ebenso. Schon als junge Frau hatte ich immer das Gefühl, das Leben erschien mir zu schwer und ich könnte zurück, doch ich wusste nie, warum ich das dachte. In mehreren systemischen Aufstellungen hatte sich dieses Thema wiederholt bei mir gezeigt, doch an den Kern der Ursache waren wir damals noch nicht gekommen. Ich verabscheute Medikamente mein Leben lang und wusste nicht mehr warum. Doch es hatte auch viele Hinweise in meinem Leben gegeben. Es gab Erinnerungen an den Täter und Situationen, die ich immer wieder zur Seite gedrängt hatte. Auch andere Hinweise kamen, doch ich hatte sie ignoriert. Ein Hinweis kam vor vielen Jahren von meinem Zahnarzt. Wir verstanden uns sehr gut und waren per „Du". Er sprach mich eines Tages bei der jährlichen Zahnkontrolle an und fragte plötzlich, was mir denn im Kindesalter Schwerwiegendes widerfahren wäre. Völlig erstaunt hatte ich ihn angeschaut. Er erklärte mir, dass meine Zähne deutlich aufzeigten, dass etwas Lebensbedrohliches im Kindesalter passiert war! Mein Wachstum hatte tatsächlich aufgehört!

Ich war damals erstaunt, dass er all dies an meinen Zähnen sehen konnte! Er nannte mir sogar das Alter, in dem es passiert war! Doch damals war ich einfach nur perplex und ging der Sache nicht weiter nach. Ich war innerlich noch nicht bereit dazu.

Die Wunder der LIEBE

Die Tatsache, dass ich mir endlich die Nahtoderfahrung eingestehen konnte, durfte sich langsam in mir setzen. Immer mehr ließ ich alles andere los. Ich meditierte regelmäßig und fing an, intensiv Qi Gong und Yoga zu machen. Ich nutzte die Natur und suchte ganz bewusst den Austausch mit Gleichgesinnten. Der Weg der Transformation war für mich ein Weiterführen meines bereits erlebten Weges.

Ich gründete eine Selbsthilfegruppe im Heimatkreis, denn ich wollte auch anderen Betroffenen helfen. Es ergab sich direkt über einen Sozialverein und die Türen öffneten sich weiter. Ich konnte von meinem erlebten Miteinander etwas weitergeben und fühlte mich sehr erfüllt. Wir hatten inzwischen Januar 2017 und so vieles hatte sich verändert! Eines Morgens las ich einen Beitrag in einer Onlinegruppe. Es ging um ein Buch. Die Autorin des Buches wollte ein Exemplar verschenken und eine Widmung geben.

Ich sah auf das Cover des Buches und mein Herz fing plötzlich heftig an zu schlagen. Erstaunt las ich den Titel und mir kamen plötzlich die Tränen! Es war, als wenn jemand einen Schalter in mir umgelegt hatte und in meinem Brustkorb klopfte es heftig! Von einem Moment auf den anderen war ich aufgeregt und konnte kaum glauben, wie heftig mein Körper reagierte. Mein Herz pochte wild und ich verstand nicht warum. Ich ging mit diesem Beitrag irgendwie in Resonanz. Inzwischen hatte ich gelernt, was Resonanz bedeutete und mir wurde klar, dass ich mit diesem post irgendetwas zu tun hatte. Ich googelte und bestellte sofort das Buch. Etwas in mir war aktiviert worden. Erstaunt hielt ich nur zwei Tage später das Buch der Autorin in den Händen. Es war Samstagvormittag als die Post kam. Hoch erfreut und neugierig zog ich mich zum Lesen zurück. Mein Herz fing dabei tatsächlich wieder an zu flattern! Ich konnte kaum glauben, was ich erlebte, denn während des Lesens begann in mir eine Achterbahn der Gefühle! Das flatternde Herz öffnete sich mehr und mehr und mir kamen wieder die Tränen. Die Autorin beschrieb in dem Buch ihren Weg als Medium. Sie erzählte von ihren Erlebnissen mit der geistigen Welt! Sie hatte Erfahrungen gemacht, die schier unglaublich waren, denn ungewollt wurde sie ein Medium! Ich konnte es kaum glauben, noch nie hatten mich solche Bücher interessiert! Ich wollte davon nie etwas hören und lehnte sie ab!

„Deine ANGST vor dem nochmaligen Schmerz der Trennung!"

Meine Gedanken erzählten mir alles Mögliche, doch ich konnte ihnen nicht folgen, denn ich war zu aufgeregt. Mein Herz flatterte, doch irgendwann musste ich lächeln. „So ein Mist“, dachte ich plötzlich und lachte, denn mir wurde schlagartig etwas bewusst. Ich konnte nicht mehr weglaufen! Ich schüttelte den Kopf, denn lang genug hatte ich es ja getan! Aufgewühlt und mit klopfendem Herzen ging ich zu meinem Mann ins Nebenzimmer. Ich erzählte ihm von dem Buch und erklärte, dass mit mir gerade etwas Ungewöhnliches passierte und ich unbedingt den Kontakt zu dieser Frau aufnehmen müsste! Mein Mann war sprachlos! „Am liebsten würde ich mich sofort ins Auto setzen und zu dieser Frau fahren“, sagte ich aufgebracht zu ihm. Er war völlig erstaunt. Noch nie hatte ich solche Bücher lesen wollen und nun das! Aufgeregt redete ich mit meinem Mann, doch gleichzeitig schwang in mir noch etwas anderes. Ich empfand eine übergroße Dankbarkeit gegenüber dieser Frau! Sie hatte den Mut, über „so etwas“ zu schreiben! Offen beschrieb sie ihren persönlichen spirituellen Weg und damit über etwas, was für mich mehr als ein Tabu gewesen war! Mein Mann half mir, mich wieder zu beruhigen und wir überlegten gemeinsam, was ich tun konnte. Ich ging mit der Autobiografie dieser Frau aus irgendeinem Grunde in eine starke Resonanz. „Ja“, dachte ich, ich hatte oftmals das Gefühl, das mir die Verstorbenen näher waren, als die Lebenden. Ich selbst hatte diesen Satz sogar mehrfach zu meinem Mann gesagt! Jetzt fiel er mir wieder ein und ich war entsetzt! Wie konnte ich denn so etwas zu ihm sagen? Die Erkenntnis schockierte mich. Mühsam erklärte ich meinem Mann, dass ich an so etwas, wie die „geistige Welt“ doch gar nicht glauben konnte!

Ich versuchte mich zu rechtfertigen und alles wegzuschieben, was bereits offen zu erkennen war. Ja, ich wusste inzwischen, dass es GOTT gab und dass die LIEBE und das göttliche Licht existierten! Es gab eine göttliche Energie, daran hatte ich keinerlei Zweifel mehr! Ich konnte mir endlich eingestehen, dass ich das Nahtoderlebnis in der Kindheit wirklich erlebt hatte! Ja, es gab diesen großen Engel! Ich hatte ihn gesehen! Doch mit Verstorbenen einen Kontakt halten? War so etwas wirklich möglich? Ich war völlig durcheinander und ich beschloss, der Autorin eine Mail zu schicken. Aufgeregt schilderte ich ihr in der Mail die heftige Resonanz, in die ich gegangen war und bat um einen Rat. Hatte ich vielleicht mediale Fähigkeiten? Sollte ich vielleicht ein Coaching bei ihr buchen? Ich war kaum fähig diese Fragen zu stellen, so irrsinnig kam ich mir selbst dabei vor! Mein Verstand erzählte mir alles Mögliche, doch mein noch immer heftig pochendes Herz *jubelte*! Einige Tage später erhielt ich eine Antwort von der Autorin. Sie bedankte sich sehr herzlich für das Interesse, doch in ihrer Mail stand weiter nichts drin. „Übe, übe, übe“, so kam es von ihr und ich war enttäuscht. „Wie übt man das denn?“ Ich überlegte und beschloss, es herauszubekommen. Kurz darauf sah ich durch „Zufall“, dass diese Autorin eine eigene Onlinegruppe hatte. Ich freute mich darüber und trat der Gruppe bei. Vielleicht konnte es mir ja weiterhelfen, dachte ich. Von diesem Tage an setzte ich mich regelmäßig in die Stille und tat nichts. Ich achtete auf meine Atmung und tat einfach nichts! Und dann ging es los.

Ich bemerkte plötzlich „MEINE HIMMLISCHE ENERGIE“ von der Nahtoderfahrung und mir kamen sofort die Tränen. Es berührte mich so tief, es war unfassbar! Sofort waren meine Erinnerungen wieder da und das wunderschöne Gefühl der Verschmelzung im EINS-Sein. Die Energie ließ meine Tränen wieder trocknen und ich genoss die Verbindung. Von nun an setzte ich mich jeden Tag in die Stille und zu Beginn hörte ich immer nur ein Wort:

„VERTRAUE!“

Diese Aufforderung erschien immer wieder in meiner Verbindung. Anfangs zweifelte ich etwas und war mir nicht sicher. Doch es war anders, als wenn es nur ein Gedanke von mir gewesen war. Und dann fiel mir auf, dass ich es so in dieser Form, auch oft auf dem Jakobsweg empfunden hatte! Ich schien es tatsächlich zu empfangen und war höchst erstaunt. Mehr und mehr floss das Gefühl der unfassbaren LIEBE, wenn ich mich verband und jeden Tag kamen mir zu Beginn die Tränen. Auch nach Monaten war es nicht anders. Die Aufforderung, dass ich Vertrauen möge, empfing ich ebenfalls weiterhin. Manchmal war es, als wenn mich nur ein kleiner Lichtstrahl erreichte, aber er reichte aus, um mich zum Leuchten zu bringen. Ich fühlte wieder meine himmlische Verbindung und mir wurde schlagartig etwas bewusst. Die Verbindung war mein Nachhausekommen. Da war mein Zuhause! Endlich verstand ich, warum ich mich nie irgendwo Zuhause gefühlt hatte. Es war immer schon ein Thema bei mir gewesen.

Nach einiger Zeit veränderten sich meine täglichen Verbindungen. Der Lichtstrahl, der mich erreichte, war nun öfter sichtbar und ich nahm ihn mit geschlossenen Augen wahr! Er wechselte manchmal die Farbe! Oft sah ich petrolblau und manchmal auch ein violettes Licht. Es war faszinierend. Eingehüllt schwebte ich in einem wundervollen Licht und war überglücklich. Doch eines Tages erlebte ich wieder eine Veränderung. Ich nahm plötzlich zu Beginn der Verbindung lauter goldene Kreise wahr! Sie sahen aus, wie die Kreise, die ich in der Rehabilitationsklinik gezeichnet hatte und ich war erstaunt. In einer für mich sehr schwierigen Phase konnte ich damals die Gefühle kaum noch aushalten. Nichts hatte mir geholfen, um mich zu beruhigen, doch in dem Moment setzte ich mich an den Schreibtisch und zeichnete golden durchwobene Kreise! Erst als ich diese Kreise zeichnete, wurde ich ruhiger! Meine Freundin Sandy hatte mich kurz darauf besucht und mich auf die Kreise angesprochen. Sie sagte, meine Kreise sehen aus wie Orbs! Ich informierte mich daraufhin über Orbs und es hieß, dass es Energien von Seelen waren. Sie zeigten sich auf diese Art und Weise. Für mich fühlte sich das Sehen der Orbs sehr emotional an. Ich war von ihnen völlig berührt und weinte vor Berührung bei jedem Kontakt. Sie gaben mir eine wundervolle Kraft und Ruhe! Obwohl ich im Internet damals auch andere Meinungen dazu recherchiert hatte, bin ich davon überzeugt, dass es sich hierbei nicht um Staubpartikel handelte, welche lediglich durch die Kamera entstehen und auf staubigen Dachböden zu finden wären.

Und als wenn mir die geistige Welt damals einen Beweis liefern wollte, durften mein Mann und ich einige Tage später nach der Rehabilitationsklinik eine besondere Erfahrung machen. Ich war gerade wieder zu Hause angekommen und mein Mann ging mit mir durch unseren Garten. Er zeigte mir die Blumenpracht, die inzwischen gewachsen war und wir standen vor unserem Blauregen, der erstmalig nach vielen Jahren blühte! „Wow!“ Ich freute mich sehr darüber. Endlich blühte unser Blauregen! Wie Reben hingen die Blühten herab und ich bat meinen Mann, von mir und dem tollen Blauregen ein Foto zu machen. Er erfüllte mir den Wunsch und als wir uns die Aufnahmen anschauten, waren wir beide sprachlos. Auf dem Foto sahen wir einen großen goldfarbenen Orb! Er befand sich direkt an meiner linken Schulter und hatte einen Durchmesser von vielleicht zwanzig Zentimetern. Sprachlos starrten wir beide auf das Foto und waren fasziniert. Für mich war es ein Geschenk und ich hatte keinerlei Zweifel, dass es sich hierbei wirklich um die Energien von Seelen handelte. Irgendeine Seele stand mir an diesem Tage sehr nahe zur Seite und es berührte mich damals sehr.

Meine tägliche Verbindung mit der geistigen Welt wurde immer intensiver und einige Zeit später veränderte sich wieder etwas. Ich sah in meiner medialen Verbindung plötzlich nicht mehr meine geliebten Orbs und war erstaunt. Jetzt nahm ich wie in einem alten Schwarz-Weiß-Film Herzen wahr! Die Herzen waren hell und flogen wie aus weiter Ferne auf mich zu!

Ich war hoch erfreut, denn das Gefühl, welches sie in mir hervorzauberten, war wieder unbeschreiblich! Die tiefe LIEBE und ein großes VERTRAUEN waren plötzlich da! Beides war tatsächlich in mir fühlbar! Ich konnte es kaum mit dem Verstand begreifen, was da passierte. Mein Verstand hatte viel zu tun, doch mein Herz jubelte wieder. Die fliegenden Herzen waren ein Zeichen für mich, denn ich konnte jetzt vertrauen! Und ich verstand, dass meine Orbs tatsächlich meine Ahnen gewesen waren. Sie hatten mir geholfen, in das VERTRAUEN zu kommen! Nun kam der nächste Schritt und ich freute mich sehr, denn es war tatsächlich so. In jeder Verbindung wurde ich von jetzt an mit den fliegenden Herzen begrüßt. Doch ich wünschte mir sehr, meine Orbs eines Tages einmal richtig sehen zu können. Ich wollte sie gerne einmal mit offenen Augen sehen! Ich wusste von Irene Hammerschmidt, dass so etwas möglich war. Sie selbst hatte es schon einmal erlebt und mir davon berichtet.

Gespannt ging meine Übungsarbeit fleißig weiter und als Erstes zeigten sich nun immer meine fliegenden Herzen. Ich spürte die tiefe LIEBE sofort und immer noch kamen mir die Tränen dabei. Doch ich ließ meine Berührtheit einfach zu. Ich erlaubte sie mir und fand es inzwischen richtig und auch wichtig. Eines Abends passierte etwas völlig Ungewöhnliches. Ich ging in die Verbindung und spürte wieder die wundervolle Energie der geistigen Welt und genoss sie sehr. Ich sah meine fliegenden Herzen und war glücklich beseelt. Doch dann erlebte ich etwas Neues.

Plötzlich schoss ein Lichtstrahl mit seiner Energie zum Bereich meiner Bauchspeicheldrüse! Völlig überrascht, diesen weißen Lichtstrahl zu sehen, ließ ich geschehen. Voller Ehrfurcht nahm ich wahr, was sich in mir aufzeigte. Der linke Bereich in meinem Oberbauch wurde umhüllt und der Bereich, der mir noch immer ab und zu Schmerzen verursachte, bekam Energie! Zu meiner Bauchspeicheldrüse floss eine enorme Energie und mir war, als wenn jemand in mir eine Heizung angestellt hatte. Ich schwitzte sehr stark. Doch kurz darauf wechselte dieser Lichtstrahl zu meinem linken Auge! Plötzlich bekam ich einen kurzen Schreck und spürte einen ganz kurzen Schmerz. Für einen kleinen Moment war er da und dann war er weg! Ich hatte in meinem linken Auge ein Transplantat! Durch eine bakterielle Kontaminierung war ich damals auf dem linken Auge erblindet und erst durch ein Hornhauttransplantat konnte mir geholfen werden, und ich konnte wieder sehen! Die damalige Angst um mein Augenlicht war für mich traumatisch. Nun passierte hier etwas! Mein Auge fing plötzlich an zu tränen und mein Herz klopfte heftig! Ich registrierte, dass mir gerade geholfen wurde! Doch kaum hatte ich es begriffen, als der Lichtstrahl in meine rechte Hand schoss! Ich hatte mir im Mittelfinger vor Jahren einen Glassplitter zugezogen und er musste aus meiner Hand operiert werden. „Puh!“ Siedend heiß überlief es mich. Ich konnte kaum glauben, wie mir geschah und war fassungslos, während die wundervolle Heilenergie der geistigen Welt durch meinen Körper schoss.

Ich schwitzte noch immer stark und konnte kaum fassen, was gerade mit mir passierte. Meine Heilung wurde vorangetrieben! Ich bekam Hilfe! „Oh Mann!“ Nach der Verbindung war ich tief betroffen. Ich war unglaublich berührt und voller Demut, denn mir war schlagartig etwas klar geworden! Ich, die Ungläubige, die vor Feigheit alles verdrängt hatte, bekam nun von der geistigen Welt Hilfe! Ich hatte die Nahtoderfahrung verleugnet! Ich war feige gewesen und hatte mein Leben lang die geistige Welt verleugnet! All die Jahre hatte ich verdrängt und so getan, als wenn ich nicht wüsste! Plötzlich fühlte ich mich richtig beschämt. Mein inneres Kind kannte Scham und hatte Angst, ausgelacht und verspottet zu werden! Dabei hatte ich immer schon Feigheit verachtet! Nun wurde mir schmerzhaft bewusst, dass die Feigheit so tief in mir vergraben gewesen war und die Scham ebenso! Endlich konnte ich es erkennen und mein Inneres durfte Heilung erfahren! Es war unglaublich.

Mit dieser Erkenntnis veränderte sich wieder etwas in mir. Mein Vertrauen zur geistigen Welt wurde unerschütterlich. Ich öffnete mich weiter in mir selbst. Doch auch im Außen fing ich an, mich mit meiner spirituellen Ausrichtung zu zeigen. Ich teilte mich mehr und mehr in meinen Kontakten mit. Ich versteckte meine spirituelle Entwicklung nicht mehr! Ich fing an, darüber zu reden und erwähnte es mit Bedacht in meinem Umfeld. Ich wollte niemanden überfordern, aber auch mich und mein Leben nicht mehr verleugnen. Mein Mann war mir hierbei eine sehr große Hilfe. Für ihn war all das, was ich erlebt hatte, niemals abwegig oder verrückt. Er selbst hatte schon immer eine völlig andere Sicht auf die Spiritualität als ich.

Er hatte schon immer Bücher darüber gelesen und sich damit befasst. Für mich war alles neu und mit ihm über alles sprechen zu können, half mir sehr.

Eines Tages las ich in der Gruppe von dem Medium Lisa einen Beitrag. Sie bot eine mediale Reise an! Ich überlegte keine Minute und für mich stand sofort fest, dass ich an dieser Reise teilnehmen MUSSTE! Ich besprach es nicht einmal vorher mit meinem Mann, sondern meldete mich sofort an. Es war meine Möglichkeit, herauszufinden, was mit mir und der Medialität los war und ich freute mich riesig darauf. Bis zu dieser Reise war es noch Monate hin und ich konnte mir das Geld zusammensparen. Je näher der Zeitpunkt der Reise kam, je größer wurde mein Respekt. Langsam kam eine schleichende Angst in mir hoch und es waren nur noch wenige Tage hin. Das Medium Lisa hatte in einer whatsapp-Gruppe alle Teilnehmerinnen der Reise zusammengefügt. Sie sollte uns zum besseren Kennenlernen dienen. Die Gruppe war relativ groß und jede der Frauen stellte sich dort nach und nach vor. Beim Lesen der Nachrichten bekam ich jedoch plötzlich Angst. Alle Frauen schienen schon Erfahrungen zu haben! Schlagartig wurde mir bewusst, dass ich überhaupt keine Ahnung hatte, worauf ich mich da einließ! Alle diese Frauen hatten mediale Kenntnisse und einige gehörten zu dem engeren Kreis des Mediums! Ich war wahrscheinlich völlig fehl am Platze! Mit diesen Gedanken machte ich mir selber Angst und steigerte mich langsam rein. Ich konnte mir ja nicht mal die Namen der Teilnehmerinnen merken!

Ich war einfach ein Zahlenmensch und merkte mir eher Geburtsdaten als einen Namen! Plötzlich packte mich die Angst, dem ganzen nicht gewachsen zu sein und ich überlegte, mir alle Namen in das Handy einzuspeichern. Am Nachmittag setzte ich mich ins Wohnzimmer ans Fenster und speicherte die Namen der Teilnehmerinnen in mein Handy. Meine Angst hatte völlig das Zepter übernommen. Draußen regnete es stark und es blitzte zwischendurch. Zu meiner Angst kam nun noch die Angst vor Blitz und Donner dazu. Ich zuckte förmlich zusammen und mit einem unguten Gefühl schaute ich wieder auf mein Handy, als gerade eine Nachricht von Lisa in der Gruppe ankam! Plötzlich krachte es draußen so heftig, dass ich einen großen Schreck bekam. Wieder schaute ich aus dem Fenster und dann auf das Handy. Ich öffnete die Nachricht von Lisa und hielt erschrocken inne. Ich konnte nicht glauben, was ich da sah! Alle Beiträge der anderen Teilnehmerinnen waren plötzlich weg! Es war nur noch die letzte Nachricht von Lisa zu lesen! Ich konnte es nicht fassen! Wie war das möglich? Wenn das Gewitter es verursacht hätte, dann wäre wirklich alles weg gewesen, überlegte ich. Noch einmal nahm ich mein Handy und schaute nach. Jetzt stellte ich fest, dass ALLE Namen, die ich mir vorher gerade eingespeichert hatte, ebenfalls verschwunden waren! Fassungslos und kopfschüttelnd ging ich zu meinem Mann. Ich zeigte ihm mein Handy und war sprachlos. Wie war das möglich? Was sollte das bedeuten? Es war für mich unglaublich! Mein Mann war ebenfalls völlig erstaunt, denn er hatte gesehen, wie ich kurz zuvor alles eingespeichert hatte!

Ich setzte mich sofort in die Stille und bat um ein Zeichen. Sofort kam ich in die Verbindung und konnte nicht glauben, was ich ganz klar hörte.

„Du brauchst es nicht!“

Sofort war diese Durchsage dagewesen! Ich war sprachlos und bekam wundervolle Energie und das VERTRAUEN wurde in mir noch einmal gestärkt. Ich war nun voller Erfurcht und stellte das Erlebte nicht mehr in Frage. Plötzlich wurde mir bewusst, dass diese Zeiten ENDLICH vorbei waren! Die Angst meines inneren Kindes, nicht zu genügen, hatte mich für einen Moment völlig im Griff gehabt. Doch es war wichtig, dass sie sich mir gezeigt hatte, denn endlich durfte sie heilen. Ich genoss die wundervolle Heilenergie und war wieder ganz im Vertrauen. Doch während dieser Verbindung erfuhr ich noch etwas weiteres Neues. Ich bekam plötzlich eine weitere Durchsage, die mich völlig erstaunen ließ.

„Es ist an der Zeit, Deinen wahren Namen zu nutzen!“

Ich war baff! Mehr als 50 Jahre wurde ich mit einem Kosenamen gerufen. Meinen richtigen Namen mochte ich nicht. Ich wurde nie mit diesem Namen angesprochen! Doch nun sollte sich das wohl ändern. Ich bekam die Aufforderung, mich mit meinem wahren Namen mitzuteilen! „Oh!“ Ich hatte zu tun, meine Gefühle dazu in mir zu klären und brauchte geschlagene zwei Tage, bis ich mich endlich überwand und es umsetzen konnte.

Mein Kosename war ein Leben lang tief verbunden mit meinem inneren Kind. Jetzt ging es darum, das innere Kind nicht immer wieder anzusprechen und in meine vollständige Kraft zu kommen, denn der gewählte Name ist eine starke Energie! Nutzte ich meinen richtigen Namen nicht, kam ich schlechter in meine eigene Kraft! Es war für mich tatsächlich nachvollziehbar und ich hatte darüber auch in der alten Weisheitslehre der Numerologie gelesen. Und doch fiel es mir unglaublich schwer. Ich musste meine Ablehnung gegen meinen eigenen Namen loslassen! Nach zwei Tagen war ich soweit. Es fühlte sich gut an und ich schrieb mutig meiner Familie und einigen Freunden eine erklärende Nachricht. Die Mitteilung war sehr persönlich formuliert und ich öffnete mich in diesen Zeilen gegenüber den anderen mit meiner traumatischen Geschichte. Ich bat alle darum, mich zukünftig mit meinem richtigen Namen anzusprechen. Mit klopfendem Herzen hatte ich ganz bewusst nur bestimmte Empfänger auf meinem Handy ausgewählt und die Nachricht abgeschickt. Plötzlich sah ich, dass ALLE meine GESAMTEN Kontakte, einschließlich der medialen Reisegruppe, meine sehr persönliche Nachricht erhalten hatten! Ich war entsetzt! Wieder brauchte ich Zeit, bis ich verstand und musste später über mich selber lächeln. Alles war genau richtig so und ich dankte der geistigen Welt von Herzen.

Zwei Tage vor der Seminarreise war die Aufregung in mir groß. Nun hatte ich mich überall mit meinem wahren Namen gezeigt und sorgte damit bei einigen für etwas Aufwirbelung.

Die kleine Tochter einer Freundin reagierte wundervoll, als sie von meiner Namensänderung erfuhr. Annea hatte plötzlich eine Idee, wie sie mir ganz lustig verkündete. „Nenne Dich doch einfach „Conny-ELIA!“ Sie lachte und kicherte und wir beide amüsierten uns köstlich über diese Idee. Ich fand es wirklich lustig und „ELIA“ hörte sich für mich sehr interessant an.

Zwei Tage später ging die Reise endlich los und der Zeitpunkt zum Antritt der medialen Seminarwoche war gekommen. Ich war voller Aufregung und Freude, als ich aus dem Flugzeug stieg. Die Abholung klappte prima und die privat geführte Hotelanlage auf Mallorca gefiel mir sehr. Die Sonne schien herrlich und das Mittelmeer bot mir einen fantastischen Ausblick. Ich schien als Erste angekommen zu sein und ging direkt zur Anmeldung. Eine freundliche junge Frau erklärte mir die Anlage und ich bekam den Schlüssel für meine Unterkunft. Sie erklärte mir den Weg zu meinem Appartement, doch plötzlich dachte ich, ich hatte mich verhört! Ich musste noch einmal nachfragen, denn mein Appartement hatte keine Nummer, sondern einen Namen! Wie ich nun erfuhr, hieß mein Appartement ELIA! Fassungslos stand ich da! Ich lachte und ging kopfschüttelnd über dieses Wunder zu meinem ELIA-Appartement. Ich freute mich so sehr über dieses Geschenk und machte ein Foto von dem ELIA-Schild, als ich vor dem Appartement stand. Es war unfassbar und mein Verstand hatte inzwischen wieder aufgegeben. Er tat mir schon richtig leid.

Direkt am nächsten Morgen begann der erste Zirkel und ich konnte es kaum erwarten. Freudig, aber auch etwas unsicher, saß ich in der großen Gruppe. Das Medium Lisa hatte uns sehr herzlich empfangen und begrüßt. Jeder stellte sich kurz vor und ich spürte meine Aufregung. Wie ich vermutet hatte, kannten sich die meisten. Ich wählte meine Worte mit Bedacht und hielt mich zurück. Als Erstes erfuhr ich, dass wir alle einen Geistführer an unserer Seite hatten und ich meinen nun kennenlernen durfte. Seit unserer Inkarnation ist diese Energie an unserer Seite. Ich hatte inzwischen darüber gelesen und einmal in der Verbindung um ein Bild gebeten. Ich wollte gerne meinen Geistführer sehen. Erstaunt gelang es mir und ich sah in dieser Verbindung einen Mann mit längeren grau-weiß gelockten Haaren. Er saß an einem Sekretär und hatte eine Art Robe an. Ich war völlig erstaunt und bekam damals den Namen Michèle. Jetzt ging es darum, den Geistführer besser kennenzulernen und ich war gespannt, wie er sich mir zeigen würde. Er dient als erster Ansprechpartner und Türöffner zur Verbindung mit der geistigen Welt.

Wir gingen gemeinsam in die Verbindung und sofort liefen mir wieder die Tränen. Noch immer berührte mich mein Nachhausekommen sehr. Sofort sah ich wieder vor meinen geschlossenen Augen die fliegenden Herzen und das wundervolle Gefühl der tiefen Verbindung floss in mir. Ich war völlig beseelt und dann kam das Verstehen! Meine Herzen kamen von meinem Geistführer Michèle! Sie waren mein Zeichen für mich, um seine Energie zu erkennen! Jetzt verstand ich endlich und so wie ich es bereits zu Hause erfahren hatte, steigerte sich auch hier diese Energie.

Eingehüllt, wie auf einer wundervollen Wolke, genoss ich in Leichtigkeit meinen ersten Zirkel und war tief berührt. Etwas später übten wir das Empfangen von Durchsagen und bekamen Aufgaben. Jeder Teilnehmer durfte einen zusammengefalteten Zettel ziehen. Auf diesem Zettel stand der Name einer Teilnehmerin aus der Gruppe und wir sollten mit diesem Zettel in die Verbindung gehen. Ich zog einen gefalteten Zettel und hielt ihn in den Händen. Für mich war unvorstellbar, dass ich etwas über die Person, dessen Namen auf dem Zettel stand, empfangen würde! Ich konnte es mir nicht vorstellen. Wir gingen in die Verbindung und meine Herzen begrüßten mich. Mein Geistführer war präsent und ich erkannte seine Energie sofort. Nun bat ich in Gedanken um Durchsagen zu dem Namen auf meinem Zettel, den ich noch immer in der Hand hielt. Erstaunt stellte ich fest, dass mir plötzlich lauter Informationen zuflossen. „Oder bildete ich mir das nur ein?“ Kurz kam der Zweifel, doch es wiederholten sich bestimmte Wörter und sogar ganze Sätze! Ich empfing eindeutig etwas! Ich war fasziniert, öffnete meine Augen und nahm einen Stift und mein Büchlein und schrieb alles auf. Es schien mir teilweise absurd, doch ich notierte die Sätze. Als Erstes erhielt ich die Information, dass es bei der Person zum Zeitpunkt ihrer Geburt ein Thema gab. Es waren bei der Geburt Schwierigkeiten aufgetreten und die Mutter war direkt danach vom Kind getrennt worden. Die Bindung zur Großmutter spielte daher schon immer eine große Rolle in ihrem Leben. Ich war erstaunt, doch ich schrieb es ohne Wertung auf. In der Kindheit soll es große Probleme mit den Zähnen gegeben haben und ich bekam sogar das Alter genannt!

Danach bekam ich zur ersten Partnerschaft dieser Frau Durchsagen. Ich konnte es kaum glauben und als die Verbindung beendet war, lachte ich zweifelnd und schüttelte den Kopf. Nun sollten wir den Zettel, den wir gezogen hatten, öffnen und den Namen laut vorlesen. Die Dame, die ich gezogen hatte, hieß Nicole. Der erste Teil der Gruppe sollte nun mit der Person, die er gezogen hatte, in den Garten gehen und sich einen Rückzugsplatz suchen. Ich schaute mich um und fand die Frau. Unsicher suchte ich mit ihr einen ruhigen Platz und wir setzten uns unter einen Baum. Konnte ich ihr das wirklich alles erzählen? Das waren doch sicher einfach nur Gedanken meiner blühenden Phantasie oder doch nicht? Hatte ich nicht schon immer eine blühende Phantasie? Das hatte ich als Kind früher immer gesagt bekommen! Oder waren es wirklich Durchsagen, die ich empfangen hatte? Meine große Unerfahrenheit und die Scham über das, was ich da tat, holten mich kurz wieder ein. Ich teilte es Nicole jedoch einfach mit und schaute sie dabei an. Sie lachte und bat mich freundlich, die Durchsagen einfach vorzulesen. Ich nahm meinen Mut zusammen und fing an zu lesen. Nach den ersten Sätzen schaute ich zweifelnd in ihr Gesicht, doch sie war ganz gespannt und nickte lächelnd. Ich sollte weiterlesen! Ich teilte ihr daraufhin alle meine Durchsagen mit. „Ja", sagte sie, als ich verstummte, es gab tatsächlich ein Thema bei ihrer Geburt! Sie wurde daher von ihrer Mutter direkt danach getrennt! Ich konnte es kaum fassen und war hoch erfreut über diese Übereinstimmung! Aufgeregt schaute ich sie an und sie fuhr fort. Wie ich nun erfuhr, hatte sie tatsächlich in dem von mir besagten Alter Zahnprobleme und die Durchsage, die ich zu ihrer Beziehung mit dem ersten Freund bekommen hatte, stimmte ebenfalls!

Ich war sprachlos, dass alles zugetroffen hatte und ging mit Nicole zurück in den Raum. Das musste ich erst einmal verarbeiten! Doch es war keine Zeit dafür da, denn nun war ich selbst an der Reihe. Eine Teilnehmerin nannte meinen Namen und jetzt durfte ich hören, was sie für mich empfangen hatte und meine Aufregung stieg. Susanna ging mit mir gemeinsam hinaus und wir suchten uns wieder ein Plätzchen. Fasziniert und doch etwas verstört hörte ich mir an, was Susanna für mich empfangen hatte, doch mein Verstand konnte es nicht begreifen! Sie hatte eine Botschaft von meinem Opa für mich! Ich war kurz geschockt. Ich hatte nie einen Opa kennengelernt in meinem Leben, doch ich hätte es als Kind so gerne gehabt! Der Opa, von dem Susanna sprach, war 1945 umgebracht worden! Ich hatte tatsächlich diesen Opa und mehrfach war auch schon in mir das Gefühl gewesen, dass ich eine Verbindung zu ihm hatte. Die Botschaft meines Opas erzählte von MEINEM ganz persönlichen Weg! Er sprach von meiner schweren Vergangenheit und meinem Weg im Fluss des Lebens! Er ermutigte mich, meinen Weg weiterzugehen und ließ mir versichern, dass er die ganze Zeit weiter an meiner Seite war! „Puh!“ Ich war fassungslos! Mein Verstand hatte heftig zu tun. Jetzt bedankte ich mich für die Durchsagen bei Susanna und wir gingen danach direkt zum Frühstück. Das Essen lenkte mich nur wenig ab und nach diesen beiden Erfahrungen hatte ich massiv zu tun, das Erlebte zu verarbeiten. Ich zog mich zurück auf mein ELIA-Zimmer und weinte. Ich weinte vor Berührung und Ergriffenheit über die Hilfe, die mir aus der geistigen Welt zufloss.

Ich war unfassbar berührt. Das Üben der Durchsagen wurde im nächsten Zirkel fortgeführt und wieder war ich fassungslos, wie alles, was ich als Informationen bekommen hatte, zutraf. Danach zog ich mich völlig zurück. Ich war eindeutig überfordert. Die Gruppe war nett und aktiv. Die meisten kannten sich persönlich und gingen zum Strand oder unternahmen Ausflüge. Ich brauchte jedoch Ruhe und Zeit und musste verarbeiten lernen. In meinem ELIA-Appartement angekommen, liefen mir immer wieder sofort die Tränen. Wie auf meinem Jakobsweg vertraute ich alles meinem Tagebuch an und es half mir sehr, das Erlebte zu begreifen. Am Abend zog ich mich früh zurück und ruhte mich weiter aus. Ich brauchte viel Schlaf und erlaubte ihn mir. Doch in der Nacht wachte ich plötzlich auf und schaute auf die Uhr. Es war 2:22 Uhr und plötzlich bekam ich Durchsagen! Ich konnte es kaum fassen! Meine Affinität zu den Energien der Zahlen wurde von der geistigen Welt genutzt! Die Durchsagen, die ich erhielt, betrafen die Familie einer Freundin! Ich war völlig geplättet, denn es meldete sich bei mir die verstorbene Oma der kleinen Annea! Es war die Kleine, die erst vor drei Tagen den Namen „ELIA“ erwähnt hatte! Vor lauter Aufregung liefen mir die Tränen, bis mir plötzlich bewusst wurde, dass ich vergessen hatte, die Durchsagen aufzuschreiben. Ich war völlig aufgewühlt und erst als ich mich endlich wieder etwas beruhigt hatte, schrieb ich schnell ein paar Zeilen auf ein Blatt Papier. Danach war an Schlaf kaum noch zu denken. In mir arbeitete es auf Hochtouren. Mein Verstand wollte verstehen.

Alles in mir arbeitete und müde stand ich um 6.00 Uhr am Morgen auf. Ich machte mich für den Morgenzirkel fertig und ging zum Seminarraum. Wieder erlebte ich einen berauschenden Zirkel. Am Nachmittag hatte mich die Müdigkeit eingeholt und ich schlief einige Stunden. Im Abendzirkel lernte ich die Trancearbeit kennen und war völlig begeistert. Doch nach dem Abendessen war ich wieder sehr erschöpft und zog mich direkt zurück. Ich füllte mein Tagebuch und ging früh schlafen. In der Nacht wurde ich um 3:33 Uhr geweckt und wieder empfang ich eine Durchsage. Sie war von der verstorbenen Mutter meiner Freundin Sandy. Ich war wieder aufgeregt, doch ich empfing besser als die Nacht davor. Ich hatte die Mutter nie kennengelernt und dennoch berührte mich ihre Durchsage sehr. Sie wollte ihrer Tochter unbedingt helfen! Mehr und mehr wurde mir aufgezeigt, dass die Verstorbenen ihren Lieben alle helfen wollten! Und diese Hilfe aus der geistigen Welt empfing ausgerechnet ich! Es war unglaublich! Diesmal konnte ich wieder besser einschlafen und war weniger müde, als ich am Morgen erwachte. Ich war tatsächlich beschwingt. Mich überkam plötzlich der große Wunsch, wir mögen heute in unserem schönen Gruppenraum einfach einmal tanzen! Ich wünschte mir laute tolle Musik und wollte tanzen. Ich wünschte mir Leichtigkeit! Lächelnd über meine Idee, ging ich unter die Dusche und machte mich für den Tag startklar. Es war noch sehr früh am Morgen, als ich mich wieder auf den Weg zum Gruppenraum begab. Doch plötzlich hielt ich inne und blieb stehen. Ich hörte Musik!

Es war gerade erst 7 Uhr am Morgen! Mit jedem Schritt, den ich näher zum Gruppenraum kam, wurde die Musik lauter! Ich öffnete die Tür des Gruppenraumes und konnte nicht glauben, was ich sah. Mitten in der Mitte des großen Raumes tanzten Lisa und eine Teilnehmerin ausgelassen nach lauter Musik! Sie lachten und tanzten und ich war sprachlos. Fassungslos stand ich kurz da und dann musste ich ebenfalls lachen. Beschwingt ließ ich mich von der Musik einfangen. Ich tanzte einfach drauf los und eine große Leichtigkeit schwang in mir. Ich liebte es schon immer zu tanzen! Ich liebte schon immer die Musik! Mein Verstand hatte die Kontrolle aufgegeben. Er war ganz still und ich tanzte ausgelassen voller Freude. Es war fantastisch!

In der darauf folgenden Nacht wurde ich um 4:44 Uhr geweckt! Ich empfing Durchsagen für mich selbst und schrieb alles auf. Die Durchsagen waren geprägt von Informationen zu meinem weiteren persönlichen Weg! Ich war überwältig und auch überfordert. Mein Verstand hatte es wieder nicht mehr begreifen können. Doch ich sprach mit niemand darüber, denn ich wusste, ich darf das alles erst einmal verarbeiten. Ich konnte mit meiner Medialität anderen Menschen helfen. Als ein KANAL der geistigen Welt durfte ich unterstützend dienen. Die Grenzen des Todes lösen sich auf, wenn die LIEBE die Herzen einander erreichte! Sie war fühlbar und immer da! Ich erfuhr, dass die „Heilung der Familie“ - für mich das höchste Gut - auf meinem Seelenplan stand! In einer Verbindung bekam ich ein altes weißes Kleid mit einer geklöppelten Spitze gezeigt. Es sah aus, wie ein altes Hochzeitskleid.

Ich erfuhr, dass viele unserer Ahnen zur damaligen Zeit aus ganz anderen Gründen eine Hochzeit gefeiert hatten! Die Versorgung und die Not waren stets im Hintergrund gewesen! Der erste Weltkrieg brachte Traumata hervor und war durch Wahnsinn und Leid geprägt. Das Trauma der Urgroßeltern führte oft zu Missbrauch und Gewalt innerhalb der Familien! Die nachfolgenden Generationen waren ebenfalls davon betroffen und die Energie war weiterhin im Feld! Der zweite Weltkrieg führte es weiter und die nächsten Generationen hatten mit den Energien ebenfalls zu tun! Ich verstand es inzwischen sehr gut. Ich bin ein Kriegsenkel und ich hatte inzwischen über die Jahre durch die Familienaufstellungen mehr und mehr Zusammenhänge erkennen dürfen. Jetzt konnte meine große Begeisterung für die Aufstellungsarbeit von der geistigen Welt unterstützt werden! Es war unglaublich. Ebenso konnte meine Affinität zu den Zahlen genutzt werden! Ich liebte die Energie der Zahlen und verstand sie! Ich erfuhr weiter, dass es jetzt in dieser Inkarnation darum geht, *„die männliche und die weibliche Seite wieder in die Heilung zu bringen“*! Beide Seiten können sich aus den alten Verstrickungen lösen. Sie können eine neue *„HOCHzeit“* feiern und die *„Reinheit“* wird wieder hergestellt! Ein Ausgleich kann erfolgen, denn die jetzige Zeit, ist die Zeit der *„Transformation“*. Sie ist die Zeit des Wandels und dafür von mir auf Seelenebene gewählt! Noch immer gab es die schweren Energien im Feld. Muster von Gewalt, Missbrauch und Abhängigkeiten waren noch heute Themen in vielen Familien. Dies zu verstehen und nun wirken zu können, dafür war mein eigener Weg im Fluss des Lebens gedacht! All meine früheren Erfahrungen hatten einen Sinn!

Mir wurden Zusammenhänge aufgezeigt und ich war sprachlos! Ununterbrochen liefen mir dabei die Tränen, doch endlich bekam ich meine Antworten! Ich verstand! Alles ergab endlich einen Sinn. Ich war tief berührt darüber, doch ich brauchte unbedingt Ruhe und Zeit zum nachdenken. Immer wieder suchte ich mein ELIA –Appartement auf und zog mich von der Gruppe zurück. Am vorletzten Morgen kam mir beim Aufwachen ein Gedanke. Das Tanzen am Morgen mit Lisa war mir wieder eingefallen. Ich hatte mich so sehr darüber gefreut. Es brachte eine herrliche Leichtigkeit in mir hervor. Jetzt dachte ich, dass es vielleicht toll wäre, wenn ich von der geistigen Welt ein LIED für mich erhalten könnte! Mir kam spontan diese Idee und ich musste wieder lachen. Ich wünschte mir plötzlich ein Lied von der geistigen Welt! Im Morgenzirkel angekommen, begrüßte uns Lisa wieder freudig. Sie erklärte den Ablauf unseres Zirkels und plötzlich erwähnte sie, dass heute jeder ein LIED von der geistigen Welt erhält! Ich dachte, ich höre nicht richtig! Das war doch kaum zu glauben! Ich war völlig außer mir! Ähnlich wie zwei Tage zuvor, als ich mir das Tanzen gewünscht hatte, passierte kurz darauf, dass wir tanzten! Und jetzt, als ich den Gedanken an ein Lied von der geistigen Welt hatte, bekam ich ein LIED mitgeteilt! Es war unglaublich! Wir gingen in die Verbindung und ich genoss die wundervollen Energien. In der Übung, in der es um das Empfangen des Liedes ging, kam Lisa plötzlich auf mich zu. Sie sah mich lächelnd an und teilte mir mit, das mein Lied von der geistigen Welt das Lied „Oh Tannebaum“ war!

„Oh Tannebaum?“ Erstaunt schaute ich sie an. „Wie jetzt“, dachte ich etwas erstaunt, was sollte das denn bedeuten? „Ich wollte doch gerne ein richtiges schönes Lied haben“, dachte ich nun etwas verwirrt. Was sollte ich denn mit diesem Lied anfangen? Ich befand mich mitten am Meer auf Mallorca und draußen schien die Sonne! An Weihnachten war noch gar nicht zu denken! Verdutzt fragte ich bei Lisa noch einmal nach. Doch sie sagte mir, sie wisse es nicht. „Vielleicht geht es darum, dass Du Weihnachten einmal anders verbringen darfst“, antwortete sie mir und lächelte. Sie wusste es wirklich nicht! Ich überlegte und kam zu dem Schluss, dass ich diese Durchsage zu all meinen Fragen legte, für die ich noch keine Erklärungen hatte. „Ich werde schon noch meine Antworten bekommen“, schloss ich und beließ es dabei. Der Tag der Rückreise nahte und ich war überglücklich. Ich hatte mich bei Lisa für die wundervollen Erfahrungen bedankt. Voller Demut und Dankbarkeit war mein Herz erfüllt und auch wenn noch nicht alles für mich nachvollziehbar war, ich folgte weiter meiner Intuition. Und ich verstand endlich meinen Seelenplan! Die Durchsage meines Opas hatte mich tief erreicht und ich wusste, er war an meiner Seite.

Als ich zu Hause wieder ankam, erreichte mich von der geistigen Welt noch ein Geschenk. Ich war erstaunt, denn ich bekam in einer Durchsage für mich persönlich plötzlich das LIED *„Halleluja“!* Vielleicht hatte es ja geholfen, weil ich mit „Oh Tannebaum“ nichts anfangen konnte, dachte ich kurz und musste schmunzeln. Ich wusste es nicht, doch ich freute mich über das Lied „Halleluja“ sehr, denn ich liebte es schon lange.

In den folgenden Tagen konnte ich alles sacken lassen und meinem Mann in Ruhe alles erzählen. Ich war wieder erleichtert, dass er mich weder auslachte, noch das Erlebte in Frage stellte und es tat mir wirklich gut, über alles reden zu können. Die Durchsage von der Oma der kleinen Annea hatte ich in einen Briefumschlag gesteckt. Ich traute mich jedoch noch nicht, sie meiner Freundin Nana und ihrem Mann Kai zu übergeben. Ich zögerte und benötigte einige Tage, bis ich mir endlich ein Herz fasste und fuhr zu ihnen hin. Mit leichten Tränen in den Augen drückte ich Nana den Brief in die Hand und erwähnte, dass es eine Botschaft aus der geistigen Welt sei. Sie sah mich an und plötzlich kamen ihr die Tränen und sie sagte mir, dass sie genau wisse, von wem diese Botschaft sei. Ich war erstaunt, denn sie hatte recht! Sofort danach, als ich die Botschaft übergeben hatte, fuhr ich direkt nach Hause und atmete tief durch. Die Aufregung in mir war groß. Es dauerte einige Tage, bis ich von der Familie hörte. Kai umarmte mich und erzählte, dass er die Botschaft von seiner Mutter annehmen konnte. Ich war tief berührt, doch mehr sprachen wir nicht darüber und ich war erleichtert. Ich hatte meinen Auftrag damit erfüllt.

Erst einige Wochen später übergab ich meiner Freundin Sandy die Zeilen von ihrer verstorbenen Mutter, die ich ebenfalls auf der Reise empfangen hatte. Auch hier hatte ich lange abgewartet und überlegt. Die Tatsache, dass ich Menschen vom Verstand her damit überfordern konnte, machte es mir schwer, denn ich wusste nur zu gut, wie sich eine Überforderung anfühlte.

Von nun an bekam ich täglich auch zu Hause Durchsagen zu meinem weiteren Weg. Ich sollte mir tatsächlich einen Ordner anlegen und war erstaunt! Aufgeregt schrieb ich weiter alles auf. Viele Informationen flossen und ich durfte die systemische Arbeit im morphogenetischen Feld mit Hilfe der geistigen Welt verstehen lernen. Es war für mich anstrengend, denn unfassbar viel altes Leid durfte ich selbst in meiner Familiengeschichte erfahren. Geschockt ging ich immer wieder durch tiefe Gefühle und bekam tatsächlich mehr Mitgefühl. Ich hatte großen Respekt bekommen und verstand die Folgen der Kriegswirren, die über Jahrzehnte noch immer auf uns alle einwirkten. Ich verstand Karma und viele Zusammenhänge wurden mir erklärt. Ich bekam auf ALLE meine Fragen endlich meine Antworten. Es war sehr emotional für mich und doch war ich erfüllt und danach überglücklich. Ich war angekommen und endlich keine Suchende mehr.

Eines Morgens hatte ich wieder Kontakt zu der Oma von der kleinen Annea. Es war wieder die Mutter von Kai, die sich bei mir meldete. Sie war sehr präsent und wollte gerne ihrem Sohn helfen. Ich überlegte, was ich tun konnte und kam zu dem Schluss, dass ich niemanden ansprechen würde. Es war mir einfach nicht möglich. Ich kam mit der geistigen Welt überein, wenn ich jemand helfen durfte, dann möge derjenige bitte von selbst auf mich zukommen. Ich bat darum, dies zukünftig so zu berücksichtigen. Ich gab es so an meinen Geistführer und der Mutter von Kai und war damit beruhigt. Drei Tage später stand Nana vor der Tür und bat mich um Unterstützung für ihren Mann Kai! Es ging genau um das Thema, welches mir die Mutter von Kai mitgeteilt hatte! Die liebe Seele hatte es tatsächlich geschafft!

Meine Entwicklung

Es war inzwischen Weihnachten im Jahr 2017. Ich verlebte einen wundervollen Abend mit meinem Sohn und meinem Mann. Überglücklich nahm ich die Energien wahr, die an diesem Weihnachtsfest anwesend waren. Ich spürte die Präsenz meiner Ahnen und es berührte mich tief. Auf den Fotos der Kamera konnte ich viele Orbs sehen! So viele Wunder hatte ich inzwischen erlebt und konnte es selbst oft kaum glauben. Hocherfreut ging ich zur Tür, als es plötzlich klingelte. Überraschend bekamen wir an diesem Weihnachtsabend von Kai, Nana und ihren Kindern Besuch. Die ältere Tochter Dalia überreichte uns ein kleines Dankeschön. Die kleine Annea war als Weihnachtsmann verkleidet und hielt eine Kamera in der Hand und filmte. Spontan forderte sie uns auf, ein Weihnachtslied zu singen! Völlig überrascht und ohne eine Absprache fingen mein Sohn, mein Mann und ich an zu singen. Wir sangen das Lied „Oh Tannebaum!" Plötzlich, mitten beim Singen, fiel es mir wieder ein! Wir sangen das Lied „Oh Tannebaum", welches ich auf der Reise von der geistigen Welt bekommen hatte! Vor vier Monaten hatte Lisa dieses Lied von der geistigen Welt für mich empfangen! Sie hatte den Hinweis ausgesprochen, dass ich Weihnachten diesmal vielleicht anders verbringen möge. Es dauerte keine Minute und ich strahlte beim Singen über das ganze Gesicht. Endlich verstand ich!

„Ja, ich habe Weihnachten in diesem Jahr völlig anders verbracht“, dachte ich hocherfreut. Es war total anders! Ich hatte am Morgen des 24.12. erstmalig der geistigen Welt als KANAL gedient! Einige Wochen zuvor hatte ich noch einmal einen Kontakt zur Mutter von Kai. Sie wünschte sich, dass ich eine Brücke zu ihrem Sohn und ihrer Schwiegertochter baute und mich als KANAL zur Verfügung stellte. Ich war aufgeregt und wir verabredeten den Weihnachtsmorgen. Die Morgenenergie war günstig, weil unsere Kanäle zu dieser Zeit noch nicht so beschwert waren. Wir sollten kein Handy anschalten, sondern direkt mit dem Morgen starten. Kai und Nana waren einverstanden gewesen und so saßen wir am 24.12. am Morgen gemeinsam mit meinem Mann in einem Lichtkreis. Ich ließ mich von der geistigen Welt führen und es war berauschend! Zum allerersten Mal diente ich als KANAL und ich war tief berührt! Lichtvoll stellte ich die Verbindung her und sah die Energien vor meinen geschlossenen Augen! Bis heute habe ich ein Bild nicht vergessen! Über unseren Lichtkreis öffnete sich ein hellweißes Licht. Es baute sich vor meinen Augen eine Lichtsäule auf, wie ich sie noch nie zuvor gesehen hatte! Ich nahm die Verbindung zu Kai war, doch es war die Energie von Nana, die plötzlich den Zugang erreichte! Ich saß direkt in einem KANAL von hellweißem Licht und war die Verbindung zwischen Nana und der geistigen Welt! Es war unglaublich für mich! Die Verbindung mit der Mutter von Kai kam zustande! Die LIEBE und die Dankbarkeit, die ich dabei fühlte, waren unendlich groß!

Dieses Erlebnis werde ich immer in meinem Herzen behalten. Es war mein allererstes Mal, dass ich der geistigen Welt als KANAL dienen durfte! Ja, ich hatte Weihnachten tatsächlich völlig anders verbracht! Es war unbeschreiblich und seit diesem Tag hatte ich inzwischen jedes Jahr am 24.12. am Morgen eine besondere Verabredung mit der geistigen Welt! Es ist mir eine Ehre!

Mein Entwicklungsweg ging danach intensiv weiter und ergab sich fast wie von alleine. Es war erstaunlich. Ich befasste mich weiter mit der Transformation und der umfassenden systemischen Arbeit. Ich lernte und vertiefte mein Wissen zu den Grundlagen der systemischen Aufstellungsarbeit in einer Weiterbildung an einer Heilpraktikerschule in Berlin. Die wissenschaftliche Ausrichtung der phänomenalen Zusammenhänge interessierte mich ebenfalls sehr. Vieles konnte ich mir dadurch erklären. Ich war begeistert über die vielen neuen Erkenntnisse der Metaphysik und der Quantenphysik. Viele Zusammenhänge erklärten sich mir auf diese Art und Weise. Alles ist Energie und mit allem verbunden. Es gibt keinerlei Trennung. Für unseren Verstand ist dies noch nicht zu begreifen, doch mich beruhigten diese wissenschaftlichen Erkenntnisse. Ich hatte meine phänomenalen Erfahrungen machen dürfen. Die Erkenntnisse des morphischen Feldes sind aus meiner Sicht unglaublich wertvoll. Ich bin heute überzeugt, dass wir noch viel mehr Phänomenales erfahren werden. Der Schleier des Vergessens wird sich mehr und mehr lüften. Es sind unsere GEDANKEN, die viel machtvoller sind, als wir es selbst glauben. Wir dürfen uns jedoch dazu erst selbst finden, um unser SEIN zu erkennen.

Es ist für mich eine spannende wandelnde Zeit und wir dürfen immer mehr in unsere Kraft kommen. Die Verantwortung für sein Leben bei sich selbst zu sehen, um liebevoll in das Verstehen zu kommen, ist unsere Herausforderung.

Neben all meinen neuen Entwicklungen wünschte ich mir unbedingt einen medialen Zirkel. Mir war die Zirkelarbeit sehr wichtig und ich schätzte sie sehr. Das Üben, um in der Verbindung mit der geistigen Welt zu sein und der Austausch darüber, war für mich äußerst wertvoll. Ich überlegte, was ich machen konnte und formulierte eines Tages meinen Wunsch an die geistige Welt. Doch erstaunt erfuhr ich, dass ich selbst es war, die einen medialen Zirkel leiten durfte! Ich erfuhr von der geistigen Welt, dass ich diesen Zirkel führen werde, wenn ich es denn möchte! Es bestand immer die freie Wahl, denn der freie Wille steht über allem! Ich war erstaunt und begeistert über diese Wandlung und es entwickelte sich tatsächlich mein eigener Zirkel! Es ergaben sich Möglichkeiten, die für mich vorher überhaupt nicht vorstellbar waren. Die geistige Welt inspirierte und leitete mich und erstaunlich schnell mietete ich einen Raum an. Es fanden sich die Teilnehmer und ich war hoch erfreut, wie sich alles ergab. Am 17.08. führte ich meinen ersten eigenen Zirkel durch und war beseelt. Erst Wochen später fiel mir das Datum auf. Die geistige Welt hatte mir auf der ersten medialen Reise die Energien der zwei Achten erklärt! Ich konnte es kaum fassen, dass es mir erst so spät auffiel. Es war unglaublich magisch und ein sehr hoch schwingendes Datum.

Die Schulung der Sensitivität der Hellsinne stand im Zirkel im Vordergrund. Das Kennenlernen des eigenen Geistführers war mir ebenso wichtig, wie ich es selbst gelernt hatte und ich ließ mich in der Zirkelarbeit komplett von meinem geistigen Team führen. Ich hatte inzwischen einen Wechsel des Geistführers erlebt und später noch einen weiteren Geistführer hinzubekommen. Inzwischen hatte ich tatsächlich ein Team an meiner Seite! Ebenfalls gehörten dazu meine Lieben, zu denen ich eine besondere Herzensverbindung auf Seelenebene hatte. Es war erstaunlich!

Meine mediale Zirkelarbeit begann und mein Verstand war am Anfang oft am meckern. Er hätte gerne vorher einen Plan gehabt! Ich musste oft schmunzeln, denn ich wusste inzwischen, dass ich diese Gedanken ignorieren durfte und so erlebte ich gleich bei meinem ersten Zirkel eine bewegende, aber auch lustige Geschichte, die ich gerne mit Dir teilen möchte, liebe Leserin, lieber Leser.

In meiner Gruppe befand sich ein älterer Herr. Er war eigentlich nur der Fahrer seiner Frau und sie die Teilnehmerin. Doch als ich kurz zuvor das Geburtsdatum von Ulrich gesehen hatte, schwang mir über die Energie der Zahlen seine große Medialität entgegen. Es schien einiges an Potential in ihm zu schlummern und ich teilte es ihm vorsichtig mit. Er hatte gelacht und konnte es sich nicht vorstellen, doch nun saß Ulrich tatsächlich in meinem Zirkel! Er wollte sich das Ganze mal anschauen. Wir übten die ersten Durchsagen und Ulrich schüttelte immer wieder den Kopf. Ich musste lächeln, denn ich erinnerte mich sofort an mich selbst. „Da ist er, der Zweifler“, dachte ich und sprach Ulrich an. Er lachte verunsichert. „Das ist alles Quatsch was ich hier habe!“

„Das kann unmöglich eine Durchsage sein!“ Lachend teilte mir Ulrich sein Empfinden mit. „Nun, wir werden es sehen“, versuchte ich ihn zu beruhigen und bat ihn, weiter aufzuschreiben. Als die Zeit um war und wir in die Auswertung gingen, setzte sich Ulrich mit der Dame zusammen, dessen Namen er gezogen hatte. Doch wieder lachte er zweifelnd und wand sich. Es war ihm sichtlich peinlich, was er da empfangen hatte. Ich ermunterte ihn nun, das Empfangene mitzuteilen und zögerlich fing Ulrich an zu sprechen. „Ich habe überhaupt nicht viel bekommen und es kann nur erfunden sein!“ Ich musste so schmunzeln. Wie gut konnte ich ihn verstehen! Doch ich bat ihn, weiter zu erzählen und wieder wand er sich. „Ich habe immer wieder nur drei Wörter bekommen“, antwortete er aufgeregt.

„Berge, Haus und ein Schwein!“

Jetzt mussten wir alle lachen. Aufgeregt teilte Ulrich uns mit, dass es sich wirklich nur um „ein Schwein“ handelte! Auf keinen Fall waren es mehrere, erzählte er und lachte sich halb schief dabei. „Das ist doch totaler Blödsinn, was ich aufgeschrieben habe“, erwiderte Ulrich und schüttelte den Kopf. „Schauen wir doch einmal, was die Dame sagt, die Du gezogen hast“, versuchte ich ihn wieder zu beruhigen. Die Dame hieß Anke und wir kannten uns noch nicht. Anke hatte aufmerksam zugehört und mit uns mitgelacht. Doch nun fing sie an zu erzählen.

Vor längerer Zeit war Ankes Mann verstorben. Er hatte ihr ein Haus hinterlassen. Es war sein ehemaliges Elternhaus. Dieses *Haus* befand sich in Österreich in den *Bergen*! Sie war die ganze Zeit am Überlegen, was sie mit diesem alten Haus machen sollte! In diesem Haus war ihr Mann aufgewachsen. Auf dem Grundstück befand sich neben dem Haus noch ein Nebengebäude. In diesem Gebäude hielt die Familie damals in der Kindheit ihres Mannes *ein Schwein*! Jetzt lachten wir alle los und konnten es nicht fassen! Sie hielten damals wirklich nur *ein Schwein*! Anke hatte einen wundervollen Gruß von ihrem verstorbenen Mann bekommen! Sie freute sich sehr darüber. Als Ulrich sich etwas später von mir verabschiedete, schüttelte er noch immer den Kopf und lachte herzlich. Er konnte es noch immer nicht fassen und ich verstand ihn nur zu gut.

Ich erzähle diese kleine Geschichte immer wieder gerne, weil sie so herrlich ist und einiges aufzeigt. Selbst mit diesen drei Worten konnte der Empfänger etwas anfangen und es war ein wundervolles Zeichen aus der geistigen Welt. Oft sind es gerade die kleinen Zeichen und Botschaften, die uns genau im richtigen Moment in unserem Alltag erreichen, wenn wir uns dafür öffnen können.

Neben diesen herrlichen Zirkeln ging meine persönliche Entwicklung ebenfalls wieder weiter und neue mediale Ausbildungen folgten. Ich entschied mich für einen intensiven Trancelehrgang und verschiedene Workshops. Ich lernte weiter dazu und war nun auch mit der umfassenden Trancearbeit völlig vertraut. Etwas später nahm ich an einem Kurs zu Jenseitskontakten teil.

Ich fuhr zu einem Wochenendseminar zu Lisa nach Hamburg. Es ging diesmal um das Empfangen und Zeichnen von Jenseitskontakten. In mir war ein großes Feuer entfacht. Ich brannte förmlich darauf und konnte es kaum erwarten, daran teilzunehmen. Ich wollte unbedingt Jenseitskontakte zeichnen. Wir waren eine kleine Gruppe und ich fühlte mich sehr wohl. Das Erlernen von verschiedenen Techniken zum Zeichnen gehörte zum Kurs und während der Verbindung fingen wir direkt an zu empfangen. Meine Freude war groß und ich hatte sofort das Gefühl, Kontakte auf das Papier bringen zu können. Tief versunken in diese Arbeit mit der geistigen Welt, zeichnete ich meine ersten Jenseitskontakte und war hocherfreut. Die Zeit verging wie im Fluge und am Abend war ich überglücklich. Am nächsten Tag führten wir eine Übung durch und sollten uns dafür einen Partner in der Gruppe aussuchen. Yvonne, eine Dame die schräg gegenüber von mir saß, schaute mich direkt an und wir wussten beide sofort, dass wir diese Übung zusammen machen wollten. Wir durften nun gegenseitig einen Kontakt für den anderen empfangen und auf das Papier bringen. Ich war aufgeregt, als ich anfing zu zeichnen. Plötzlich bekam ich kurze Durchsagen, doch sie waren verworren für mich. Ich hatte einen Mann empfangen und er schien irgendwie seine Scherze zu machen! Es kamen Angaben zu seinem Alter von 35 bis 50 Jahre!

„Du kannst es Dir aussuchen!

„Ach Nein, zeichne mich, als sei ich 30 Jahre alt!“

Ich war völlig irritiert. War das wirklich eine Durchsage?

„Dann zeichne mich eben, als wäre ich 50 Jahre alt!"

Ich verstand nicht und dachte, ich bin zu unsicher. Ich hatte kein Bild vor Augen von diesem Mann. Doch als ich auf einmal lachen musste, weil mir „von oben" vermittelt wurde, dass dies nicht an mir läge und er sich amüsierte, schien die Dame mir gegenüber nun sehr aufgeregt. Yvonne bekam mit, dass ich etwas empfing und wollte unbedingt wissen, was das war. Ich war jedoch so verunsichert und traute mich nicht, es zu sagen. „Nun sag doch, du empfängst doch etwas, ich bekomme es doch mit", sprach Yvonne und ich zögerte immer noch. Was sollte ich ihr denn sagen, ich war völlig ratlos.

„Sag ihr, ich sei der Onkel oder der Bruder, du kannst es Dir aussuchen!"

Er amüsierte sich und ich fasste es nicht! Sollte ich ihr dieses Durcheinander tatsächlich erzählen? Meine Zeichnung war unsicher gezeichnet und vom Alter her konnte ich ihn kaum einschätzen. Mir war das alles unangenehm und ich zögerte immer noch, doch dann teilte er mir plötzlich etwas Weiteres mit.

„Ich bin eine Liebe aus einem anderen Leben! Jedem hätte ich früher einen Vogel gezeigt, wenn er an so einen Quatsch hier geglaubt hätte!"

Er schien sich köstlich zu amüsieren und ich war sprachlos.

"Und überhaupt, zeichne mich bitte ohne T-Shirt! Ich möchte, dass Du mich nur mit einem freiem Oberkörper zeichnest!"

„Na jetzt ist aber genug", dachte ich und war total entsetzt! Was sollte das alles? Ich hatte dabei die ganze Zeit auf mein Bild geschaut und gezeichnet und angefangen, Yvonne von dem Durcheinander zu erzählen. Zögerlich berichtete ich ihr von den Scherzen, bis ich hoch sah und war entsetzt! Yvonnes Gesicht war tränenüberströmt! Sie schluckte und dann brach es aus ihr heraus. „Das ist mein verstorbener Mann! Mein erster Mann, er hatte immer gerne solche Scherze gemacht! Jedem hat er früher einen Vogel gezeigt, der an so etwas geglaubt hatte. Oft stritten wir uns manchmal sogar darüber!" Yvonne weinte und erzählte von ihrem ersten Mann. „Er wollte am liebsten immer ohne T-Shirt rumlaufen und zeigte gerne seinen muskulösen Oberkörper! Er war sehr stolz auf ihn! Selbst im Winter lief er in der Wohnung die ganze Zeit mit freiem Oberkörper durch die Räume!" „Puh!" Ich war sprachlos. Weinend erzählte Yvonne von ihrem ersten Mann und die Geschichte dieser beiden jungen Menschen berührte mich sehr. Sie waren noch ein ganz junges Paar und nur 2 Jahre verheiratet gewesen! Es war unfassbar traurig. Ich war etwas durcheinander, doch unsere Übung ging sofort wieder weiter, denn nun sollte Yvonne für mich zeichnen. Sie brauchte ebenfalls noch einen Moment und erlang ihre Fassung zurück und fing an zu zeichnen.

Die Zeichnung stellte eine Uroma in jungen Jahren dar, wie sie mir nun berichtete und ich war verblüfft. Ich erkannte die Dame auf dem Bild nicht, doch ich hatte mir immer ein Bild von meiner Uroma väterlicherseits gewünscht! Diese Bitte hatte ich direkt an die geistige Welt gerichtet. Ich hatte inzwischen einen Großteil der Geschichte meiner Ahnen aufgearbeitet und eine starke Verbindung zu dieser Uroma. Sollte sie das sein? Ich wusste es nicht, doch ich nahm dankbar die Zeichnung an. Als etwas später der wundervolle Kurs zu Ende ging, hielt Lisa plötzlich eine Zeichnung von einer älteren Dame hoch. Sie fragte nach, ob sie jemand erkenne. Ich blickte auf die Zeichnung und musste sofort schlucken. Ich wusste plötzlich genau, wer das war! Nur einmal hatte ich sie in der Verbindung so gesehen! Ich war zu Tränen gerührt, denn diese ältere Frau war meine Uroma väterlicherseits. „Ich liebe dich aus der Tiefe meines Herzens“, so schwang dieser Satz in mir und erstaunt stellte ich fest, dass ich es ebenfalls fühlte! Ich war so verbunden, es war fantastisch. Am Ende dieser hochschwingenden Erlebnisse verabschiedete ich mich voller Dankbarkeit von Lisa und den Teilnehmerinnen. Ich dankte der geistigen Welt voller Demut und fuhr nach Hause.

Glücklich über jeden Schritt, den ich bisher seit meinem Jakobsweg gegangen war, ließ ich mich weiter von meiner Intuition führen. Unglaublich viele wundervolle Geschenke der geistigen Welt durfte ich inzwischen erleben. Viele Jenseitskontakte zeigten sich mir und wurden von mir auf dem Papier empfangen und an die Menschen weitergegeben.

Ich diene der geistigen Welt heute als KANAL und bin ein spiritueller Lehrer und arbeite umfassend. Viele Verstorbene versuchen ihre Lieben zu erreichen. Es sind für mich die WUNDER der LIEBE, die mich regelmäßig berühren und mein Herz erfüllen. Immer wieder werden meine gezeichneten Verstorbenen von Angehörigen erkannt. Es ist unglaublich, welche Kraft von ihnen fließt. Jede Verbindung ist für mich eine besondere Freude. Doch es ist so viel mehr als nur ein Jenseitskontakt! Für die Hinterbliebenen bringt es oftmals eine große Wandlung. Es ist das Wissen, das es KEINE Trennung gibt! Jeder kann den anderen wahrnehmen und spüren, nur auf eine ganz andere Art! Die Verbindung bleibt bestehen, auch wenn der physische Körper nicht mehr da ist. Die Ebene zu wechseln, ist nur eine andere Form. Genau das hatte die geistige Welt mir so erklärt. Doch vom Verstand her konnte ich es damals noch nicht begreifen. Mein Verstand durfte viel lernen und das war wichtig! Denn viele alte Bewertungen und Urteile durften sich in mir verabschieden. An dieser Stelle möchte ich hierzu eine wundervolle Durchsage der geistigen Welt mit Dir teilen, liebe Leserin, lieber Leser.

„Das Wertvollste was Ihr besitzt, ist Euer Ätherkörper!
Deine Seele ist Gast in diesem Haus!
Den Fluss des Lebens Du hierin nur erfahren kannst!
Bewegung auf allen Ebenen für Euch!
Er ist ein Geschenk!“

Ich durfte damit lernen, was ein Ätherkörper ist, denn noch nie hatte ich davon etwas gehört. Der Ätherkörper besteht aus dem spirituellen Körper (Geist), dem mentalen Körper (Gedanken), dem emotionalen Körper (Gefühle) und dem physischen Körper. Alle vier Körper möchten im Einklang schwingen und entsprechend des eigenen Seelenplanes gelebt werden. Ich selbst hatte all die Jahre meinen spirituellen Körper ignoriert und jegliche Spiritualität verleugnet. Auch meine Emotionen hatte ich verleugnet und nicht wirklich gefühlt! Mein mentaler Körper, meine Gedanken, hatten viel in mir gearbeitet und meinen physischen Körper hatte ich ausgepowert! Er war nun völlig erschöpft, denn es fand kein Ausgleich statt! Alles ist jedoch miteinander verbunden und möchte im Einklang schwingen. Mein physischer Körper hatte mir all meine Starre und meinen Schmerz, den ich nie rausgelassen hatte, aufgezeigt. Die nachfolgende Durchsage hatte mich dazu erreicht und ich war über diese Durchsage am Anfang sehr betroffen.

„Die Kraft in DIR! Größtmöglich hast Du Leid erfahren, der Seelenplan es vorgesehen! Du wirst es brauchen auf dem Wege, denn die heilige Kraft Dir gibt, MITGEFÜHL es ist! Wo kein Schatten, auch kein Licht! Verstehe was des Lösung Schlüssel ist! Es ist das LICHT, doch ohne Mitgefühl es bricht! Ihr habt erkannt die Selbstliebe, das allein reicht nicht! Was nährt, ist MITGEFÜHL für DICH! Dann erst kann geschehen Heilung auf den Ebenen! Friede für Euch!“

Die Durchsage wühlte mich völlig auf. Hatte ich zu wenig Mitgefühl? Hatte ich ÜBERHAUPT Mitgefühl für mich selbst? Es arbeitete viel in mir und noch heute darf ich an mein Mitgefühl für mich selbst denken. Denn es gehört zu meiner eigenen Verantwortung, für mich selbst wundervoll zu sorgen! Ich darf mir selbst die beste Freundin sein. Mein Mitgefühl für mich ist erst ganz zart vorhanden, doch es darf weiter wachsen. Als ich mich etwas später in die Stille setzte, ging die Durchsage der geistigen Welt tatsächlich weiter! Ich war völlig erstaunt, denn so etwas hatte ich bis dahin noch nicht erlebt.

„Ihr verbaut Euch den Zugang, Ihr Kinder der Liebe.
Schaut auf Eure Polarität! SIE nehmt in Euer Herz!
Drückt aus Euer Mitgefühl dem Manne!
Sein Herz erkaltet, sucht Wärme.
Verstehen verzeiht, die Liebe ist nicht weit!
Das Herz geöffnet breit, dem Mitgefühl die Tore öffnen!
Ihr Kinder der Liebe dürft daran wachsen!
Wir sind bereit. Unsere Fäden sind Verbindung.
Frieden ist LIEBE!“

Nach dieser Durchsage liefen mir die Tränen und ich brauchte Zeit, mich wieder zu beruhigen, denn mir wurde wieder einmal etwas aufgezeigt. Jeder unserer GEDANKEN erzeugt eine Energie! Diese Energie schwingt nach Außen! Sie ist für die geistige Welt, für den Partner, für die Familie, ja für alle Menschen „hörbar“!

Die Energie unserer Gedanken schwingt aus und all diese Energie kommt direkt wieder auf uns zurück, wie bei einem Bumerang! Das universelle Gesetz der Resonanz zeigt es auf! Ich durfte hierbei meinen Spiegel und die universellen Gesetze verstehen lernen. Alles ist mit ALLEM verbunden! Es gibt keinerlei Trennung! Die Zusammenhänge in meinem Leben mehr zu erkennen, brachte mir Klarheit. Das Mitgefühl für mich selbst und für andere, war früher oft gar nicht vorhanden. Doch genau dieses benötigen wir, um zu heilen! Das Gefühl der LIEBE kannte ich nicht. Ich dachte, dass ich liebte! Doch ich liebte mit dem Verstand! Ich spürte Verbundenheit und dachte, das ist Liebe! Als mir dieser Unterschied bewusst wurde, war ich erschrocken! Doch ich durfte lernen, dass wir alle gerade diesen Weg gehen! Wir denken oft vom Verstand her, dass es so ist und stellen unserem Herzen keine Fragen mehr.

Mein Zusammentreffen mit der Französin Kristin auf dem Jakobsweg hatte viele Fragezeichen in mir aufgeworfen. Wir hatten unglaublich viele Parallelen und ich verstand inzwischen, dass wir uns nach dem Gesetz der Resonanz angezogen hatten. Alles in unserem Außen ist Resonanz und ein Spiegel! Wir sind nur ständig von uns selbst abgelenkt und uns fehlt das Wissen, um unseren eigenen Spiegel zu erkennen. Auf dem Jakobsweg begegnete ich mir selbst. Alles was in meinem Ätherkörper schwang und gespeichert war, zeigte sich mir im Außen! Das zu verstehen und auch weiterhin zu erkennen, ist für mich heute ein Weg, um alte Verletzungen weiter heilen zu lassen.

Alles, was in meinem morphogenetischen Feld Heilung erfährt, verändert auch automatisch das Außen, weil es keine Trennung gibt. Das Außen ist das kollektive Energiefeld und es ist auch hier alles miteinander verbunden. Die Wissenschaft ist sich über die Bedeutung des morphischen Feldes bereits im Klaren und viele fantastische Wissenschaftler haben hierzu wundervolle Ausführungen dargelegt. Für mich sind diese Erkenntnisse phänomenal und sie erklären mir alles. Wir sind ständig im Austausch mit diesem Feld, ohne es zu wissen! Es wirkt auf uns, denn es sind all unsere Gedanken und Energien. Es sind tatsächlich UNSERE Energien! Und in meinem morphogenetischen Feld ist ebenso auch alles aus früheren Inkarnationen vorhanden. Von der geistigen Welt erfuhr ich in einem Zirkel, dass wir als Mensch immer wieder neu inkarnieren. Es kann tatsächlich mehr als Einhundert Mal erfolgen! All diese Energien sind im Feld. Wieder kaum vorstellbar für meinen Verstand, doch heute kann ich es annehmen. Auch die Energien meiner Ahnen befinden sich in diesem Feld. Nichts geht verloren! Das Feld kennt ebenso alle Antworten! Es kennt den Weg der Heilung, denn wir selbst tragen den Schlüssel dazu IN UNS. Wie INNEN so AUSSEN! Mein Herz hatte irgendwann auf meinem magischen Jakobsweg die Führung übernommen und es öffnete sich der Zugang zu GOTT. Die Zeichen konnte mein Verstand nicht mehr verleugnen! Der göttliche Funke hatte mein Herz erreicht! Das veränderte alles, denn das Feld der Resonanz wandelte sich sofort. Mein Weg wurde plötzlich leichter, obwohl die Schmerzen im physischen Körper immer noch da waren.

Als ich damals am Silvesterabend verzweifelt und deprimiert den Entschluss gefasst hatte, diesen Weg zu gehen, war mir alles gleichgültig gewesen. Ich dachte in meiner Verzweiflung, dass es vielleicht besser wäre, wenn ich nicht mehr wieder zurückkomme! Und genau das hatte ich am Ende der Reise beinahe erfahren! Meine Papiere und alle anderen wichtigen Sachen waren gestohlen worden. Ich wäre beinahe nicht wieder zurückgekommen! Ich durfte Hilfe erfahren und DANKBARKEIT lernen! Ich durfte das Leben lieben lernen, denn ich hatte es die ganze Zeit abgelehnt! Ich war immer in einem Widerstand und auch meinen Körper hatte ich die ganze Zeit nicht geachtet! Er war mir nie gut genug gewesen. Er sollte anders sein und ich wollte ihn schmerzfrei haben! Genau das bekam ich nicht. Denn ich verstand nicht, dass ich die ganze Zeit in einem Widerstand lebte. Das Feld der Resonanz kann mir dann nur mit Widerstand antworten. Das was ich ablehnte, zog ich genau an! Ich startete meinen Jakobsweg mit einem Durcheinander in mir und genau dieses Durcheinander erlebte ich auf dem Flughafen. Ein Gepäckbandausfall brachte ein großes Durcheinander. Der Sturm über die Pyrenäen hatte mir meine Ohnmacht über das Durchhalten- und Funktionierenmüssen in meinem Leben aufgezeigt. Ich hasste es, durchhalten zu müssen! All meine blockierten Gefühle konnten sich dadurch endlich lösen! Meine Ahnen und all meine Lieben die ich vermisste, waren die ganze Zeit an meiner Seite! Ich hatte es nur nicht gewusst! Ich hing in der Wut und Ohnmacht fest. Die Begegnung mit Kristin sollte mich daran erinnern, dass es keinerlei Zufälle gab, denn alles ist Resonanz!

Kristin hatte mir auf meinem Weg etwas gegeben. Das, was sie mir damals in der kleinen Kapelle entgegengebracht hatte, war Mitgefühl! Sie hatte liebevoll Mitgefühl gezeigt, ohne es mit Mitleid zu verwechseln! All dies hatte ich endlich erfahren und verstanden. Doch durch das Schreiben meiner Autobiografie war mir erst jetzt so viel Weiteres klar geworden! Mein Jakobsweg war inzwischen einige Jahre her und erst beim Schreiben erkannte ich mehr und mehr Zusammenhänge. Ich staunte, dass ich erst jetzt vieles verstand! Doch ich durfte von der geistigen Welt erfahren, dass unser Fluss des Lebens genau so gewollt ist! Und ich verstehe heute, dass ich noch weiter staunen darf, denn genau so ist das Leben gedacht! Unser Leben ist ein Weg! Er ist dafür da, um so viele Erfahrungen wie möglich zu machen und sich als Seele zu entwickeln. Auf diesem Weg dürfen wir uns unsere Zeit nehmen und in unserem HERZTEMPO voranschreiten. Der freie Wille ist unsere Kraft. Wir haben immer eine Wahl! Denn es gilt für uns auf der Erde das Gesetz der Polarität, welches wir verstehen lernen wollen. Es gibt immer zwei Seiten im Leben und wir erleben dadurch unsere Dualität. Wo Licht ist, ist auch Schatten. Beides gehört immer zusammen. Sehen wir die andere Seite der Dualität - der Wahlmöglichkeit - nicht, dann ist es wichtig, sich genau diese andere Seite klarzumachen. Erlaube ich mir Klarheit, fließt diese Klarheit auch im Außen wieder auf mich zurück. Es geht gar nicht anders! Denn wir nähren das, womit wir uns befassen! Das, was wir nähren, erschaffen wir uns selbst im Außen, ohne es zu wissen! Es ist phänomenal!

Meine Entwicklung hatte all das in mir hervorgebracht, weil ich endlich mein Einfordern und meine Erwartungen losgelassen hatte! Ich hatte meinen Widerstand aufgegeben! Ich kam endlich in das Fühlen und traute mich, meine Angst und meine versteckte Wut und den Hass in mir zu durchfühlen. Ich traf auf eine große Feigheit in mir. Schuld- und Schamgefühle waren tief in mir verbuddelt gewesen und der Selbsthass durfte erkannt und durchfühlt werden! Erst danach konnte er sich auflösen. Das alles brachte mir das Gefühl der Freiheit. Es brachte mir die andere Seite der Dualität. Die LIEBE konnte sich ausbreiten und wurde nun genährt, denn ich selbst kümmerte mich endlich um mich.

Meinen Wunsch, noch einmal nach Südfrankreich zu fliegen, erfüllte ich mir endlich im Jahr 2019. Mein Mann und ich beschlossen, zu seinem Geburtstag nach Biarritz zu fliegen. Ich hatte inzwischen einiges über meine Urahnen erfahren und es gab tatsächlich einen Bezug zu Südfrankreich und Biarritz. Ich freute mich sehr auf diese Reise. Einige Wochen zuvor hatte ich einen Kontakt meiner Urgroßmutter empfangen und sie zeigte sich mir mit einer Baskenmütze! Diese Mütze ist ein Symbol aus dieser Gegend und bezeichnend für das Baskenland. Ich erfuhr, dass sie als Kind viel am Meer in Biarritz gewesen war und ich sollte unbedingt das Meer im Hintergrund zeichnen! Es war wundervoll und ich war tief berührt! Mein Gefühl für das Land Frankreich hatte sich inzwischen völlig verändert. Ich war glücklich darüber und sehr gespannt auf meine neuen Erlebnisse in Südfrankreich.

Einen Tag vor unserem Abflug war ich bei meinem Sohn und seiner Freundin zum Essen eingeladen. Ich war erstaunt und erfuhr während des Essens von den beiden jungen Menschen, dass ich zum ersten Mal Großmutter wurde! Ich freute mich riesig! Meine Vorahnung wurde damit bestätigt, und ich war überglücklich. Ich konnte es kaum erwarten, mein erstes Enkelkind im Arm zu halten.

Und dann kam der Tag unserer Reise nach Südfrankreich. Als ich am Morgen im Flugzeug nach Biarritz saß, kam mir der Gedanke, dass mein noch ungeborenes Enkelkind tatsächlich französische Wurzeln hatte! Und dann wurde mir bewusst, dass es diese Wurzeln auch von Seiten seiner Mama gab! Auch sie hatte französische Wurzeln! Plötzlich hatte ich das Gefühl, als wenn sich hier ein Kreis schloss! Ich war voller überschäumender Freude! Etwas in mir war gelöst und es fühlte sich wundervoll an. Unser Flug verlief wunderbar und mein Mann und ich kamen mit großer Freude in Biarritz an. Und direkt nach der Ankunft war es wieder da, das vertraute Gefühl. Nichts erschien mir fremd! Ich fühlte mich heimisch und völlig wohl. Erstaunlicher Weise ging es meinem Mann ebenso! Wir lachten beide darüber und freuten uns. Das Hotel lag nahe am Atlantik und wir konnten zu Fuß die Altstadt erkunden und den Strand erreichen. Ich erfreute mich an der Architektur der Häuser und nahm alles in mir auf. Der breite Fluss ließ wieder mein Herz höher schlagen und die herrschaftlichen Villen und die schroffe Küste mit dem dazwischen liegenden Sandstrand zum Atlantik faszinierten mich. Mir gefiel einfach alles! Das alte kaiserliche Seebad hatte für mich etwas sehr Besonderes.

Die Felsen, deren Aussehen von den Wellen des Meeres geformt worden waren, verströmten eine wilde Kraft. Gleichzeitig bewegte mich die anmutende Architektur vom Jugendstil und Barock bis hin zum modernen Design. Es war irgendwie alles vorhanden. Mein Mann und ich spazierten an der Atlantikküste entlang und die Wellen bauschten sich an dem wunderschönen Felsenriff auf. Beim Betreten der Brücke zum Riff pochte plötzlich mein Herz stark. Ich war erstaunt und schaute mich um. Überrascht kamen mir die Tränen! Ich sah auf eine Statur der Jungfrau Maria und war tief bewegt. Sie stand hoch oben auf einem Felsen. Doch ich konnte meinen Gefühlsausbruch nicht verstehen. Mein Herz pochte noch immer stark und als ich mich wieder umdrehte, war ich sprachlos. Es war, als hätte ich ein Dejavue und an diesem Punkt schon einmal gestanden! Ich schaute auf die Küste von Biarritz und für einen Moment zerriss es mir fast das Herz. Ich sah vor meinem geistigen Auge plötzlich Bilder des Krieges! Ich sah Zerstörung und Not und viele hilflose Menschen am Strand! Erschrocken über diese aufblitzenden Bilder, die plötzlich da gewesen waren, ging ich aufgeregt zu meinem Mann. Er stand etwas Abseits und hatte den Blick auf das Meer genossen. Ich erzählte ihm von meinen heftigen Gefühlen und den plötzlichen Bildern, welche ich gesehen hatte. Doch bei ihm war alles gut und er hatte keinerlei Resonanz verspürt. Die Schroffheit und gleichzeitige Schönheit der Küste bannte uns für einen Augenblick und ich konnte mich wieder beruhigen. Wir gingen über die lange Fußgängerbrücke zurück und kamen zu einem Kriegerdenkmal. Plötzlich brach mein Mann in Tränen aus!

Noch nie hatte ich das bei ihm so erlebt! Es war seltsam und auch ich war sehr berührt. Das Denkmal stand für die gefallenen Soldaten im ersten und zweiten Weltkrieg in Biarritz! Wir hatten irgendetwas mit der Geschichte zu tun, dessen war ich mir sicher. Plötzlich folgte ich einem Impuls und faltete meine Hände zum Gebet. Ich bat voller Demut um Vergebung! Ich teilte meine Würdigung über das Schicksal all der Opfer und Täter mit. Tief berührt stand ich da und mein Herz pochte heftig. Was auch immer ich damit zu tun hatte, ich bat aus der Tiefe meines Herzens für mich selbst und all meine Ahnen um Vergebung und plötzlich kamen mir die Tränen. Ich ließ sie laufen, denn es sollte so sein. Mein Mann und ich nahmen uns die Zeit und gingen etwas später weiter. Kurz darauf kamen wir an einen weiteren Gedenkstein. Auf dem Stein standen Namen von Personen aus Biarritz, die im Krieg umgekommen waren. Wir konnten lesen, dass viele Menschen in ein Konzentrationslager nach Deutschland verschleppt worden waren! Plötzlich mussten wir lesen, dass die Menschen aus Biarritz in das KZ Sachsenhausen nach Oranienburg verschleppt worden waren! Fassungslos schauten wir uns beide an. Mein Mann und ich wohnten in Oranienburg! Sprachlos standen wir da und hatten zu tun, die Zusammenhänge zu erfassen und zu begreifen. Doch all die Erkenntnisse, die wir bekamen, halfen uns, mehr zu verstehen. Für mich schloss sich hier wieder ein Kreis und es fühlte sich bereits auf dem Jakobsweg so an, dass in meinem morphogenetischen Feld die Energien zwischen Deutschland und Frankreich in die Heilung kamen. ENDLICH! Ich freute mich sehr.

Tief bewegt würdigten mein Mann und ich noch einmal alle Schicksale und baten um Heilung all dieser Energien im kollektiven Feld. Das Erlebte berührte uns sehr, und wir ließen diese Berührung zu. In den Tagen danach waren wir beide noch immer bewegt, doch gleichzeitig genossen wir die fantastische Küste und die herrlichen Ausblicke. Wir schlenderten entspannt am Meer entlang und genossen unsere gemeinsame Zeit in Biarritz.

Die Akte

Diese Reise war für mich sehr wichtig und etwas sehr Besonderes. Der wunderschöne Ort Biarritz und die Geschichte haben seit dem einen festen Platz in meinem Herzen und beides steht für eine Verbindung zu meinen Ahnen.

Zuhause ging unser Rhythmus wieder weiter und ich genoss meine Zirkelarbeit und das mediale systemische Coaching. Ich empfand es als ein außergewöhnliches Geschenk, denn die geistige Welt wirkte immer mit. Öfter dachte ich zurück an den Beginn meines Weges und wie sich alles gewandelt hatte. Wie befreiend und glücksselig waren meine Erfahrungen geworden! Doch es gab eine Sache, von der ich Stefan damals auf meinem Jakobsweg nichts erzählt hatte. Diese Sache holte mich eines Tages ein. Zur Aufarbeitung meiner Vergangenheit hatte ich mich vor meinem Jakobsweg entschieden, endlich herauszufinden, ob es eine Stasi-Akte von mir gab.

Lange hatte ich gezögert und brauchte wirklich Jahre für diese Entscheidung. Ich war immer hin- und hergerissen und wollte von dem Ganzen nichts mehr hören, doch dann stand es eines Tages für mich fest. Um wirklich abschließen zu können, brauchte ich auch hier Klarheit! Ich stellte den Antrag beim Bundesbeauftragten für Unterlagen des Staatssicherheitsdienstes der ehemaligen DDR. Ich befürchtete, dass es eine Stasi-Akte von mir gab, obwohl ich in der DDR ein unauffälliges Leben geführt hatte. Doch ich verließ 1989 noch vor dem Fall der Mauer durch die Reise nach Prag die DDR. Mit Hilfe der Prager Botschaft war ich mit meinem Sohn und einem Freund in die BRD eingereist und wir galten offiziell als Flüchtling.

In der Aufarbeitung meiner Kindheit hatte ich bezüglich der Nahtoderfahrung ebenfalls Hinweise auf den Eingriff der Stasi bekommen. Mehrfach hatte ich mit dem Gesundheitsamt telefoniert, denn es gab Unklarheiten. Die freundliche Sachbearbeiterin beim Amt konnte meiner Gesundheitsakte keinen Krankenhausaufenthalt entnehmen! Ich sprach daraufhin mit der Leiterin des Amtes und auch sie fand es merkwürdig, denn es wurde damals alles dokumentiert. Ich erfuhr, dass die Leiterin seit mehr als 30 Jahren in dem Amt tätig war. Sie versicherte mir, dass jeder Zahnarztbesuch, jede Schuluntersuchung, ja jede kleine Kontrolluntersuchung dokumentiert wurde. Eine Kopie kam immer in diese Akte! Ich berichtete ihr von dem Zeitraum, um den es sich handelte und sie stellte fest, dass der gesamte Zeitraum von 1967 bis 1969 in meiner Akte fehlte! Daraufhin beantragte ich den offiziellen Zugang zur Akte und bekam sie zugeschickt.

Als ich sie etwas später in den Händen hielt, war auch für mich ersichtlich, was mir die Leiterin bestätigt hatte. Nach ihren Aussagen gab es dafür nur eine einzige Erklärung! Jemand hatte die Unterlagen bewusst für diesen Zeitraum aus der Akte genommen! Die Spuren der traumatischen Erlebnisse meiner Kindheit wurden auch hier verwischt! Diese Person hatte ganze Arbeit geleistet, um keinerlei Beweise auffindbar zu machen! Für die Leiterin und auch für mich stand fest, dass die Person zur Stasi gehört haben musste, denn nur diese hatte die Macht dazu.

Im Jahre 2016 bekam ich nun die Antwort auf meinen Antrag. Plötzlich hielt ich eines Tages meine Stasi-Akte in den Händen! Als ich den Umschlag öffnete und der Inhalt mich ganz langsam erreichte, war ich erschüttert. Die erste Seite war komplett geschwärzt. Bis auf ein Aktenzeichen und der Dienststelle konnte ich nichts erkennen. Meine Akte bestand nur noch aus 19 Seiten. Der Rest war beseitigt worden. Es hatten Ermittlungen der Stasi gegen mich gegeben! Ich konnte Schriftstücke lesen, in denen über mich geschrieben wurde. Es gab operative Auskünfte, Ermittlungsberichte und Überprüfungsbögen. Ich war geschockt! In Wohngebietsermittlungsprotokollen und all den Schriftstücken wurde ich nur mit dem Nachnamen benannt. Es fühlte sich an, als lese ich tatsächlich einen Oberservierungsbericht über eine Schwerverbrecherin! Mein Puls raste und die Wut in mir stieg sofort. Ich konnte der Akte regelrechte Verleumdungen und Unwahrheiten über mich entnehmen!

Empört über diese Übergriffe, fühlte ich mich plötzlich wie eine straffällig gewordene Person. Ich las sehr persönliche, ja zum Teil intime Bewertungen über mich und meinem damaligen Freund! Ich war eindeutig bespitzelt worden von Menschen, denen ich absolut vertraut hatte! Ich war völlig geschockt! Das Gefühl des Verrats tobte in mir und es wütete, es war unglaublich! Ich ließ diese unfassbar große Enttäuschung über den Verrat da sein und durchfühlte meine Gefühle. Ich wollte unbedingt loslassen, doch ich wusste, dass ich zuvor meine Gefühle dazu fühlen und rauslassen musste. Eine unfassbare Wut und großer Hass kam in mir auf. Am liebsten hätte ich all die Personen aufgesucht und Ihnen meine Verachtung und meinen Hass entgegengeschleudert! Doch zu diesem Zeitpunkt hatte ich „zufällig" noch einige Reststunden bei meiner Therapeutin offen und nahm sie dankbar an. Ich musste unbedingt diesen alten Rest, der zu dem Scherbenhaufen gehörte, loslassen. Es war mir so wichtig. Die Hilfe der Therapeutin tat mir sehr gut und ich konnte vieles besprechen, doch ich wollte weitere Klarheit bekommen. Es gab die Möglichkeit, in einem weiteren Antrag die KLARNAMEN der Personen zu erfragen, die heimlich der Stasi als Informeller Mitarbeiter zugearbeitet hatten. Wieder schrieb ich an die Behörde und stellte den Antrag. Es dauerte ein weiteres Jahr, bis ich wieder Post von der Behörde bekam.

Wir hatten inzwischen das Jahr 2017 und die Informationen, die ich nun dem Schreiben entnehmen konnte, waren für mich nur noch eine Bestätigung. Ich hatte in der Zwischenzeit vieles erfahren und die Puzzleteile ergaben das Bild. Nun bekam ich die Bestätigung dessen, was schon offen lag.

Doch so schockierend die Wahrheit sich auch aufzeigte, etwas in mir hatte sich in der Zwischenzeit gewandelt. Das Verstehen war klarer und die Wut war inzwischen abgeklungen. Ich hatte eine große Unterstützung durch die geistige Welt erfahren und mein Bewusstsein durfte sich weiterentwickeln. Ich erkannte völlig neue Zusammenhänge! Durch die große Hilfe meiner Ahnen konnte ich in die Tiefe meiner eigenen Familiengeschichte tauchen. Es war unglaublich für mich und mehr als schockierend, was ich vorgefunden hatte! Über viele Wochen hatte ich mit all dem sehr gehadert und brauchte meine Zeit, um das LEBEN mit ALLEM zu begreifen. Mein Widerstand verschwand endlich und ich staunte.

Die Stasi hatte in der DDR die Macht. Durch den Mauerbau und die Teilung Deutschlands war die Zerrissenheit in vielen Familien groß. Es gab genügend Möglichkeiten, die Menschen unter Druck zu setzen. Durch unüberlegte Äußerungen zu Fluchtgedanken gab es schnell Mittel, jemanden zu erpressen. Durch verschiedene andere Heimlichkeiten und Möglichkeiten, konnte jeder erpresst werden! Die erpresste Person spielte oftmals innerhalb der eigenen Familie ihre Rolle über Jahrzehnte! Einmal begonnen, war es nicht mehr aufzuhalten. Der Mensch kam aus dem Lügen nicht mehr heraus! Zu hoch war der Preis! Die Erpressung des Einzelnen war die Waffe der Stasi. Jeden konnten sie in irgendeiner Weise erpressen und ihn zu ihrem IM machen. Ja selbst gegenseitig funktionierte diese IM-Erpressung über viele Jahrzehnte, wie ich heraus fand. Die Scheinheiligkeit und das unter den Teppich kehren wurde in der DDR perfekt ausgelebt.

Die Wahrheit, die ich für mich herausfand, brachte mich nach dem Durchfühlen der Wut und des Hasses endlich wieder vollständig in meine Macht. Ich konnte meine Vergangenheit annehmen wie sie war und ließ den Widerstand endlich los. Alles hatte einen Sinn und hat mir letztendlich gedient. Ich lernte erst durch diesen unfassbaren Schmerz in die LIEBE zu kommen. Es war unglaublich.

Der Tod

Ich war sehr glücklich über mein Loslassen. Es fühlte sich viel leichter in mir an. Doch noch immer zeigte mir mein physischer Körper weiterhin Schmerzen auf. Meine Beschwerden im Bereich der Bauchspeicheldrüse und Unterleib hatten sich immer mehr aufgelöst. Doch ich hatte inzwischen seit Monaten mit einer Schultersteife zu tun und große Schwierigkeiten, den rechten Arm zu heben. Schmerzhafte Bewegungen machten mir wieder meine Geschichte deutlich und ich durfte in das Fühlen gehen, denn im physischen Körper sind in all unseren Zellen die Erfahrungen gespeichert. Ich gab mein Bestes, doch nach vielen Untersuchungen und schmerzhaften Monaten, wurde mir eine Operation an der Schulter empfohlen. Für mich kam diese nicht in Frage und ich lehnte ab. Vielmehr bat ich um eine Rehabilitationsmaßnahme.

Ich hatte inzwischen eine sehr gute Hausärztin gefunden, die schulmedizinisch und auch homöopathisch behandelte. Ich war äußerst zufrieden. Fast wie von selbst hatte sich auch das in meinem Leben ergeben. Diese Ärztin traf bei jedem Besuch mit ihren Diagnosen, welches Thema gerade bei mir hinter den aktuellen Schmerzen lag, voll ins Schwarze! Ich war jedes Mal erstaunt und fühlte mich inzwischen gut aufgehoben bei ihr, denn sie schien ebenfalls eine gute Intuition zu haben. Alles hatte sich auch hier gewandelt und ich war sehr froh darüber. Von ihr bekam ich eine Überweisung zur Schmerzspezialistin und diese setzte meine Rehabilitationsmaßnahme durch. Erleichtert freute ich mich und war zuversichtlich. Endlich sollten auch meine Schultern ihre Beachtung bekommen und Heilung erfahren dürfen.

Die Anwendungen in der Klinik taten mir sehr gut. Jeden Tag konnte ich schwimmen gehen und gezielte Übungen ausführen, um mein Schultergelenk vorsichtig wieder in die Bewegung zu bekommen. Stück für Stück bemerkte ich langsam eine Verbesserung. Eines Morgens kam ich gerade von einer Behandlung. Mein Schultergelenk hatte eine intensive Aufmerksamkeit durch eine Bewegungsschiene erhalten. Ich war gerade wieder zurück auf meinem Zimmer, als ich überraschend einen Anruf erhielt. Der Anruf kam von meinem Schwager Simon. Simon teilte mir mit, dass mein Vater gerade verstorben war! Mein Vater war in einer Narkose eingeschlafen! Ich musste mich setzen und legte auf. Doch direkt danach meldete sich mein Neffe Daniel und als ich gerade meinen Sohn anrufen wollte, bekam ich eine weitere Nachricht über den Tod meines Vaters von meiner Schwester Bettina.

So plötzlich wie die Nachrichten auf mich einströmten, überschlugen sich die Informationen in meinem Kopf. Eine starke Unruhe machte sich in mir breit und ich lief im Zimmer hin und her. Was sollte ich jetzt tun? Noch einmal nahm ich das Handy und rief meinen Sohn und danach meinen Mann an. Ich teilte beiden die Nachrichten mit und als ich wieder aufgelegt hatte, überrannte mich förmlich die Traurigkeit. Mir kam der Gedanke, mich abzulenken und ich griff wieder zu meinem Handy, doch nun hatte ich plötzlich keinen Empfang mehr! Es war KEIN NETZ mehr vorhanden! Erstaunt bekam ich von meinem geistigen Team eine klare Durchsage.

„Nimm Dir die Zeit."
„Es wird Dir helfen."
„Schreibe ihm einen Brief."
„Sage ihm alles, was Du ihm nie sagen konntest."

„Oh!" Diese Durchsage erreichte mich so klar, dass ich für einen Moment völlig verdattert war und setzte mich endlich hin. Mein Vater war tot! Endlich saß ich ganz ruhig da und ließ die Gefühle hochkommen. Die Tränen liefen unaufhaltsam und ich erlaubte mir, alles zu fühlen. Ich wusste, ich trauerte um etwas, was ich nie von ihm bekommen hatte. Ich hatte ihn deswegen nur noch verurteilt. Meine Tränen liefen unaufhaltsam und wie aus Protest, schmiss ich all meine Taschentücher auf den Boden. Nachdem ich den ersten Schmerz rausgeweint hatte, setzte ich mich an den Schreibtisch. Ich brauchte überhaupt nicht überlegen und fing sofort an zu schreiben. Es strömte förmlich aus mir heraus.

Doch mit meinen ersten Zeilen dankte ich ihm und war erstaunt! Meine Zeilen waren plötzlich tatsächlich voller Dankbarkeit und ich berichtete ihm von meinem Weg des Wandels. Ich schrieb seitenweise auf. Meine jahrelange Aufarbeitung hatte mir geholfen und nun konnte ich für mich wichtige Dinge erwähnen, die er in all den Jahren nie von mir erfahren hatte. Ich schrieb und es schien von Verurteilung und Wut nichts mehr in mir da zu sein! Erstaunt über meinen Wandel berichtete ich ihm von meiner erwachten Medialität. Nun konnte ich ihm schreiben, dass ich verstanden hatte, dass er weiterhin noch da war, eben nur in einer anderen Form. Er hatte den physischen Körper verlassen, aber seine Seele war noch da. Eigentlich war alles gut! Obwohl noch ein Teil in mir traurig war und weinte, wusste ich, es war alles gut so, denn er hatte sich nicht quälen müssen. Mein Vater wäre ein Pflegefall geworden, wenn er aus der Narkose aufgewacht wäre, so hatte ich es von meinem Schwager Simon erfahren. Ich war erleichtert darüber, dass er in der Narkose eingeschlafen war und damit einen friedlichen Übergang hatte.

Inzwischen war es Abend geworden und viele Seiten hatte ich aufgeschrieben. Die weiteren Anwendungen in der Klinik und das Essen hatte ich völlig vergessen. Erst spät ging ich kurz in den Speisesaal. Als ich vom Essen zurückkam, war es bereits dunkel geworden und ich zündete zwei Teelichter an. Ein Licht war für die Verbindung zu meinem Vater. Das zweite Licht war für die Verbindung zu meinem geistigen Team. Das Flackern des Lichtes erfreute mich jedes Mal, wenn ich einen Kontakt wahrnahm. Es flackerte in einem Windlicht, wo gar kein Wind war.

In einem geschlossenen Raum im Zirkel erlebten wir es regelmäßig, wenn die geistige Welt näher kam. Die Energien bewegten die Flamme. Nun stellte ich die Lichter in die Mitte des Raumes und setzte mich dazu. Ich fing an, mit meinem Vater zu sprechen und sah, dass sein Licht plötzlich flackerte! Das andere Licht stand völlig still! Ich freute mich darüber und kam mehr zur Ruhe. Ich wusste inzwischen, dass es für viele Seelen etwas dauern kann, den eigenen Tod zu begreifen, denn er ist ein Übergang. Diesen eigenen Übergang zu verstehen, um dann als Seele auf das eigene Leben zurückzuschauen, dauerte einen Moment. Für uns und unseren Verstand ist es nicht vorstellbar, doch für mich ist es inzwischen sehr klar. Auf Grund meiner eigenen Nahtoderfahrung konnte ich es annehmen. Das irdische Dasein im physischen Körper war beendet und eine Rückschau auf das Leben war der Seele möglich. Mit meinem Vater sprechend, verabschiedete ich mich und gleichzeitig bat ich ihn jetzt um eine Bestätigung, ob er einen guten Übergang hatte. Es erschien mir etwas merkwürdig, doch ich wollte unbedingt wissen, ob er gut empfangen worden war! Mir war plötzlich wichtig, dass er von seiner Familie in Empfang genommen wurde! Ich wünschte mir die Familienzusammenführung! Als mir dieser Wunsch plötzlich bewusst wurde, fing ich wieder an zu weinen. Ich musste unbedingt wissen, ob er von seinen Eltern und Geschwistern empfangen worden war! Dies war ein dringender Wunsch in mir! Ich spürte mein geistiges Team intensiv an meiner Seite und bekam eine Beruhigung.

„Alles ist gut!“

Doch diese Durchsage reichte mir nicht. Ich wollte unbedingt ein „richtiges“ Zeichen haben und wünschte mir eine Bestätigung! Laut sprach ich diese Absicht gegenüber der geistigen Welt aus, denn ich wusste inzwischen, dass das laute Aussprechen eine andere Schwingung erzeugte, als nur ein Gedanke. Die Energien flossen weiter zu mir, doch ich nahm ansonsten nichts Weiteres wahr und war enttäuscht. Die Aufregung und die Trauer waren in mir vielleicht noch zu mächtig, überlegte ich. Ich ging aus der Verbindung und danach direkt ins Bad. Als ich kurz darauf das dunkle Zimmer wieder betrat, traute ich meinen Augen kaum und konnte nicht fassen, was ich sah! In der Mitte des Raumes, direkte über dem Stuhl, auf dem ich gesessen hatte, schwebten goldfarbene Orbs! Ich sah tatsächlich mit meinen offenen Augen Orbs! Die Orbs befanden sich direkt über meinen Platz und beide Lichter flackerten wie wild! Fassungslos stand ich da und hielt für einen Moment die Luft an. Ich traute mich nicht, mich zu bewegen. Wie gläserne goldfarbene Bälle schimmerten die Orbs und mir liefen die Tränen. Langsam setzte ich mich vorsichtig auf das Bett. Voller Demut saß ich da und hörte die Durchsage.

„Alle Ahnen sind da!“
„Alles ist gut!“ „Schau!“

Ich konnte es nicht fassen! Mir liefen unaufhaltsam die Tränen. Meine Orbs, meine Ahnen! Sie hatten meinen Vater in Empfang genommen! Meine Orbs waren damals mein Türöffner zur geistigen Welt. Sie hatten mir das Vertrauen gelehrt!

Es war damals, ganz am Anfang meiner medialen Entwicklung, als ich noch nichts anderes zulassen konnte. Jetzt wurde mir ein Wunsch gleich doppelt erfüllt! Es war unglaublich für mich und ich wusste, mein Vater war von seiner Familie empfangen worden! In tiefer Demut saß ich weinend auf meinem Bett und nahm dieses Bild in mir auf. Plötzlich fühlte ich eine tiefe Verbundenheit mit meinem Vater! Noch nie zuvor hatte ich diese Verbindung zu ihm gespürt! Mein Vater war mir jetzt tatsächlich nah! Ich schaute fasziniert auf die Orbs und plötzlich, von einem Moment zum anderen, lösten sie sich wieder auf. Sie waren plötzlich weg! Völlig perplex saß ich auf meinem Bett und starrte in die Mitte des Raumes. Meine Orbs waren weg, doch das Gefühl der Verbundenheit zu meinem Vater war geblieben! Ich spürte tatsächlich ein Band zu ihm wie nie zuvor in meinem Leben! Wieder liefen mir die Tränen. Überwältigt und voller Demut dankte ich GOTT, dass ich das alles erleben durfte! All diese unglaublichen Erfahrungen, die ich machen durfte! Ich war unfassbar tief berührt und endlich kehrte Ruhe in mir ein. Ich wusste jetzt, mein Vater war gut angekommen und bei der Familie. Er hatte den Übergang gut geschafft. Erst spät in der Nacht schlief ich ein. An der Seite hatte ich ein Licht hingestellt und ich sah, dass es stark flackerte. Alles war gut.

Eine Beerdigung auf dem Friedhof ist eine Form, dem verstorbenen Körper einen Platz zu geben und ermöglicht uns, den Raum des Schmerzes sichtbar zu machen. Oft ist es erst der Friedhof, auf dem wir uns trauen, die Gefühle wirklich zum Fließen zu bringen. Wir erlauben uns hier endlich, unsere Wunde des Schmerzes zu zeigen.

Für mich ist eine Beerdigung sehr wichtig, auch wenn ich heute weiß, dass die Seele weiterhin existiert. Für meine Heilung im Inneren war es wichtig, den Schmerz über den Verlust des eigenen Vaters zu fühlen. Mein inneres Kind hatte immer den Vater vermisst! Es hatte sich immer nach seiner Liebe gesehnt, es war mir nur nicht bewusst, denn ich blieb irgendwann in der Wut hängen. Erst durch die Aufarbeitung der Vergangenheit bekam ich zu mir selbst einen Zugang und konnte mich besser verstehen lernen.

Die Beerdigung meines Vaters war tatsächlich für mich wundervoll, auch wenn ich dabei weinte. Mein inneres Kind weinte um den Verlust, doch der erwachsene Anteil in mir wusste, er ist weiterhin da! Mein Vater bekam alle Gedanken und Energien mit! Dies zu verstehen ist nicht leicht. Meine Schwester Sabine hielt eine sehr klare schöne Rede über das Leben meines Vaters und meine Mutter bat all ihre Töchter gemeinsam an das Grab ihres Mannes. Es war für mich ein Stück Heilung im Miteinander und ich war dankbar dafür.

Das Seminar

Die Selbstliebe und das Mitgefühl für uns selbst sind die Schlüssel der LIEBE. Die Verwandlung von Wut und Hass in LIEBE ist ein großartiges Geschenk an die Menschen, für alle, die dies heute erleben möchten, denn es ist die Zeit der Transformation der Erde.

Die Frequenzen der Erde erhöhen sich nachweislich und es ist wissenschaftlich belegt, dass all dies Auswirkungen auf uns Menschen hat. Diese Zeit bewirkt ein Aufdecken des Alten und Unbewussten. Die Menschheit wird bewusster. Das, was noch nicht in der LIEBE schwingt, wird aufgefordert, sich zu wandeln. Die Erhöhung der Frequenzen bewirkt, dass wir unsere eigenen Energien dazu besser wahrnehmen. Wir spüren und fühlen plötzlich mehr! Unsere eigenen Schwingungen verändern sich, wenn wir diese annehmen und wandeln. Hierzu dürfen wir erkennen und neu verstehen lernen.

Ich hatte mich für meine persönliche Weiterentwicklung inzwischen wieder für ein Seminar entschieden. Diesmal ging es mir noch einmal um die Transformation der Gefühle. Das Seminar erstreckte sich über eine intensive Transformationswoche und fand in einem herrlichen Hotel statt. Bei schönem Wetter machte ich mich auf den Weg zum Seminar und kam hocherfreut im Hotel an. Als das Seminar begann, war ich etwas aufgeregt und mein inneres Kind zeigte sich mir. Der große Saal mit den vielen Menschen wirkte für einen Moment etwas einschüchternd auf mein inneres Kind. Ich durfte es beruhigen und das Selbstvertrauen wiederfinden und war begeistert, als es mir kurz darauf gelang. Hoch erfreut verfolgte ich das interessante Programm und genoss die ersten Meditationen. Bereichernd nahm ich alles auf und ging erfreut am ersten Tag in der Pause zum Mittagessen. Es setzten sich kurz nacheinander zwei Frauen zu mir an den Tisch und ich freute mich über ein Kennenlernen. Wir kamen sofort in ein Gespräch. Eine der Frauen hieß Sonja und die Teilnehmerin zu meiner Linken hieß Ulrike. Wir plauderten ein wenig und Ulrike fing direkt an, von sich zu erzählen.

Sie suchte eine Neuorientierung und berichtete, dass sie vor einigen Monaten ihren Mann verloren hatte. Er war sehr plötzlich verstorben. Erstaunt schaute ich von meinem Teller auf. Ich drückte ihr mein Mitgefühl aus und wir sprachen weiter. Kurz darauf fing auch die andere Dame an, von sich zu erzählen. Sonja berichtete, dass auch sie erst vor einigen Monaten ihren Partner verloren hatte. Plötzlich war ich hell wach! Ich saß direkt zwischen diesen beiden Frauen! Dass es keinen Zufall gab, wusste ich inzwischen zur Genüge und war daher sehr achtsam. Nach dem Essen trennten sich unsere Wege wieder und ich ging auf mein Zimmer. Wir hatten eine lange Pause und ich freute mich auf den Park. Ich wollte meine Gedanken in das Tagebuch schreiben und mich auf der herrlichen Wiese lang ausstrecken, doch mitten im Zimmer angekommen, bekam ich einen Impuls von der geistigen Welt! Irgendetwas war los! In mir war eine Unruhe und es kam plötzlich der Wunsch in mir auf, zu zeichnen! Erstaunt über mich selbst, nahm ich meine Pastellkreide und den Block und legte alles neben dem Stuhl ab. Ich setzte mich in die Stille und fing kurz darauf an zu zeichnen. Es zeigte sich mir ein blonder Mann. Er entstand leicht im Seitenprofil auf meinem Papier. Als ich dachte, ich bin fertig, bekam ich einen weiteren Impuls und wurde gebeten, weiterzuzeichnen! Derselbe Mann wollte nun, dass ich ihn als Kind zeichnete! Ich war sehr erstaunt, denn so etwas hatte ich bisher noch nicht erlebt. Ich folgte wieder meinen Impulsen und machte weiter mit der Wischtechnik und skizzierte, bis ich einen kleinen blonden Jungen sah. Die Ähnlichkeit mit dem Erwachsenen war tatsächlich gut zu erkennen.

Plötzlich war eine große Aufregung in mir! Es schien, dass er einer der Partner von den beiden Frauen am Tisch gewesen war, doch ich war hin- und hergerissen! Für welche der beiden Frauen war dieser Kontakt? Das Hin- und Hergerissensein war äußerst merkwürdig. Ich kannte es in dieser Form nicht. Da ich genau zwischen den beiden Frauen gesessen hatte, ging ich davon aus, dass ich auf Grund dessen den Kontakt nicht klar zuordnen konnte. Die Informationen kamen für mich ebenfalls etwas dünn an und ich war unsicher. Ich überlegte, doch dann folgte ich meinem Gefühl. Mir schien, dass ich hier den verstorbenen Partner von Sonja vor mir hatte. Ich konnte es kaum fassen, denn ich wollte eigentlich in Ruhe meine Seminarwoche genießen und ausschließlich für mich sein. Doch aus irgendeinem Grund hatte ich meine Sachen zum Zeichnen mitgenommen! Jetzt kam ich jedoch in einen Konflikt. Ich konnte die Frau unmöglich einfach so ansprechen! „So ein Schiet", dachte ich. Anstatt draußen auf der wundervollen grünen Wiese zu liegen, hatte ich jetzt ein kleines Problem. Und das in meiner Mittagspause und in wenigen Minuten ging das Seminar weiter! Ich lächelte in mich hinein und bat mein Höheres Selbst achtsam um Führung und mein geistiges Team um Hilfe. Ich kam zu dem Schluss, dass ich von der geistigen Welt ein klares Zeichen brauchte! Sollte es stimmig und für die Frau wichtig sein, dass sie von mir etwas über diesen Jenseitskontakt erfuhr, dann möge sie sich beim nächsten Essen in der Pause wieder an meinen Tisch setzen! Ich gab diese Bitte laut „nach oben" und fühlte mich gleich viel wohler.

Das Programm der Woche ging weiter und die nächste große Pause zum Essen kam. Gespannt, was nun passieren würde, ging ich zum Abendessen. Ich kam mit meinem Teller vom Buffet und setzte mich draußen an einen Tisch. Das Wetter war noch herrlich und wie dafür gemacht. Plötzlich stand Sonja an meinem Tisch und fragte nach, ob sie sich zu mir setzen dürfe! Mir fiel vor Schreck fast die Kinnlade herunter und ich lachte sie an. Voller Demut dankte ich im Stillen meinem geistigen Team und verneigte mich. Jetzt wusste ich ganz sicher, dass ich die richtige Dame an meinem Tisch hatte! Ich konnte sie ansprechen. Wir unterhielten uns nett und vorsichtig erwähnte ich, was ich als medialer Coach so machte. Interessiert schaute sie mich an und wir sprachen ganz allgemein über die Spiritualität. Dabei beließ ich es jedoch erst einmal, denn ich brauchte noch etwas Zeit. Ich nahm mir einen weiteren Tag, bis ich sie ansprach. Ich berichtete ihr, dass ich einen Jenseitskontakt empfangen hatte, aber nicht wüsste, wo er hingehörte. Da wir zusammengesessen hatten, wäre es möglich, dass er zu ihr gehörte. Ich bat sie, einen Blick auf die Zeichnung zu werfen. Sonja war ganz offen und interessiert und wir verabredeten ein Treffen am Nachmittag an einer Bank. „Oh Mann!“ Ich hatte wieder etwas Angst, die Frau zu überfordern und dann musste ich mich auch noch in Geduld üben! Als wir uns später am Nachmittag an der Bank trafen, setzten wir uns gemeinsam hin. Behutsam öffnete ich meine Mappe und zog die erste Zeichnung hervor. Sonja nahm die Zeichnung in die Hand und fing plötzlich sofort an zu erzählen. Sie hatte ihn erkannt! In mir jubelte es sofort!

Eine Gänsehaut überflutete mich bis zu den Haarwurzeln! Ich nahm wahr, wie berührt die Energie von IHM war und hörte ihr aufmerksam zu. Ihr Lebenspartner Paul war an Bauchspeicheldrüsenkrebs gestorben. Ich hatte in der Durchsage erhalten, dass seine Partnerin für ihn eine sehr besondere Frau gewesen war. *„Sie hatte mir eine reine Liebe geschenkt! Bis zum letzten Atemzug war sie an meiner Seite geblieben! Für mich war es nicht selbstverständlich. Ich hatte diese Liebe nicht verstehen können, denn mein Leben lang stand ich immer zwischen zwei Frauen!"* Was ich jetzt von Sonja hörte, erklärte mir nun auch mein Gefühl der Hin- und Hergerissenheit, welches ich in dem Kontakt mit ihm gefühlt hatte! Er hatte mir aufgezeigt, dass er sich nie zwischen zwei Frauen entscheiden konnte! Ich bezog jedoch diese Zerrissenheit auf mich selbst und den beiden Frauen an meinem Tisch! Erst später verstand ich und die Geschichte der beiden berührte mich sehr. Und nachdem Sonja erzählt hatte, verstand ich auch plötzlich, warum Paul gerne eine Zeichnung von sich als Kind zeigen wollte. Paul verlor seine Schwester, als er gerade ein paar Monate alt war. Er war noch ein kleines Baby, doch auf Grund der schweren Situation zu Hause wurde er vorübergehend zur Tante gegeben. In seinen ersten Lebensjahren gab es ein großes Hin und Her zwischen den Frauen. Er stand immer irgendwie zwischen der Tante und seiner Mutter! Er erkannte nicht, dass er dieses Muster bis zu seinem Tode wiederholt hatte! Immer hatte es zwei Frauen in seinem Leben gegeben und er konnte sich nie entscheiden. Er selbst hatte darunter gelitten.

Als ich nun die Worte von Sonja hörte, verstand ich meine Durchsagen. Paul war es sehr wichtig gewesen, dass ich Sonja erreichte! Ich sollte ihr etwas sehr Wichtiges ausrichteten! *„Ein großer Wunsch war es von ihm, ihr ein umwerfendes Dankeschön zu übermitteln! Ihre tiefe reine Liebe zu ihm, haute ihn vom Hocker!“* Ich hatte tatsächlich diese Worte so empfangen und verstand jetzt auch warum. Erst nach seinem Tod konnte Paul sehen, warum er nie treu gewesen war! Er schwankte immer zwischen zwei Frauen hin und her und konnte sich nie entscheiden. Sonja erzählte mir, dass sie die letzten Tage mit ihm gemeinsam im Krankenzimmer verbracht hatte. Sie war wirklich bis zu seinem letzten Atemzug an seiner Seite geblieben. Sie hatte sein Leben verstanden und er dankte ihr jetzt dafür! „Puh!“ Ich war tief bewegt und überreichte Sonja die Zeichnungen vom Erwachsenen Paul und von dem Kind Paul, so, wie er sich mir gezeigt hatte. Danach war keine Zeit mehr und wieder ging mein Seminar weiter. Ich fühlte mich völlig verbunden mit der geistigen Welt und sehr getragen. Ich war überaus dankbar für dieses Geschenk, welches ich Sonja übergeben durfte.

Als ich am nächsten Morgen den großen Seminarraum betrat, erfuhr ich, dass wir als Erstes alle ein LIED zusammen singen. Ich hatte noch nicht ganz meinen Platz erreicht, als plötzlich „Halleluja“ erklang! Ich sang in dem großen Seminarraum am frühen Morgen mit mehr als Einhundert Menschen mein Lied „Halleluja!“ Ich war entzückt! Strahlend und überglücklich sang ich und empfand es als ein Dankeschön von der geistigen Welt an mich. Es fühlte sich himmlisch an!

An den folgenden Tagen genoss ich das intensive Programm der Transformation und blieb ganz bei mir. Mit Sonja hatte ich mich am vorletzten Abend noch einmal verabredet. Wir setzten uns gemeinsam in die Stille, um einen ersten Kontakt zu ihrem verstorbenen Partner Paul zu ermöglichen. Sonja lernte die Energien kennen und ich war dankbar für das Erlebte. Ich verneigte mich vor Paul und der geistigen Welt, die uns dieses Erleben möglich gemacht hatten.

Die Reise

Einiges konnte ich auf dieser Seminarwoche für mich noch einmal anschauen und transformieren. Beseelt und glücklich kam ich vom Seminar und konnte voller Freude meinem Mann von den Erlebnissen und von der wundervollen Begegnung mit der geistigen Welt berichten. Mein Weg ging zu Hause wieder dankbar weiter, denn es hatte sich inzwischen wieder etwas Neues entwickelt. In meiner Phase der damaligen Aufarbeitung hatte ich mehrfach geträumt, dass ich das Haus und das Grundstück von meinem Uropa käuflich erwerbe. Ich war entsetzt! Doch in dem Traum kam jedes Mal, dass ich aus dem Haus etwas wundervolles Neues gestalte! In mir schwang das Wort Healinghouse!

Mir war der Traum völlig unklar, denn ich verspürte keinerlei Absicht, dort wohnen zu wollen! Wie die Entwicklung jedoch aufzeigte, war es mein Sohn, der das Haus meines Urgroßvaters später kaufte. Doch das Bild eines Healinghouses war in mir geblieben! Inzwischen nahmen die Bilder zu und in jeder Verbindung mit der geistigen Welt bekam ich weitere Bilder! Ich war erstaunt! Und als plötzlich der von mir angemietete Zirkelraum völlig überraschend gekündigt wurde, musste ich handeln. Ich kam nicht drum herum und war für einen Moment entsetzt. Warum war mir der Raum plötzlich gekündigt worden? Was hatte das zu bedeuten? Ich erkannte noch nicht, wohin der Weg mich führen sollte, doch in der Verbindung mit meinem geistigen Team kamen die Antworten. Vor meinem geistigen Auge vollzog sich die Erschaffung eines kleinen wundervollen Healinghouses! Ich wusste bereits komplett, wie es aussehen würde! Ich sprach mit meinem Mann über die Idee und mich erstaunte seine Reaktion. Er stimmte sofort zu! Binnen weniger Tage war klar, dass wir ein kleines Gebäude auf unserem Grundstück errichten lassen! Wir besprachen alle notwendigen Voraussetzungen und fast wie von alleine fügte sich alles. Der Architekt fand sich, der Bauantrag wurde eingereicht und eine Firma vor Ort fing kurz darauf an zu bauen. Alles lief wie geführt und war völlig im Fluss. Ich war höchst erstaunt und mir fiel etwas Weiteres auf. Wir hatten in unserem Garten vor Jahren einen herrlich nostalgischen Rosenbogen aufgestellt. Er war einbetoniert worden! Ich hatte nie verstanden, warum wir diesen Platz gewählt hatten, denn er ergab keinen Sinn! Doch der Rosenbogen war mir sehr wichtig, denn er stand für meine Verbindung zu meinen Urgroßeltern väterlicherseits.

Der Rosenbogen war für mich ein Symbol. Inzwischen kannte und würdigte ich die Familiengeschichte all meiner Ahnen und dieser herrlich nostalgisch verschnörkelte Rosenbogen stellte für mich eine Verbindung dar. Jetzt fiel mir auf, dass der Weg zum neuen Gebäude unmittelbar durch den alten Rosenbogen verlief! Man erreichte direkt den Eingang des Healinghouses! Der Rosenbogen stand an genau der richtigen Stelle! Wir hätten das Gebäude nirgends anders hinstellen können, denn es war kein anderer Platz möglich! Ich war höchst erstaunt, als mir das bewusst wurde. Das kleine Healinghouse wurde wie durch ein Wunder fertig gestellt und mein Mann und ich saßen in der Sonne im Garten und konnten es selber kaum glauben! Der moderne kubische Baukörper war mit seinen bodentiefen Fenstern sehr hell. Ich wusste, dass das Gebäude genau so aussehen sollte und nicht anders. Es sollte modern und lichtvoll sein, denn es stand für das NEUE. Der Weg durch unseren zauberhaften alten Rosenbogen erinnert mich an meinen eigenen Weg und die schwere Geschichte meiner Urgroßeltern! Der Bogen stand für das ALTE und verband jetzt das NEUE! Ich war tief berührt, als ich es verstand. Doch ich durfte noch mehr verstehen. Ich bekam den Impuls wieder zu zeichnen, doch diesmal sollte es ein großes rundes Bild werden! Ich hatte noch einen Gutschein meines Sohnes für einen Hobbyladen zu liegen und nutzte diesen für den Einkauf. Doch ich kaufte entgegen meinem Verstand ein! Ich ließ mich komplett von meiner Intuition führen und war höchst erstaunt, was ich da einpackte! Und dann begann ich später medial zu zeichnen und war wieder erstaunt, was sich mir zeigte. Es glitzerte und funkelte und schwang immens hoch!

Als ich das Bild in unser kleines Healinghouse hängte, bekam ich die Information, noch weiterzuzeichnen. Die geistige Welt führte mich wundervoll und ich vergrößerte das Bild auf die Wand. Ich war überrascht und erhielt später eine Durchsage dazu.

„Du hast die Multi – Universen gezeichnet
und ein Antennensystem erschaffen!"

Völlig erstaunt erschuf ich dieses Bild und hatte die ganze Zeit ein ganz anderes im Kopf! Die Energie des Bildes ist tatsächlich hochschwingend und es bewegt sich in sich selbst. Es berührt mich in der Tiefe und lässt mich demütig werden. Es passt wundervoll in unserem lichtvollen Raum im Healinghouse, indem ich inzwischen himmlische Verbindungen im Zirkel und im systemischen Coaching erleben darf. Das Leben voller Dankbarkeit schwungvoll annehmend, genieße ich darin mein Sein.

Eines Morgens durfte ich jedoch noch einmal kurz in die Vergangenheit reisen. Mir fielen beim Aufräumen wieder die alten Stasiunterlagen in die Hände. Überrascht zögerte ich, doch dann folgte ich meinem Impuls und öffnete den Umschlag. Noch einmal las ich nach all den Jahren in meiner Stasi-Akte! Plötzlich war sie da, die Trauer! Mich erfasste eine starke Traurigkeit! Schlagartig wurde mir etwas klar. Wie musste sich ein Familienmitglied gefühlt haben, der seine Lieben jahrelang hintergangen hatte? Und das, weil er oder sie dazu gezwungen worden war? Das alles war nur möglich, wenn die Gefühle dazu beiseitegeschoben wurden. Sie mussten verdrängt und verleugnet werden, anders ging es gar nicht.

Plötzlich wurde mir bewusst, dass ich zum ersten Mal wirkliches Mitgefühl für die Personen hatte! Ich schaute mir noch einmal Seite für Seite an und mir wurde klar, dass ich die Akte hatte aufheben wollen. Doch wozu? Jetzt stellte ich mir ehrlich diese Frage. Wollte ich immer noch beweisen, dass mir Unrecht widerfahren war? Wollte ich immer noch verurteilen und mich darüber beschweren? Ich wusste inzwischen, dass all dies nur mein eigenes Leben schwer machte! Mir wurde klar, dass dies überhaupt nicht mehr mein Weg war. Diese Akte war mit Aussagen durchwoben von Menschen, die erpresst worden waren! Die Akte sagte nichts über mich aus! „Ja", sagte ich plötzlich und musste lachen, denn ich sagte es ganz laut zu meinem geistigen Team! Ich nahm die Stasiunterlagen und ging hinüber in das Wohnzimmer. Im Schein der flackernden Kerze und einem Engelslicht übergab ich meine alten Stasiunterlagen unserem Kaminfeuer. Ich war tatsächlich aufgeregt und mein Herz pochte! Das Loslassen von Unrecht und Verrat wurde endlich vollständig vollzogen! Erst am Abend, als ich in mein Tagebuch schrieb, fiel mir das Datum auf! Es war der 23.05.2020. Zur Energie dieses Datums gehört die Transformation und die Freiheit! Es war erstaunlich, denn ich fühlte mich tatsächlich frei! Genau so konnte ich es beschreiben! Diese Freiheit in mir fand statt, obwohl wir im Außen zu diesem Zeitpunkt inzwischen mit den „Corona-Energien" zu tun hatten! Im Außen war wahnsinnig viel los! Das „Corona-Virus" übernahm für einen längeren Zeitraum das Zepter und versetzte viele Menschen in Angst und Schrecken. Die Regierung nahm gravierende Maßnahmen vor und es gab Maskenpflicht, Ausgeh- und Reiseeinschränkungen.

Die Geschäfte blieben geschlossen. Es war unfassbar. Die Vorschriften und der Zwang, brachten auch in mir am Anfang Gefühle hoch, durch die es erst einmal einen Weg zu beschreiten gab. Mein Widerstand gegen Vorschriften und Zwänge wollte sich in mir lösen. Ich nahm mir die Zeit und heilte die Wut und Ohnmacht und kam in die Akzeptanz. Es ging mir gut damit und ich war wieder ganz bei mir angekommen. Ich fühlte mich verbunden und verstand das Außen mit all dem, um was es ging. Ich informierte mich auf „allen Kanälen“ und akzeptierte.

Durch ein Gespräch mit einer Freundin hatte sich im letzten Jahr die Idee entwickelt, eine eigene mediale Reise anzubieten. Die Reise sollte an die Ostsee führen. Neben der medialen Zirkelarbeit wollte ich auch die systemische Arbeit im morphogenetischen Feld anbieten. All dies im Mitwirken mit der geistigen Welt. Die Idee war da, der Ferienhof wurde gefunden und die Gruppe fand sich ebenfalls schnell. Ich war begeistert, wie sich alles entwickelte und wir schwelgten über Monate in großer Vorfreude. Doch dann kam die „Corona-Geschichte“ und veränderte einiges und ich machte mir Gedanken wegen meiner ersten medialen Reise. Warum hatte ich Durchsagen bekommen, das ich diese Reise anbieten sollte, wenn sie gar nicht stattfinden konnte? Konnte ich etwa meinen eigenen Durchsagen nicht mehr trauen? Für einen Moment ließ ich auch diese Frage zu, denn ich fand sie berechtigt. Immerhin hatten wir einen Reisestopp! Doch kurz darauf bekam ich meine Antwort.

„Vertraue, Deine Reise findet statt!“

Ich durfte also im Vertrauen bleiben und wusste, dass ich das nährte, wohin ich meine Aufmerksamkeit gab! Entzog ich dem ganzen Corona-Thema meine Aufmerksamkeit, wurde es von mir nicht verstärkt! Nachrichten verfolgte ich bereits seit Jahren kaum noch und so entschloss ich mich, mich ausschließlich auf das zu fokussieren, was ich mir wünschte! Eigentlich war es ganz einfach! Ich fuhr nur noch selten zum Einkaufen und nutzte die Online-Möglichkeiten und schrieb weiter an meinem Buch. Ich ließ es mir einfach gut gehen und wurde von der geistigen Welt fantastisch geführt. Ich fühlte mich getragen wie in einer Blase und das Außen prallte von mir ab. Ich blieb ganz bei mir. Regelmäßig führte ich weiterhin Zirkelarbeit und Coachingtermine durch. Die Online-Möglichkeiten halfen hierbei sehr.

Die Zeit verging und ich hatte seit Silvester noch immer eine Jenseitskontaktzeichnung bei mir zu liegen. Silvester zeigte sich eine liebe Oma bei mir. Ich bekam die Information, dass sie für ihre Enkeltochter gekommen war und die Enkelin sollte in meiner Onlinegruppe sein! Die Oma wollte unbedingt mit einer hellblauen Kittelschürze gezeichnet werden und ich musste lachen. Sie hatte einen verschmitzten Humor! Noch nie hatte ich einen Jenseitskontakt mit einer Kittelschürze gezeichnet! Doch die Schürze, die ich zeichnete, gefiel ihr nicht besonders! Es war so herrlich und ich musste wieder lachen. Wichtig war der Oma gewesen, dass man erkannte, dass es eine hellblaue dünne Nylonschürze war. Sie war ein Erkennungszeichen für ihre Enkelin. Die Oma war sich sicher, dass die Enkelin sie daran erkennen würde. Ich fand den ganzen Kontakt herrlich und amüsierte mich köstlich.

Die Energie der Oma nahm ich als sehr zart und zauberhaft wahr. Sie wirkte sehr beschwingt auf mich und wirklich lustig. Aufgeregt setzte ich etwas später die Zeichnung mit den Durchsagen der lustigen Oma in meine Onlinegruppe und war gespannt. Zwei Stunden später las ich einen Kommentar von Diana und mein Herz fing sofort an zu hüpfen! Ich kannte dieses Hüpfen inzwischen nur zu gut! Diana ging mit der wundervollen Kontaktzeichnung in Resonanz! Sie schrieb, dass es ihre Oma Rosi sein könnte und ich bat Diana um ein Foto, welches sie mir schicken möge. Es war ein übliches Prozedere für mich, denn ich wollte schauen, ob es tatsächlich die Person war. Doch hier jubelte die Oma Rosi bereits und ich vernahm es! Ich freute mich riesig. Selten hatte ich sofort so eine starke Resonanz und den direkten Draht zum Verstorbenen! Es war herrlich und fühlte sich fast wie eine Standleitung an. Als wenn ich die Oma direkt am Telefon hätte, dachte ich erfreut und als das Foto kam, war es sonnenklar. Ich hatte Oma Rosi empfangen! Diana freute sich sehr. Sie hatte nun die Gewissheit, dass ihre Oma eng an ihrer Seite war.

Inzwischen waren fünf Monate vergangen und die Originalzeichnung von Oma Rosi lag noch immer bei mir zu Hause! Eigentlich handhabe ich es so, dass ich dem Empfänger die Zeichnung als Geschenk zukommen lasse. In diesem Falle sollte ich es jedoch nicht tun! Ich war verwundert, doch ich ließ mich wie immer von meinem geistigen Team führen. Für irgendetwas würde es gut sein, dachte ich und bald darauf kam die Erklärung.

Die Enkeltochter Diana wollte eigentlich an meiner medialen Reise teilnehmen, doch sie war inzwischen am Zweifeln. Sie hatte eine Kündigung ihres Hauses vom Eigentümer erhalten und musste für sich und die Kinder ein neues Zuhause finden. In dieser Corona-Zeit war das nicht einfach und eine Reise schien äußerst unpassend. Für mich war klar, dass Diana nun scheinbar eine Wahl hatte. Sollte sie ihrer Angst folgen oder dem Vertrauen? Vieles schien gegen die Reise zu sprechen und jedes Mal, wenn ich dachte, ich schicke Diana jetzt einfach die Zeichnung zu, bekam ich von der geistigen Welt eine Durchsage.

„Nein, noch nicht wegschicken!"

Ich war wirklich erstaunt und so kam es, das ich das Gefühl bekam, dass Oma Rosi dabei half, dass ihre Enkeltochter mehr in das Vertrauen kam! Und mehr noch! Die Oma schien unbedingt zu wollen, dass ihre Enkelin an meiner medialen Reise teilnahm! Ich bekam etwas später die Aufforderung, Diana dort die Zeichnung persönlich zu übergeben! Ich war äußerst erstaunt. Nun war die Zeit vergangen und meine Reise stand an, doch wir hatten noch immer ein Reiseverbot! Die geistige Welt ließ mir wiederholt dazu eine Durchsage zukommen.

„Deine Reise findet statt, wenn Du im Vertrauen bist!"

Und so blieb ich im Vertrauen. Die Reiseeinschränkungen wurden ab dem 25. Mai 2020 für das Bundesland aufgehoben und meine erste mediale Reise startete genau eine Woche später!

Die mediale Reise begann und am Ankunftstag trafen wir uns gegen Mittag bei herrlichem Sonnenschein an der Ostsee. Der Ort war sehr gut besucht und viele Menschen genossen es ebenso, endlich wieder reisen zu können. Wir waren eine kleine Gruppe von Frauen und trafen uns zum Mittagessen im Restaurant am Hafen. Ich hatte dort einen Tisch reserviert. Endlich trafen wir aufeinander und ich freute mich sehr. Diana, die sich für das Vertrauen entschieden hatte, nahm tatsächlich an der Reise teil! Sie war mit Anni angereist. Beide kamen aus dem Raum Düsseldorf. Ich war begeistert, wie unkompliziert die beiden Frauen sich vorab kennengelernt und eine Fahrgemeinschaft gebildet hatten. Meike kam aus Berlin und wurde von ihrem Mann mit dem Auto gebracht. Sie war bereits einige Tage zuvor schon an der Ostsee gewesen. Die anderen Damen waren mit mir zusammen eingetroffen. Alles hatte wundervoll geklappt und ich freute mich riesig. Für alle Teilnehmerinnen war es das erste persönliche Aufeinandertreffen und wir lernten uns in dem kleinen Restaurant erst einmal kennen. Nach dem Essen fuhren wir gemeinsam zum Ferienhof. Die herrlichen Reetdachhäuser, welche eine große Gemütlichkeit ausstrahlten, ein großer Hofladen und ein wundervoller Garten ließen unser Herz beim Ankommen höherschlagen. Jeder bezog seine Ferienwohnung und ich übernahm den Bereich für meine mediale Arbeit. Das Haus hatte die Nr. 13 und ich musste schmunzeln. Die Energie dieser Zahl ist eine karmische Energie, die uns Prüfungen auferlegt, um Altes abzuschließen, um für Neues bereit sein zu können. Ich musste lachen, es passte perfekt.

Eine Stunde vor unserem Willkommenszirkel bat ich alle Teilnehmerinnen in unserem neuen Raum zusammenzukommen. Anni hatte für uns zwei Überraschungen mitgebracht und ich war gespannt. Sie hatte eine große Box dabei und fing an zu erzählen. Sie kam mit einer Überraschung von Karla! Karla kannte ich nur über die Onlinegruppe. Sie lebt am Niederrhein und hatte sich in einem Alter, wo andere nach der Rente schielten, mit einem kleinen Bauern-Café selbständig gemacht. Ich fand es großartig. Ich wusste, dass Karla sehr medial war, denn ich durfte bereits ihren Geistführer kennenlernen und zeichnen. Karla hatte mich sehr berührt. Sie liebt ihr kleines Café und lässt bei der Arbeit ihre wundervolle mediale Energie mit einfließen! Sie gibt in all ihren selbstgemachten Torten bei der Herstellung ganz bewusst LIEBE hinein und tatsächlich auch einen SEGEN! Karla verteilte tatsächlich die LIEBE über ihre fantastischen Torten! Mich berührte ihre Absicht sehr. Es machte mich demütig, denn ich weiß um die Kraft einer Absicht! Immer wieder wurde ich von der geistigen Welt darauf hingewiesen, dass wir unsere Absichten überprüfen mögen! Nun packte Anni Karlas Torte aus! Ich musste herzlich lachen. Anni hatte die Torte vom Niederrhein nach Düsseldorf gefahren und dann an die Ostsee mitgebracht! Jetzt konnten wir Karlas besonderen Segen genießen! Der Auftakt mit Himbeer-, Mascapone- und Schokoladentorte hätte nicht besser sein können! Ich freute mich sehr und war begeistert. Ich dankte Karla und Anni von ganzem Herzen für diese Überraschung. Die zweite Überraschung folgte kurz darauf und wieder musste ich lachen.

Anni packte ein Paket übergroßer Seifenblasen aus! Ich kannte diese XXL Sorte noch nicht und wollte sie immer schon ausprobieren! Wir amüsierten uns prächtig und hatten viel Spaß zusammen. Die FREUDE war die perfekte Vorbereitung für unseren Zirkel, denn es ist eine hoch schwingende Energie.

Unser Willkommenszirkel an der Ostsee startete eine Stunde später. Der Zirkelraum war von mir inzwischen vorbereitet und ausgestattet worden. Das hoch schwingende Energiebild hatte ich mitgenommen und es fand einen passenden Platz. Wie zu Hause hatte ich auch hier sofort meine Informationen zum Ablauf bekommen. Ich wurde gebeten, dass ich dafür Sorgen möchte, dass Diana erst am letzten Tag mit der systemischen Arbeit rankam, denn wir würden mehr Zeit benötigen. Ich war nur leicht erstaunt, denn ich kannte bereits diese Art der Durchsagen von meinem geistigen Team. Die Jenseitskontaktzeichnung von Dianas Oma Rosi durfte ich in die Mitte unseres Lichtkreises legen und direkt daneben einen weiteren Kontakt, den ich einige Wochen zuvor für Anni empfangen hatte. Es war ihre verstorbene Freundin Ulli. Die geistige Welt war bereits präsent spürbar, als ich kurz darauf die Teilnehmerinnen noch einmal offiziell auf das Herzlichste begrüßen konnte und dann war es endlich soweit! Wir empfingen ein herzliches Willkommen von der geistigen Welt! Ich war sehr erstaunt, wie schnell und vor allem wie stark die Energien flossen. Jeder durfte als Erstes seinen Geistführer wahrnehmen und besser kennenlernen. Das intensive Kennenlernen des Geistführers brachte das Vertrauen und es stärkt die Verbindung im Miteinander. Wir genossen die Energien und ich war erfreut darüber, wie schnell wir zu den Übungen kamen.

Ich ließ mich wieder führen und überraschend durfte ich etwas später mitteilen, dass jeder der Teilnehmerinnen eine Frage an die geistige Welt richten durfte! Jede Teilnehmerin würde eine Durchsage zu ihrer Frage empfangen! Die Aufregung in meiner Gruppe war sofort spürbar. Die Medialität war bei jedem Einzelnen unterschiedlich wahrzunehmen und die Aufregung tat ihr übriges, doch ich wusste ganz sicher, dass es wundervoll werden wird. Die geistige Welt erreichte uns fantastisch und ich konnte als KANAL wundervoll agieren. Die erste Frage wurde gestellt und es war Diana, die ihre ersten Durchsagen erhalten durfte. Meike bekam plötzlich mitten in der Verbindung einen Lachanfall! Ihre Durchsage brachte sie in einen so heftigen Lachanfall, dass sie sich kaum wieder einkriegen konnte! Sie hatte eine Durchsage von der Oma Rosi empfangen, wie sie uns nun erzählte und konnte nicht mehr aufhören zu lachen. Ich freute mich riesig, denn der Humor von der Oma Rosi war mir bereits bestens vertraut. Erstaunt bestätigte Diana die Durchsagen von Meike und den außergewöhnlichen Humor ihrer Oma Rosi. Es war herrlich! Ich freute mich jedoch umso mehr, denn die Oma Rosi hatte ganze Arbeit geleistet. Es war Meike gewesen, die sich zu Beginn unserer Reise wieder mehr Freude und Spaß in ihrem Leben gewünscht hatte! Die tolle Oma Rosi hatte genau Meike ausgewählt und mit ihr ihre Späße gemacht! Meike musste seit dem immer lachen, wenn sie nur an Oma Rosi dachte! Es war einfach fantastisch. Wir genossen den unglaublichen Spaß mit den Durchsagen der lieben Oma, doch die vollständige Beantwortung der Frage von Diana erfolgte nicht.

Ich war erstaunt, doch Diana hatte eine sehr besondere und vor allem persönliche Frage an ihre Oma gerichtet. Dass diese unbeantwortet blieb, durften wir natürlich respektieren.

Es folgten fantastische Zirkel! Jede Teilnehmerin konnte Durchsagen empfangen und die Antworten aus der geistigen Welt flossen. Es war unglaublich bewegend und alle hatten zu tun, ihr Erlebtes zu verarbeiten. In den Pausen nutzte jeder die Ruhe und den Rückzug. Sie waren wichtig, um diese phänomenalen Erfahrungen sacken zu lassen. Die systemische Aufstellungsarbeit im morphogenetischen Feld fand täglich am Nachmittag statt. Jede Teilnehmerin stellte sich hier einem Thema ihrer Wahl. Die geistige Welt und viele Ahnen waren hierbei präsent und halfen. Es war kaum zu glauben und ich war überglücklich über die Hilfe, die uns zufloss. Am Abend genossen wir die Entspannung. Hanna hatte ihre wundervollen Klangschalen mitgebracht und verwöhnte uns durch geführte Klangmeditationen. Wir tauchten ein in die zauberhaften Schwingungen des Klanges und unser Körper schwang mit jeder Zelle mit. Erstaunt und fasziniert konnte ich beobachten, dass meine Teilnehmerinnen mit jedem Tag besser aussahen! Sie fingen an zu strahlen!

Anni hatte ich vor Antritt der Reise noch nicht persönlich gekannt. Im Juni 2019 bekam ich einen Impuls, in einer Astrologiegruppe ein Geschenk der geistigen Welt zu machen. Ich zeichnete als Geschenk einen Kontakt. Die Auswahl fiel unter anderem auf Anni und ich empfing für sie damals eine männliche Person.

Es kamen keine Durchsagen, doch ich bekam ein Bild gezeigt und war erstaunt. Ich hatte zu Anni Kontakt aufgenommen und ihr die Zeichnung per whatsapp geschickt. Sie teilte mir damals mit, dass sie sich gerade in einer Rehabilitationsmaßnahme befand und das Gefühl hatte, dass es sich bei der Zeichnung um ihren Vater handeln könnte! Doch erst nach der Maßnahme konnte sie zu Hause mit den Fotos von damals vergleichen. Ich war sehr gespannt, doch erst einige Wochen später bekam ich Nachricht. Anni schickte mehrere Fotos von ihrem verstorbenen Vater. Auf einem Foto stand ihr Vater als junger Mann hinter einer Bar. Als ich dieses Foto sah, bekam ich eine Gänsehaut bis zum Haaransatz. Es war genau dieses Bild, welches ich von ihm gezeigt bekommen hatte! Ich war direkt wieder verbunden, als ich es erkannte und tief berührt über seine Energie! Als ich die Nachricht mit Anni beendet hatte, kamen mir die Tränen. Ich war überwältig, von der Energie dieses Vaters! Er versuchte die ganze Zeit unbedingt seine Tochter zu erreichen! Er hatte dafür gesorgt, dass ich den Impuls bekam, das Angebot in der Onlinegruppe zu machen! Und er hatte ebenso dafür gesorgt, dass ich Anni auswählte! Es war ihm so wichtig gewesen, weil seine Tochter ihn nie als Vater kennengelernt hatte! Erst durch ihren verstorbenen Vater lernte Anni mich kennen und sie entschied sich, an der medialen Reise zur Ostsee teilzunehmen. Kurz vor der Reise empfing ich noch einmal einen Kontakt für Anni. Es war ihre verstorbene Freundin Ulli! Anni hatte ihre Freundin gleich erkannt und nun wollte die verstorbene Freundin Ulli in unserem Zirkel gerne zu Wort kommen.

Seit dem ersten Tag im Willkommenszirkel hatte ihre Zeichnung im Lichtkreis gelegen. Ich spürte eine große Freude, als der Zirkel endlich begann, denn die verstorbene Freundin wünschte sich Gehör und wir empfingen ihre Durchsagen.

Anni und Ulli verband eine himmlische Energie. Sie hatten sich auf einer Rehabilitationsmaßnahme kennengelernt. Während dieser Zeit erzählte Anni von ihrem Vater. Sie hatte ihn als Kind kennengelernt, doch viele Verwirrungen sorgten dafür, dass sie ihn als Onkel ansprechen sollte! Lange Jahre wusste Anni daher nicht, wer wirklich ihr leiblicher Vater war. Es war ihre Freundin Ulli, die sie damals ermunterte, mehr über ihren verstorbenen Vater in Erfahrung zu bringen! Ulli half ihr, das Grab des Vaters zu suchen. Sie suchte tatsächlich mit ihr die Friedhöfe ab und stand ihr bei der Suche nach dem Vater zu Seite. Beide Frauen hatten sich noch nicht lange gekannt, als Ulli plötzlich krank wurde. Der Krebs breitete sich aus und nahm Ulli das Leben. Jetzt ließ Ulli in einer Durchsage ausrichten, dass sie Annis Vater gefunden hatte! Wir konnten es kaum fassen! Anni liefen die Tränen und alle waren tief berührt. Mich berührte die Geschichte der beiden ebenfalls sehr.

Später, beim Schreiben dieses Kapitels, erreichte mich eine weitere Durchsage von Annis Vater. Ich hatte an diesem Tag einen Coachingtermin mit Anni. Ich ging vor dem Termin in die Verbindung und bekam plötzlich von Annis Vater seine Liebe und die große Dankbarkeit mir gegenüber aufgezeigt! Er gab mir zu verstehen, *dass ich eine Familienzusammenführung von Vater und Tochter über den Tod hinaus ermöglicht hatte*! Als mich diese Botschaft erreichte, liefen mir die Tränen. Es berührte mich zutiefst.

Annis Vater ist seit dieser Reise öfter bei mir präsent und ich weiß, er steht seiner Tochter jetzt jeden Tag wie ein Fels zur Seite! Anni hat inzwischen ihre fantastische Medialität entdecken können und freut sich über seine Zeichen, die er ihr schickt. Sie sind wundervoll und sie erkennt sie endlich! Sie sind tatsächlich von ihm! Es ist für mich unglaublich, was er sich für eine Mühe gibt, um seine Tochter zu erreichen. Und umso mehr geht mein Herz auf, wenn ich erfahre, dass er Erfolgt hatte! Es ist ein Geschenk des Himmels und ein großes Wunder der LIEBE! Es macht mich überglücklich.

Am vorletzten Tag unserer Reise begann der Kurs zum medialen Zeichnen. Es ging hierbei um die Schulung der Hellsinne und darüber einen Jenseitskontakt wahrzunehmen und auf das Papier zu bringen. Die Grundlagen des Zeichnens wurden von mir vermittelt und die Technik erklärt. Das Empfangen und Hellsehen spielte hierbei eine große Rolle. Ich war fasziniert wie stark die Energien der geistigen Welt mich erreichten, es war gigantisch! Jeder begann in der Verbindung mit dem Zeichnen und es war erstaunlich. Meike bekam von Diana eine Zeichnung überreicht und erkannte plötzlich ihren Schulfreund Helge. Er war durch einen Suizid aus dem Leben gegangen. Sie erkannte ihn sofort und ihr liefen die Tränen. Ihr Schulfreund von früher hatte sie nicht vergessen! Er hatte ihr einen lieben Gruß geschickt!

Maria empfing und zeichnete viele Kontakte. Darunter waren auch eigene Seelenanteile. Vieles konnte sie dadurch verstehen lernen und neu integrieren. Auch Anni empfing und zeichnete wundervolle Kontakte und ich war begeistert!

Hanna war sehr aufgeregt und konnte sich nicht vorstellen, einen Jenseitskontakt auf das Papier zu bringen. In der Verbindung empfing ich und wischte mit der Kreide und einer Hand über ihr Papier. Dann schauten wir beide. Gemeinsam sahen wir und erstaunt erkannte Hanna einen Umriss des Kopfes. Sie sah plötzlich auch Augen und ich ließ sie skizzieren. Ich freute mich riesig, denn auch ihre Hellsinne zeigten ihr einen Kontakt auf. Doch einige Minuten später war Hanna völlig aufgelöst und ihr liefen die Tränen! Beim Herausarbeiten des Kontaktes auf dem Papier erkannte sie ihre verstorbene Schwiegermutter! Die Schwiegermutter war eindeutig zu erkennen, wie wir später auf einem Foto feststellten. Hanna konnte es kaum glauben! Ihr Verstand hatte zu tun. Ihr liefen die Tränen und sie erzählte uns warum.

Hanna und ihre Schwiegermutter verstanden sich nicht besonders gut. Zu Lebzeiten der Schwiegermutter hatte immer etwas zwischen ihnen gestanden. Hanna konnte das Empfangen eines Kontaktes noch nicht mit dem Verstand begreifen und sie war fassungslos, dass sie ausgerechnet ihre Schwiegermutter empfangen hatte! Ich erklärte es ihr, doch sie war noch nicht wirklich im Verstehen. Als ich mit Hanna in der systemischen Aufstellung gearbeitet hatte, war es genau die Energie der Schwiegermutter, die ich als Erstes wahrnehmen konnte! Sie stand direkt neben Hanna und daneben stand Hannas Mutter! Die Schwiegermutter ließ ihr jetzt die Liebe zufließen, die Hanna brauchte, um in die Liebe zu kommen! Ihre Mutter und ihre Schwiegermutter standen Seite an Seite! Beide wollten Hanna helfen.

Ich freute mich sehr, dass die Schwiegermutter nun einen Zugang zu Hanna bekam. Zu Lebzeiten hatte es nicht so sein sollen. Doch die LIEBE kennt keinen Tod! Sie fließt einfach weiter darüber hinaus! Wir dürfen es verstehen lernen. All unsere Bewertungen sind Begrenzungen unseres irdischen Seins. Es sind Begrenzungen unseres Verstandes. Diese lösen sich auf, wenn wir wieder in unserer lichtvollen Essenz sind! Es ist eigentlich ganz einfach und dennoch haben wir damit zu tun, es anzunehmen. Die Bewertungen existieren nur in unserem Verstand und sie dienen unserem eigenen Film, den wir im Fluss des Lebens damit erfahren wollen!

Von Hannas Schwiegermutter floss jetzt ausschließlich Liebe! Diese Liebe konnte ich fühlen, doch Hanna selbst konnte sich noch nicht dafür öffnen. Die irdischen Verstrickungen waren bei ihr noch vorhanden. Die geistige Welt teilte mir die nachfolgende Durchsage einmal als Erklärung dazu mit. Ich finde sie sehr wertvoll und wichtig.

„Eure irdischen Verbindungen sind wie Stricke,
sie halten Euch gebunden.
Den anderen zu Verurteilen, lässt eine Bindung entstehen!
Die Bindung bleibt aufrecht.
Nicht in LIEBE sein zu können, ermöglicht vorerst diesen Weg!
Doch bedenke, es ist nur ein Weg!
Der Weg führt Euch zur Erkenntnis!
Er führt in die LIEBE und ist so gewollt!“

Oftmals nehmen wir unbewusst unsere eigenen Gefühle nicht wahr oder haben keinen Zugang zu ihnen. Bereits als Kind haben wir gelernt, zu verdrängen. Dies war so gewollt! Unseren Eltern und Generationen vor uns ging es ebenso! Für sie war es oft überlebenswichtig, Gefühle zu verdrängen oder abzuspalten, denn viel zu groß war das Leid! Doch diese unterdrückten Gefühle sind übernommen und weiterhin in unserem Ätherkörper abgespeichert. Sie zeigen sich im Außen durch unsere Verstrickungen. Sie sind die Stricke! Zu schmerzhaft erscheint es uns, sich auseinanderzusetzen und zu fühlen. Doch genau dies lässt uns in den Verurteilungen und im Schmerz hängen bleiben! Die Bindung bleibt bestehen und ermöglicht uns dadurch einen weiteren Umgang im Alltag oder die Ausgrenzung und Ablehnung. Doch in uns selbst führt dies zu Blockaden, Missverständnissen und weiteren Konflikten. Die Verstrickungen sind damit gesetzt, denn das Gesetz der Resonanz bewirkt, das wir selbst damit die Thematik verstärken! Wir selbst tun dies! Für Hanna brauchte es erst einmal Zeit. Ich konnte es nur zu gut nachvollziehen, denn ich wusste, wie sich eine Überforderung anfühlte. Der Verstand braucht Zeit und Ruhe.

Am letzten Tag begann die systemische Arbeit mit Diana. Diana befand sich gerade in einem Umbruch. Sie suchte noch immer ein neues Zuhause. Ihr Mietvertrag war gekündigt worden und etwas Neues war noch immer nicht zu finden. Von der geistigen Welt bekam ich die Durchsage, dass das Thema *Heimat* und das *Willkommensein* in ihrem Familiensystem eine Rolle spielte und wir begannen mit der systemischen Arbeit.

Es wurde intensiv und sehr emotional. Ich brauchte tatsächlich länger als sonst. Die Zeitvorgabe, die ich zu Beginn der Reise von meinem geistigen Team bekommen hatte, passte genau! Diana bekam an diesem Nachmittag die Antwort von ihrer Oma Rosi auf die Frage, die sie zu Beginn der Woche gestellt hatte! Die wundervolle Oma Rosi wollte systemisch aufgestellt werden und alle Informationen flossen nun ans Licht. Die Blockade zum Thema Heimat und Willkommensein wurde aufgelöst, denn Oma Rosi war der Schlüssel dazu! Es war unglaublich heilsam. Erst das Annehmen und Verstehen der eigenen Familienenergien bringt uns Klarheit und Weite. Die Resonanz im morphogenetischen Feld von Diana durfte nun anders ausfallen, denn die Blockade war geklärt! Ich war sicher, dass sie ein neues passendes Zuhause finden wird! Ihre verstorbene Oma Rosi hatte ihr tatsächlich dabei geholfen! Es war fantastisch! Wir alle erlebten eine unglaubliche Zeit im Miteinander. Die Verbundenheit war so stark spürbar und die LIEBE floss durch uns.

Am letzten Abend wollten wir zusammen ein gemeinsames Abendessen genießen. Diana hatte für uns ein Restaurant ausgesucht und ich schickte im Geiste den Wunsch nach oben, mit all meinen wundervollen Frauen gemeinsam an einem *runden Tisch* sitzen zu dürfen. Er sollte unbedingt rund sein! Als wir in das Restaurant kamen und uns der Platz zugewiesen wurde, musste ich lachen. Wir bekamen tatsächlich einen runden Tisch! Ich genoss mit all meinen Teilnehmerinnen das Abendessen und wir lachten viel. Wir alle hatten das Gefühl, dass die Oma Rosi bei uns am Tisch präsent war. Es war herrlich und ich schmunzelte noch darüber, als ich später im Bett lag.

Am nächsten Morgen genossen wir unseren letzten Zirkel und ich bedankte mich bei all meinen Teilnehmerinnen für diese fantastischen Erlebnisse. Sie alle hatten dieses Geschenk erst möglich gemacht! Mir war es wichtig, ihnen dies zu vermitteln. Es war unser Miteinander, welches uns die LIEBE zusammen fühlen ließ.

Als ich am späten Vormittag nach der Verabschiedung von dem Gelände des Ferienhofes fuhr, kam mir direkt ein großer bulliger Van entgegen. Der Van trug auf der Motorhaube einen großen Blumenschmuck! Ich konnte sehen, dass es ein Hochzeitsauto war! Plötzlich musste ich herzhaft lachen! Sofort fiel mir ein, was die geistige Welt mir zu Beginn meines Weges mitgeteilt hatte! Damals hatte ich die vielen Durchsagen auf Grund der Überforderung noch nicht vollständig verstanden, doch nun freute ich mich riesig.

„Die LIEBE darf nun Einzug erhalten!
Das Männliche und das Weibliche dürfen jetzt Heilung erfahren!
Verstehe! Was auf der einen Seite, ist auch auf der Anderen.
Die HOCHZEIT steht Euch bevor! Die Reinheit wird wieder hergestellt!"

Ich freute mich so sehr über dieses Zeichen und fuhr glücklich nach Hause. Einige Tage später sah ich mir zu Hause in aller Ruhe unsere wundervollen Fotos an und plötzlich fiel mir etwas auf. Ich hatte in der Woche zweimal Blumen gekauft. Gleich zu Beginn nahm ich bei einem Discounter weiße Rosen mit. Zwei Tage später sah ich prachtvolle weiß gefüllte Pfingstrosen. Sie dufteten so herrlich, dass ich sie einfach mitnehmen musste! Es ging gar nicht anders!

Ich hatte alle Blumen in unserem Seminarraum arrangiert. Erst jetzt fiel mir beim Anschauen der Fotos auf, dass meine Sträuße tatsächlich wie Hochzeitssträuße aussahen! Ich war völlig perplex! Es war mir überhaupt nicht aufgefallen! Erst im Nachhinein kamen die Zusammenhänge hoch. Ich hatte zu unserer medialen Energiearbeit völlig unbewusst Hochzeitssträuße arrangiert! Ich musste über mich selbst lachen, denn ich war wieder einmal so sehr im Geiste verbunden und meiner Intuition folgend, dass ich vom Kopf her vieles nicht mehr hinterfragte. Auch zu Hause war es mir schon öfter aufgefallen. Und etwas später fiel mir beim Anschauen der Fotos von unserem Abendessen noch etwas Weiteres auf. Wir saßen beim Abschiedsessen an dem von mir gewünschten runden Tisch. Wir lachten an diesem Abend viel und unsere Freude war groß, denn plötzlich hatten wir alle das Gefühl, das Dianas Oma Rosi in unserem Kreis präsent war! Wir spürten sie plötzlich alle! Als ich nun auf die Fotos schaute, sah ich direkt über Dianas Kopf ein sehr helles großes Licht! Es war ein hell weißes Licht mit einem Kreis und er strahlte über ihrem Kopf weit aus. Es gab keine Lampe in diesem Tischbereich und es war noch taghell draußen. Das Licht mit dem hell weißen Kreis leuchtete direkt über Diana und es schien, als sei es mit ihr verbunden!

Die Kraft der LIEBE

„Die LIEBE,
so schwer, Du Menschenkind,
so sehr gesucht!
Nie gefunden, viel verflucht!
Die LIEBE nicht zu finden ist,
weil einzig DU sie bist!“

Diese Durchsage der geistigen Welt ging mir sehr nah, denn immer hatte ich die LIEBE im Außen gesucht, doch ich hatte sie nicht gefunden. Ich traf wiederholt auf wütende Partner und entschloss mich eines Tages, mich nur noch auf mich selbst und meinen Sohn zu konzentrieren. Ich wollte mich und meinen Sohn schützen und lernte durch Therapie und vielen psychologischen Büchern. Erst, als mein Sohn erwachsen war, traf ich auf meinen Mann. Doch wieder hatte ich mir einen wütenden Partner gesucht, denn er selbst spiegelte mich. Er spiegelte mir meine eigene Wut und ich verstand endlich, dass die LIEBE im Außen nicht zu finden war! Sich selbst zu lieben und sich mit all seiner Unvollkommenheit anzunehmen, ist unser aller Weg. Der Verstand kann ihn schnell gehen, doch das allein reicht nicht. Es darf sich erst das Mitgefühl für sich selbst und das innere Kind in uns entwickeln. Erst dann wird die LIEBE fühlbar und auch für den anderen erreichbar.

Ich durfte Vergebung lernen, in dem ich mir selber vergab, denn ich selbst hatte mein Außen unbewusst all die Jahre mit der Energie der Ablehnung genährt. Demzufolge erlebte ich immer wieder Ablehnung und Ausgrenzung in meinem Leben! Ich verstand endlich, dass ich auf Seelenebene diese Erfahrungen des Verlustes und der Ablehnung erleben wollte und kann sie heute annehmen.

Der Jakobsweg hatte mir sehr anschaulich all meine Gefühle aufgezeigt. Er zwang mich, die alten Emotionen endlich fließen zu lassen. Ich ging den Weg der Transformation und hatte es noch nicht verstanden! Nie zuvor hatte ich so viel geweint in meinem Leben. Das viele Weinen war mir am Anfang unangenehm und erst die vielen Erkenntnisse halfen mir. Das Durchfühlen des ALTEN brachte mir das NEUE. Es brachte mir die andere Seite hervor, denn es gibt immer zwei Seiten, denn wir erleben auf der Erde die Dualität. Nur sie macht es uns möglich, zu wachsen. Ich durfte die andere Seite erkennen und die universellen Gesetze verstehen lernen. Mein Verstand hatte auf meinem Weg mächtig zu tun! Mein Herz erkannte immer mehr, doch mein Verstand blockierte oft.

Heute fühle ich mich wundervoll verbunden und die LIEBE ist IN MIR. Wenn ich auf mein Herz höre, öffne ich mental den Raum für eine Verbindung. Ich breite das Resonanzfeld dafür aus! In dieser Verbindung fühle ich die göttliche Energie! Mein Herzraum geht in Resonanz mit der Energie, weil sie IN mir ist! Es ist der göttliche Funke, der entfacht wird und die lichtvolle Flamme erreicht mich und breitet sich aus! Die Verbindung schafft das EINS-Sein. Es zu fühlen, ist pure LIEBE!

Und werde ich im Fluss des Lebens auch mal durchgeschüttelt, die LIEBE in mir erinnert mich! Ich finde immer wieder zu mir selbst zurück! Alle Erfahrungen waren jedoch sehr wichtig. Sie sind die Steine im Fluss meines Lebens und gehören dazu, denn sie dienen heute!

Für unsere Entwicklung auf den Weg in die LIEBE ist das innere Kind ein Schlüssel. Das innere Kind muss sich in Sicherheit wiegen können und braucht einen wundervollen mentalen sicheren Ort. Hat es dies nicht, zeigt sich Angst auf und wir blockieren uns selbst. Aufgabe ist es, die Verbindung zum inneren Kind aufzubauen, also zu sich selbst und das EINS-Sein zu erschaffen. Sind wir mit unserem inneren Kind und all unseren Anteilen in uns EINS, dann ist der Zugang zum Herzraum offen und die Verbindung mit der göttlichen Energie fantastisch möglich! Die LIEBE kann fließen.

Die KRAFT der LIEBE erreicht mich inzwischen in jeder medialen Verbindung. Im Zirkel breitet sie sich im Miteinander aus und ich möchte diese KRAFT mit diesem letzten Kapitel ein Stück hinaus geben und von Herzen gerne einige Erfahrungen teilen. Es hatte sich inzwischen einiges verändert in meiner Zirkelgruppe und ich durfte neue Erfahrungen machen und annehmen. Ich beschloss, in meinem Zirkel nur noch zwei weitere Plätze zu vergeben und staunte, wie sich plötzlich alles von alleine fügte.

Isabelle hatte vor vielen Monaten ihren Mann Maik verloren. Er war Gerüstbauer und durch einen Unfall auf der Arbeit ums Leben gekommen. Der Schock saß tief und die Trauer war unendlich groß.

Isabelle hatte viele Fragen und suchte eines Tages ein Medium auf. Von diesem Medium erhielt sie einige Informationen zum Unfall ihres Mannes und noch etwas Weiteres. Das Medium erzählte, Ihr Mann ließe ihr etwas ausrichten! Sie berichtete, dass ihr Mann Maik sie um etwas bat! Er bat sie eindringlich, die nächste Einladung, die sie bekommen würde, unbedingt anzunehmen! Es schien ihm äußerst wichtig zu sein! Isabelle war verwundert. Sie hatte sich verständlicherweise sehr zurückgezogen und trauerte. Doch als am Wochenende tatsächlich eine Einladung zu einem Bowling kam, überwand sie sich. Sie war unschlüssig, doch sie nahm diese Einladung an! Beim Bowling lernte Isabelle Meike kennen. Meike traute sich offen über spirituelle Themen zu sprechen und erzählte ihr von mir. Sie berichtete von meiner Arbeit und meinem medialen Zirkel. Isabelle war sofort hell wach und ihr Weg führte direkt zu mir! Genau das hatte sich ihr verstorbener Mann Maik gewünscht! Als Verstärkung brachte Isabelle ihre Freundin Simone mit. Simone war begeistert von der Medialität und meine beiden Plätze in unserem ELIA-Lichtkreis waren damit sofort wieder vergeben. Alles sollte genau so sein und ich war höchst erstaunt. Im Zirkel erfolgte für die beiden Frauen das erste Kennenlernen des Geistführers und ich nahm sofort bei Isabelle eine männliche Person war. Ich wusste zu diesem Zeitpunkt noch gar nichts von Isabelle und Maik, doch ich nahm ihren Mann Maik sofort wahr. Er stand dicht bei ihr. Ich bat ihn jedoch um Geduld, denn Isabelle brauchte noch Zeit.

Ihre Medialität durfte sich jetzt erst entwickeln und er freute sich sehr darauf! Es war kaum zu glauben! Direkt nach dem Zirkel bekam ich den Impuls zu zeichnen und ich empfing den Mann von Isabelle! Sie erkannte ihn, als sie die Zeichnung sah. Seit diesem Tag ist er in JEDEM Zirkel sofort präsent spürbar und oft musste ich ihm lächelnd mitteilen, dass wir am „arbeiten" waren. Es war wunderbar für mich, diese Entwicklung zu erleben und inzwischen kann Isabelle ihren Mann in der Verbindung wahrnehmen und spüren.

Meine Zirkelteilnehmerin Maria war enorm fleißig. Sie arbeitete an vielen alten Familienthemen, denn sie wollte verstehen und Heilung erfahren. In einer Großfamilie mit Mutter und Stiefvater aufgewachsen, war sie in ihrer Rolle festgehalten. In ihrer Aufarbeitung öffnete sie sich auch der ganzheitlichen systemischen Aufstellung und der Medialität. Viel Klarheit ergab sich und die Erfahrungen halfen ihr zu verstehen und wieder in das Fühlen zu kommen. Eines Tages bekam Maria eine wundervolle Überraschung! Sie war gerade bei mir zu einem systemischen Einzelcoaching. In dem Coaching ging es um ihre Wurzeln. Wir konnten vieles dazu klären und voller Freude fuhr Maria nach Hause. Als Maria gegangen war, bekam ich plötzlich den Impuls, mich in die Stille zu setzen. Ich hatte das Gefühl, dass der leibliche Vater von Maria präsent war! Ich ging in die Verbindung und mir kamen sofort die Tränen! Der Vater von Maria wünschte sich, dass ich ihn zeichnete, damit sie endlich ein Bild von ihm hatte! Sie hatte nicht einmal ein Foto von ihrem Vater!

Der Kontakt zu diesem Vater und die ganze Geschichte ging mir sehr nah. Ich trocknete meine Tränen und nahm meine Kreide. Ich fing an zu wischen und als ich ihn sah, fing ich an zu skizzieren. Ihr Vater zeigte sich in einem mittleren Alter und ich bekam viele Informationen. Als ich fertig war und gerade meine Zeichensachen weglegen wollte, bat er mich, noch weiter zu zeichnen! Ich war völlig erstaunt. Er bat darum, dass ich ihn auch als jungen Mann einmal zeichnen möge! Es schien ihm wichtig zu sein und es war wieder sehr emotional für mich. Mir kamen wieder die Tränen und ich fing an zu skizzieren. Jetzt zeigte er sich mir als junger Mann. Ich sollte ihn mit einem besonderen Pullover zeichnen! Es war ein weißer dicker Strickpullover mit einem Norwegermuster im oberen Kragenbereich. Der Pullover hatte nur einen kurzen Kragen. Das Muster sollte unbedingt gezackt sein und auch die Farben bekam ich von ihm genannt. Ich war völlig erstaunt! Als ich fertig war, erfuhr ich von ihm, dass er diesen Pullover sehr gemocht hatte. Seine Oma hatte den Pullover extra für ihn gestrickt. Er trug diesen Pullover damals, als er Marias Mutter kennengelernt hatte! Es war einfach unglaublich für mich und wieder liefen mir die Tränen. Als ich Maria etwas später kontaktierte, war ich aufgeregt. Doch ich hatte das Gefühl, noch immer mit Marias Vater verbunden zu sein und es war seine Energie! Er war gespannt, wie sie reagierte! Maria war völlig erstaunt und tief berührt. Sie hatte Erinnerungen, doch sie hatte ihren Vater nur ein einziges Mal sehen dürfen. Nun bekam sie gleich zwei Zeichnungen von ihm und erfuhr einiges aus seinem Leben! Es war cin unglaubliches Geschenk!

Ihr Vater ist heute eng an ihrer Seite! Er schaut stolz auf sie, denn er freut sich, wie sie ihren Weg meistert! Es berührt mich noch immer zutiefst.

Oft sind Durchsagen, Botschaften oder Kontakte völlig unterschiedlich. Viele Faktoren spielen hierbei eine Rolle, wie ein Jenseitskontakt zu Stande kommt. Manchmal kann es auch eine traurige oder etwas bedrückende Energie sein, die in mir aufkommt. Der Verstorbene ist jedoch immer in LIEBE, er ist in seiner vollkommenen Essenz! Er zeigt mir nur seine alte irdische Energie auf. Er kann mir seine alten Gefühle übermitteln, sich erklären oder ebenso Erklärungen in Form von Bildern aufzeigen.

Eines Tages empfing ich bei einem Jenseitskontakt einen Mann mit einem sehr auffälligen Oberlippenbart. Der Bart war sehr lang zur Seite auslaufend und spitz. Es kamen verschiedene Namen und Bilder. Der Kontakt brachte in mir eine etwas bedrückende Energie hervor und das es ihm sehr Leid tat. Ich war erstaunt und konnte den Kontakt nicht richtig zuordnen, doch ich hatte das Gefühl, er könnte zu Susanne gehören. Ich setzte den Kontakt in meine Onlinegruppe und dort erkannte Susanne tatsächlich ihren verstorbenen Mann Christian. Ich ging danach direkt noch einmal in die Verbindung und es wurde mir bestätigt. Es war der Mann von Susanne. Christian bat Susanne um Verzeihung! Zu seinen Lebzeiten war er kaum für sie da gewesen. Er hatte viel mit sich selbst und der Arbeit zu tun gehabt. Ich hatte Bilder bekommen vom Autofahren auf der Autobahn. Er schien immer viel unterwegs gewesen zu sein.

Wie ich später von Susanne erfuhr, stimmte es. Als Vertreter war er ständig mit dem Auto unterwegs gewesen. Jetzt stand er Susanne zur Seite und durch diesen Kontakt traute sich Susanne einen neuen Schritt zu machen! Sie kam zu mir in den Zirkel und bekam wieder eine Verbindung zu ihm! Er konnte jetzt für sie da sein, wenn auch auf anderer Art! Doch genau diese andere Art macht eine Heilung möglich. Wenn die Verbindung spürbar da ist, lösen sich jegliche Trennungsgefühle auf. Ich freute mich sehr für die Beiden, denn das sind sie für mich, die Wunder der LIEBE. Unsere Lieben können uns dabei helfen, den Schmerz von Verlust und Ohnmacht zu heilen! Sie helfen uns dabei, das Gefühl der Trennung loszulassen. Sie geben uns die Möglichkeit, sich wieder mit ihnen im HERZEN zu verbinden, damit die LIEBE weiter fließen kann! All dies gibt uns Halt und Kraft und löst die Trennungsgefühle wieder auf. Niemand erlebt mehr Einsamkeitsgefühle. Es ist ein unglaubliches Geschenk.

Dieter war derzeitig der einzige Mann in meiner Zirkelgruppe. Er bekam regelmäßig liebe Grüsse aus der geistigen Welt und es war erstaunlich. Einmal empfing ich seine alte liebe Nachbarsfrau aus der Kindheit. Von ihr erfuhr ich, dass er als Kind öfter bei ihr war und er hatte ihr gerne beim Kuchenbacken geholfen. Er naschte dabei vom Kuchenteig! Die etwas rundliche alte Dame nahm ihn gerne mit zum Kräutersammeln und er lernte von ihr. Es war ein wundervoller Kontakt und einige Tage später zeigte sie sich mir tatsächlich auf dem Papier. Ich war begeistert und Dieter erkannte sie sofort.

Immer wieder erleben wir fantastische Momente in meinen Zirkeln. Jeder Zirkel ist anders und immer wieder etwas Besonderes.

Simone saß eines Tages mit mir in einer Trance-Übung und sah eine ältere sehr schlanke Frau in einer alten Dorfstraße stehen. Es war eine alte Pflastersteinstraße. Die schlanke ältere Frau stand auf der rechten Seite an einem Gartenzaun. Sie wirkte drahtig, hatte blondes lockiges Haar und trug eine bunte dünne Kittelschürze. Sie schwatzte am Gartenzaun mit dem Nachbarn. Sie winkte kurz herüber und schickte einen Gruß an Dieter! Ich musste so lachen, als Simone es nach der Trance-Verbindung beschrieb, denn genau so, wie sie es beschrieb, hatte auch ich diesen Gruß in der Trance-Verbindung gesehen! Es war fantastisch und wir erfuhren, dass die Beschreibung zu Dieters Oma passte! Dieters Oma stand früher tatsächlich oft so in ihrer alten Straße. Die Straße hatte dicke alte Pflastersteine und war wenig befahren. Die Oma schwatzte gerne mal am Gartenzaun mit dem Nachbarn. Immer trug sie dabei eine dünne bunte Kittelschürze.

Es war jedes Mal erstaunlich, wie uns die kleinen und großen Geschenke aus der geistigen Welt erreichten und uns ihre Kraft und Liebe zufloss! Nach der Tranceübung, in der Simone die Oma von Dieter in der alten Pflasterstraße stehen sah, erreichte mich noch ein weiterer Gruß aus der geistigen Welt. Ich empfing ihn für Simone und ich war überrascht.

Ich bekam ein Bild gezeigt. Ich sah eine ältere füllige Dame und einen Innenhof. Der Innenhof war karg und betoniert und mehrere Kinder waren da. Ich sah die etwas füllige Dame an einer Treppe nach oben stehen und bekam tatsächlich einen „Berliner Dialekt" mitgeteilt! Es wiederholte sich das Wort *„Schlipperjummi"*! Ich stutzte erst und musste innerlich lachen. Es war kaum zu fassen, doch ich erhielt immer wieder dieses Bild und das Wort *„Schlipperjummi"*! Es war kaum zu fassen! Als wir aus der Trance kamen, schaute ich Simone an und lachte mich halb schief. Ich berichtete ihr von der fülligen Dame und sie erkannte sofort ihre Oma und den Innenhof von früher! Die Oma sprach tatsächlich früher in einem sehr starken Berliner Dialekt! Bei dem Wort *„Schlipperjummi"* kriegten wir uns kaum noch ein vor Lachen und Simone erzählte uns ihre Geschichte dazu. Sie und ihre Geschwister standen immer wie die „Orjelpfeifen" auf dem Hof und die Oma hatte zu tun, denn sie musste ständig die „Jummis" in der Wäsche nachziehen! Die Kinder zogen die „Jummis" aus der Unterwäsche und hatten sich daraus eine Gummihopse geknotet! Doch regelmäßig ging die Gummihopse kaputt und so nahmen die Kinder ständig den *„Schlipperjummi"* dafür! Wir hörten die Geschichte und amüsierten uns köstlich. Es war unglaublich lustig und zum ersten Mal hatte ich einen richtigen Dialekt empfangen! Auch ich lernte weiter dazu und freute mich wieder sehr darüber. Wir bedankten uns von ganzem Herzen nach diesem lustigen Zirkel bei der geistigen Welt und all den Lieben, die uns dieses Erleben möglich gemacht hatten. Es war die pure Freude!

Die Oma von Simone meldete sich zwei Tage später noch einmal bei mir und ließ sich tatsächlich auf dem Papier zeichnen. Sie berührte mich sehr, denn ich wusste inzwischen, dass sie kein leichtes Leben gehabt hatte. Doch als die Zeichnung für Simone fertig war und ich meine Sachen beiseite legen wollte, meldete sich bei mir auch noch die andere Oma von Simone! Ich war völlig baff! Auch sie durfte ich für ihre Enkelin empfangen und zeichnen! Es war unglaublich! Beide Frauen hatten eine kraftvolle Energie und wollten damit aufzeigen, dass sie ihrer Enkelin unterstützend zur Seite stehen! Simone war begeistert und ich ebenso. Wir genossen regelmäßig die mediale Zirkelarbeit und Isabelle und Simone waren inzwischen wunderbar in unserer Gruppe integriert.

Eines Tages wurde ich wieder von der geistigen Welt überrascht, als sich eine dunkelhaarige gutaussehende Frau auf dem Papier zeigte. Ich sollte sie mit großen gelben Ohrringen zeichnen. Die Ohrringe waren ihr wichtig. Auch ihre Bluse wollte sie in gelb haben und gleichzeitig empfing ich, das gelb überhaupt nicht ihre Farbe gewesen war. Sie hatte niemals gelb getragen! Ich verstand es nicht, doch ich war im Vertrauen. Alles hatte seinen Sinn, das hatte ich inzwischen gelernt, also zeichnete ich weiter. Auch der Hintergrund sollte unbedingt in Gelb sein und um ihren Hals wünschte sie sich eine Kette. Die Kette war mit einer liegenden Acht zu zeichnen. Wieder stutzte ich kurz, denn es kam sofort, dass sie so eine Kette nie getragen hatte! Ich war irritiert. Am Ende erfuhr ich jedoch, dass sie für Isabelle aus meinem Zirkel kam! Ich freute mich riesig und war gespannt, was Isabelle mir sagen würde.

Und als ich zum Schluss auf die Zeichnung schaute, kam das Wort *„Mutter"* zu mir durch. Erstaunt über diesen merkwürdigen Ablauf und leicht verunsichert, zeigte ich Isabelle beim nächsten Zirkel die Zeichnung. Isabelle erkannte ihre Mutter sofort. Ihre Mutter liebte es, große Ohrringe zu tragen und pflegte sich gerne. Doch die Farbe gelb, konnte Isabelle sich nicht erklären. Niemals hatte ihre Mutter gelbe Ohrringe getragen! Auch sonst war die Farbe gelb nicht die Farbe ihrer Mutter gewesen! Sie passte nicht zu ihr. Die Kette mit der liegenden Acht passte ebenfalls nicht, denn ihre Mutter trug zwar gerne Schmuck, doch solch eine Kette hatte es nie gegeben! Ich war ratlos und erzählte Isabelle, dass ich genau das alles wüsste, doch ich sollte es genau so zeichnen! Mit einigen Fragezeichen im Kopf übergab ich Isabelle die Zeichnung. Verstanden hatten wir es beide nicht. Doch bei unserem nächsten Wiedersehen stand Isabelle kopfschüttelnd vor mir und lachte. Sie konnte es kaum glauben! Als ihre Mutter damals verstarb, hatte Isabelle sie immer wieder um ein Zeichen gebeten. Isabelle wollte damals wissen, ob die Mutter jetzt auch ein Zuhause hatte. Die Frage nach dem ZUHAUSE war Isabelle wichtig gewesen. Nun erfuhr ich von Isabelle, dass ihre Mutter früher in einem gelben Haus wohnte. Isabelle selbst wohnte auch in einem gelben Haus und das Zuhause ihrer Schwester war ebenfalls ein gelbes Haus! Jetzt musste ich herzhaft lachen und konnte es kaum fassen! Die wundervolle Mutter hatte somit versucht, die Frage ihrer Tochter von damals zu beantworten! Sie war bei ihnen überall ZUHAUSE!

Die Kette mit der liegenden Acht war ein Gruß an ihre Enkeltochter! Isabelle hatte erfahren, dass die Enkeltochter sich genau zu diesem Zeitpunkt eine Kette mit einer liegenden Acht gekauft hatte! Sie trug sie um den Hals als Erinnerung an ihre Oma!

Diese Erfahrungen lassen mich still und demütig werden. Ich kann mich nur Verneigen über diese fantastischen Verbindungen mit der geistigen Welt, die über alle Grenzen hinweg möglich sind. Ich liebe es! Wir denken, dass das, was wir sehen oder glauben zu wissen, unsere Realität ist. Wir bilden uns ein, dass wir viel wissen! Wir finden Erklärungen mit unserem Verstand. Wir glauben der Wissenschaft, der Medizin und der Politik. Doch all dieses Wissen beziehen wir aus unseren BEGRENZUNGEN des Verstandes! Wir sind so unendlich viel Größer und haben noch keinerlei Ahnung davon! Für mich ist das Erleben in dieser Zeit ein Aufwachprozess. Es ist ein Prozess, um zu wachsen und zu erkennen. Wir wollen die LIEBE im irdischen Körper erleben. Wir wollen die männliche und die weibliche Seite in uns heilend erschaffen und die Vollständigkeit in uns selbst mit all dieser Fülle und Verbindung im Miteinander SEIN erleben und genießen. Alles ist IN UNS!

Ich wünsche jedem Menschen auf unserer wundervollen Mutter Erde, dass er dies in sich erkennen möge. Alles Leid und Unrecht dürfen wir wandeln und loslassen, damit es endlich Heilung findet. Alle Verurteilungen, die wir bewusst oder unbewusst mit uns rumschleppen, geben wir mit unseren Gedanken und alten Emotionen in das Außen. Diese kommen immer direkt wieder zu uns zurück und bescheren uns unsere Realität.

Es sind unsere eigenen Probleme und Themen, die wir im Feld haben. Die Verantwortung hierfür nicht mehr an andere abzugeben, sondern für sich selbst zu übernehmen, ist ein KRAFTPAKET, welches Klarheit bringt. Es ist der Weg in die Schöpferkraft.

Für diese ganz besondere Transformationszeit mit dem „Corona-Thema" im Außen wollte ich gerne von der geistigen Welt noch eine Durchsage erhalten. Am Silvestertag im Jahr 2020 fragte ich mein geistiges Team, was ich persönlich für das neue Jahr 2021 tun könnte und empfing diese Durchsage.

„Werde still! SEI!
All Eure Mechanismen lösen sich auf!
Eure Kontrolle wechselt in Ohnmacht!
Aus Leid wird FREUDE, Du entscheidest, was Du wählst!
Dein NEIN macht schwer, der Widerstand erschwert!
Erlaube Dir!
Deine Macht ist die LIEBE!
Deine Ware das FÜHLEN!
Der Schlüssel Dein MITGEFÜHL!"

Mit dieser eindringlichen Durchsage möchte ich meine Erzählungen beenden. Ich hege die Absicht, mit meiner persönlichen Offenlegung die LIEBE zu nähren und hoffe, Dir, liebe Leserin, lieber Leser, die geistige Welt ein Stück nähergebracht zu haben.

Wir alle sind ein Teil der göttlichen Energie und dürfen unsere wahre Essenz begreifen lernen. Unser Potential ist unglaublich groß und machtvoll. Erlauben wir uns, den Weg der LIEBE in unserem Fluss des Lebens zu erfahren. Erlauben wir uns, ihn zu genießen! Mit jeder Zelle unseres wundervollen Körpers dürfen wir unsere Erfahrungen machen. Mögen sich unsere Herzen für die Kraft der LIEBE öffnen und der göttliche Funke uns immer wieder erreichen.

So sei es. So ist es.

In Liebe
ELIA Deva Ashuar Sternberg

Danksagung

Ich danke all meinen Ahnen, meiner Familie und ganz besonders meinem Mann Detlef für die große Unterstützung! Der Weg im Miteinander ist immer auch eine Herausforderung. Wir durften beide an uns wachsen. Von Herzen ein ganz großes DANKE!

o

Ich danke allen, die mir auf meinem Weg weitergeholfen haben. All meinen Begleitern und Lehrern, von denen ich sehr viel lernen durfte, spreche ich hiermit meinen größten DANK aus! Ich durfte wirklich staunen!

o

Ein großer DANK geht an meine wundervollen Zirkelteilnehmer! Euer Vertrauen ist mir eine Ehre! Ohne Euren Mut, könnten wir diese Erfahrungen nicht machen! Von ganzem Herzen DANKESCHÖN Ihr Lieben!

Meinen fantastischen Reiseteilnehmerinnen danke ich für die unfassbaren Erfahrungen, die wir gemeinsam erleben durften. Es war phänomenal! Aus der Tiefe meines Herzens ein großes DANKESCHÖN!

o

Mein DANK geht an all die Menschen, die mir ihr Vertrauen schenken! Ich danke von Herzen, dass ich Euch ein Stück im Leben begleiten darf. Es ist wundervoll! DANKESCHÖN!

o

Ich DANKE der geistigen WELT für mein Leben! Ich danke dem wundervollen ENGEL und ich danke mit jeder Zelle meines Seins der göttlichen Energie!

GOTT- DANKE!

Ich danke dem heiligen Apostel Jakobus. Er hat mich geführt und mein DANK ist unfassbar groß. DANKE!

Meinem geistigen TEAM, welches inzwischen sehr gewachsen ist, danke ich aus der Tiefe meines Herzens und ich bin voller Demut! Es ist unglaublich! DANKESCHÖN!

o

Ich danke all den wundervollen Seelen, den Angehörigen, Freunden und meinen Herzensmenschen, die mich nun auf andere Weise erreichen und mich aus der geistigen Welt unterstützen und mir zur Seite stehen! Ich weiß, es sind inzwischen ziemlich viele. DANKESCHÖN Ihr wundervollen SEELEN.

o

Mein DANK geht außerdem an alle Seelen, die mich erreichen, um ihren Lieben eine Botschaft zukommen zu lassen. DANKE! Ich bin gerne für Euch ein KANAL. Es ist mir eine Ehre.

In Liebe
ELIA Deva Ashuar Sternberg

Über die Autorin:

ELIA Deva Ashuar Sternberg

ELIA wurde im Februar 1964 geboren und lebt in einem Vorort von Berlin. Sie ist verheiratet, Mutter eines erwachsenen Sohnes und inzwischen Großmutter. Nach einer kaufmännischen Ausbildung und einem BWL Studium arbeitete sie viele Jahre im Immobilienbereich. Der Abschluss als Finanzberater machte ihre Karriere komplett und ließ sie im Leben zufrieden wirken, bis zu dem Tag, der alles veränderte.
Ihr altes Leben brach entzwei und sie haderte mit dem Schicksal.
Erst als sie einen Entschluss fasste, veränderte sich alles.
Die WUNDER der LIEBE zeigten sich ihr auf eine unglaubliche Art und Weise, wie sie es nie für möglich gehalten hätte. Heute dient ELIA der geistigen Welt als KANAL und kann es selbst oft kaum glauben, doch ihr Herz hatte den Weg in die LIEBE gefunden.

Kontakt: www.elia-sternberg.com

Mail: CD-Sternberg@gmx.de

facebook ELIA D. A. Jenseitskontakte / Wunder der LIEBE

Printed in Poland
by Amazon Fulfillment
Poland Sp. z o.o., Wrocław

87952318R00171